교사119 이럴 땐 이렇게

교사119
이럴 땐 이렇게

송형호·왕건환 외 지음

에듀니티

고민의 결과이자
실천의 시작

실업계 사립 고등학교인 인덕공고에서 영어교사 생활을 시작한 지도 어느덧 35년이 되었군요. 학력이 낮은 아이들이 재미있게 배울 수 있는 수업 방법을 연구하고, 교사 대상 연수 프로그램에서 강사로 활동을 시작한 건 2007년부터였습니다. 제가 어떤 식으로 수업하든, 자거나 따지거나 수업을 방해하려는 아이들이 생겨나는 것을 목격한 것이 계기였습니다. 참으로 의아했지만 아이들에게 제가 모르는 어떤 정서적 변화가 오고 있다는 느낌을 받았습니다. 이때부터 신경정신과 전문의를 초빙해 그런 아이들의 학부모들과 함께 ADHD, 우울증, 인터넷 중독, 학습부진과 학습장애 등에 대해 공부하였습니다. 그러면서 협동이 아닌 경쟁을 능력이라고 우기는 시대의 억압 속에서 아이들이 병들어가고 있었음을 깨닫게 되었습니다. 2010년 생활지도부장을 맡아 사안을 처리하면서 이 아이들에게 필요한 것은 체벌도 잔소리도 아닌 돌봄과 치유임을 더욱 절실하게 깨달았습니다.

이런 마음으로 그해에 〈돌봄치유교실〉이라는 온라인 카페를 만들었습니다. 처음에는 주로 새로운 생활교육과 학급운영 방법을 공유했습니다. 교사는 수업을 통해 아이들과 대화하는 것이 가장 영향력이 크다는 것을 깨달은 후로 SNS에 수십 개의 교과 방을 개설해 운영하게 되었습니다. 그곳에서 나눈 치열한 고민들의 결과가 이렇게 책으로 엮이게 되었습니다. 이 책은 아마 가장 많은 공저자에 의해 탄생한 책으로 기록될지도 모릅니다. 자세한 경과는 왕건환 선생님의 서문에서 보실 수 있습니다. 저는 제 평생 좌우명으로 삼아온 네 가지를 소개드리며 인사를 마무리하고자 합니다.

교사훈 教師訓

❶ Do not work by yourself but network. 혼자 일하지 말고 네트워크하자.

❷ Separated we fell; shared we stand! 나뉘어 쓰러진 교단을 공유로 되살리자.

❸ Documentate your idea and it will be knowledge. 아이디어를 문서화하면 지식이 될 것이다.

❹ Publish your knowledge on the web or perish in the wet. 지식을 인터넷에 공유하자. 그러지 않으면 축축한 곳에서 사라지게 된다.

책이 나오도록 지원해준 에듀니티 식구들에게 감사한 마음입니다. 〈돌봄치유교실〉 운영진과 단톡방을 지켜주시는 모든 선생님께도 감사드립니다. 아이들의 낯선 행동이 나날이 진화하기에 이 책도 꾸준히 업데이트되겠지요. 후배 선생님들 몫으로 남깁니다.

2019년 2월
송형호

내가 겪은 고통과 후회를 물려주지 않겠다는 마음으로

"제가 신규였던 20년 전이나 지금이나 달라진 게 없어요."

제가 어느 지역 신규교사 추수연수를 진행할 때, 신규교사들이 겪는 어려움을 살펴보시던 장학사님의 말씀입니다. 어느 지역을 가봐도 상황은 비슷합니다. 많은 학교에서 구조적으로 제대로 도와주지는 않으면서 기피 업무(학교폭력, 방과후, 기피 학년)를 몰아주고 부당한 간섭과 강요도 많이 합니다. 뒷담, 반목, 음해, 따돌림 등은 학생이 선생님들께 배운 건지, 선생님들이 학생들에게 배운 것인지 모를 만큼 교사 간에도 드물지 않습니다. 자신도 같은 고통을 겪었을 텐데, 후배교사에게 대물림하곤 합니다.

교사라는 직업은 우리나라 학생들의 최상위 희망직업입니다. 그런데 우리나라 직업 만족도가 전반적으로 낮은 걸 감안해도 OECD 국가 중 우리나라 교사의 직업 만족도는 최하위라는 불명예를 안고 있어요. 교사의 우울증 증가도 수년째 언급되고 있습니다. 저와 가까이 지냈던 30대 초반의 여교사 두 명이 몇 년 전 출산 후 스스로 투신하여 세상과 이별했습니다. 이제는 이런 일이 뉴스거리도 되지 않는 세상입니다. 민감한 소재를 많이 다루는 이 책에 뒤따를 수많은 비난이 두려웠지만, 교사들의 고통이 점점 심해지고 있으니 이런 책을 만들어야만 했습니다.

신규교사의 문제를 개인이 감당할 문제로 단순히 취급해서는 안 됩니다. 신규교사의 고통은 결국 교육공동체 전체의 피해로 번지고 말 것이기 때문입니다. 물론 사회초년생 성장 과정의 시련은 여러 분야에서 흔히 있는 일입니다. 하지만 교직에서는 수많은 학생이 잠재적 피해자가 되니 그 폐해가 결코 가볍지 않습니다. 게다가 그 학생들 마음속에 새겨진 실망과 상처는, 그들이 성인이 되었을 때 교사와 학교에 대한 불신으로 이어집니다. 학교에서 상처받은 학생은 훗날 학교에 대한 비난 여론을 부채질하는 시민 또는 까칠한 학부모가 되어 학교를 더욱 어렵게 하는 악순환에 빠집니다.

게다가 급격한 사회 변동에 따른 새로운 어려움이 기하급수적으로 늘어나고 있습니다. 선배교사들이 써오던 방식으로는 학교가 더 이상 버티기 힘든 상황이에요. 체벌이나 야단치는 것이 실질적인 교육적 효과가 없다는 연구도 속속 나오고 있어요. 예전의 방식으로 열심히 지도하려는 교사는 학생인권조례, 아동복지법, 학교폭력 예방법 등의 범법자로 처벌받기 쉬워졌습니다. 오히려 눈을 감고 교육을 포기하는 것이 공무원으로서의 안위를 지키는 데 훨씬 이로운 경우가 많아졌습니다.

선생님은 정말 훌륭하시지만 저는 그렇게 못하겠어요

각종 연수에서는 너무나 훌륭한(?) 선배교사들이, 도저히 따라할 수 없을 것 같은 화려한 기법과 사례들로 연수생을 압도합니다. 처음에는 선망의 눈으로 바라보다가, 한두 해 지나고 나면 '나는 저렇게 못해' 하며 절망의 눈으로 바뀌게 됩니다. 학교 현실과 동떨어진 이론이나 정책 연수는 '학생들에게 내 수업이 얼마나 힘들까?' 자책하게 할 뿐입니다.

많은 학교에서 신규교사의 열정을 강요하면서, 젊었을 때 깨지고 고생해야 한다며 온갖 일을 떠넘깁니다. 당연히 알 거라 여기고 방법조차 알려주지 않습니다. 그러다가 일이 잘못되면 그 책임은 말단 교사가 뒤집어쓰게 됩니다. 그러면서 신규교사마저 자신이 그토록 실망했던 선배교사의 모습을 닮아가게 됩니다. 세상은 놀랍도록 빠르게 변하고 있는데, 학교는 퇴화합니다. 이러다 한순간에 학교가 무너질 것만 같네요.

그래도 학교에는 희망이 있어요

그나마 다행인 것은, 매체의 발달로 실시간 소통과 공유가 쉬워졌다는 점입니다. 학교라는 폐쇄된 공간의 제약을 넘어 문제의식을 공유하는 교사들이 늘어나고 있습니다. 교사들이 지혜를 모아 공동으로 대책을 세우고 해결 방안을 학교 안팎으로 모색하고 있습니다. 인터넷 홈페이지에 올라온 정보를 활용하던 수준을 넘어서 카카오톡, 밴드,

페이스북 등을 통한 교사들의 활발한 참여가 공감대를 넓히고 있습니다. 교사 회원들이 자발적으로 회비를 내고, 온라인으로 수업 경험이나 효과적인 지도방안, 교육 관련 정보를 공유하다가 오프라인 모임으로 이어가기도 합니다. 이런 움직임은 수업이나 생활지도의 개선은 물론, 여론을 형성하고 근거를 축적하여 교육에 대한 의식 및 정책 개선에도 크게 기여하고 있습니다.

파란만장한 신규 생활

수험생활에 지치고 새로운 직장이 두려운 신규교사들은 연수반장 같은 일에 나서기 꺼립니다. 저는 기간제 교사 생활을 하며 임용시험을 준비했는데 그때 좋은 연수를 듣게 도와주셨던 담임 연구사님께 보답하려 반장에 자원했고, 신규 동기들과 힘을 합쳐 교직의 어려움을 어떻게 이겨나갈까 고민했지요. 2012년 2월, 신규연수에서 송형호 선생님을 처음 만났습니다. 당시 저는 많은 교사가 떠난 혁신 고등학교의 빈자리를 채우는 신규 교사로 발령을 받았는데 그곳에서 교직 풍토와 학교 현실에 크게 실망하고 자존감도 잃어가고 있었습니다.

교실붕괴는 제가 졸업했을 때보다 훨씬 더 심각해져 있었습니다. 체벌이 금지되고 「학생인권조례」 제정 등 수많은 변화로 인해 학교는 많은 부분 손쓰기 어려운 지경이 되어 있었습니다. 단적인 예로, 학교 화장실의 자욱한 담배연기가 교무실까지 흘러와도 교사들은 불평밖에 할 수 없었습니다. 교칙 위반 학생을 발견해서 교칙대로 생활지도부로 인계했다가, 신규가 상황파악도 제대로 못하고 골치 아픈 일 만 들었다며 비난받았습니다. 이후로 그런 학생이 내 눈에 직접 띄지 않기를 바라며 피해 다닐 뿐이었습니다. 교사들끼리의 반목과 몰이해는 더 큰 어려움이었습니다.

네이버 카페-단체대화방-이 책의 출판까지

학교에 대해 많은 것을 포기하고 기대할 수 없는 상황에서, 〈돌봄치유교실〉 네이버 카페와 〈전국생활지도부장 포럼〉 카카오톡 단체대화방(단톡방)의 도움으로 근근이 버틸 수 있었습니다. 그러던 중 송형호 선생님과 〈돌봄치유교실〉 운영진 선생님들은 "신규는 신규가 잘 알지" 하시며, 그동안 배운 것들을 다른 교사들과 나눌 수 있도록 아낌없이 노하우를 전해주셨습니다.

2010년 10월 26일, 송형호 선생님은 〈돌봄치유교실〉 네이버 카페를 만드시고, 당시 재직 중이던 면목고등학교에서 활용하는 정보를 전국의 선생님들과 공유하기 시작하셨습니다. 현재 카페 가입자 수가 2만 명을 넘는데, 가입하지 않아도 거의 모든 게시판을 읽을 수 있으니 실제 이용자는 그것보다 훨씬 많을 겁니다. 학기말, 학기초에는 하루 접속자가 5천여 명을 넘기도 합니다. 교사, 학부모, 장학사, 교장, 교감, 학부모들 대상으로 연수를 하시면, 연수생들을 단톡방에 초대해서 필요한 정보들을 폭넓게 공유하셨습니다. 이런 온라인 모임은 회비나 후원금 없이 무료로 운영되었습니다. 별다른 행정적 도움도 없는 상황에서 개인의 끈질긴 노력으로, 교육부도 할 수 없었던 일을 해내신 것입니다.

제가 신규 임용된 2012년, 학교폭력 및 생활지도 담당 교사 연수생 수십 명으로 시작한 〈전국생활지도부장포럼〉 단톡방은 인원이 수백 명으로 불어나면서 운영진이 결성되었습니다. 너무나 힘들어진 학교 현실에서 목마른 사람들끼리라도 힘을 합쳐야만 했습니다. 그렇게 모인 〈돌봄치유교실〉 운영진들은 각자의 특기를 공유하면서 단톡방을 통한 실시간 소통과, 네이버 카페를 통한 정보 축적을 체계화했습니다.

2015년 2월, 서울 국어과 신규임용 대상자 연수생 몇십 명을 멘토링하기 위해 신규교사 단톡방을 열고 운영하기 시작했습니다. 자료 축적을 위한 별도의 카페도 개설했습니다. (http://cafe.naver.com/skt2015) 당시 국어반 연수강사로 참여하셨던 〈돌봄치유교실〉 운영진인 송형호, 손지선 선생님과 〈전국국어교사모임〉 안용순 선생님을 비롯한 지인들로 멘토링을 시작했습니다. 2012년에 신규국어교사 연수반장이었던 저는 2013, 2014 국어반 연수반장에게 연락해서 2011~2014년 사이 임용된 서울 신규 국어교사들까지 단톡방에 모두 모았습니다. 20% 정도가 금방 퇴장하였지만 취지에 공감해준 80%가 남아 젊은 국어교사 소통의 장을 함께 만들었습니다. 단톡방을 다년간 운영한 노하우로 모임의 운영규칙을 만들고, 참여자들이 자발적으로 묻고 답하며 유지될 수 있는 체계를 잡았습니다.

그 노력의 결과, 회원들이 또 다른 회원을 초대하면서 신규국어교사 단톡방 참여자가 1년 만에 1,000명을 넘겼습니다. 이후로 서울 경기 등 신규교사 연수에 출강했던 송형호 선생님과 〈돌봄치유교실〉 운영진, 단톡방 회원들은 모든 과목의 단톡방을 구축하였습니다. 또한 NEIS 업무, 신규교사 멘토링, 자유학기제 담당자, 창의적 체험활동 담당자 등 비슷한 관심사를 가진 교사들끼리 단톡방을 만들어 정보를 공유하도록 도움을 주었습니다. 이제는 이런 모임들이 활성화되어, 굳이 운영진이 직접 도움을 주지 않아도 여러 성격의 교사 단톡방이 열리고 유지됩니다.

매년 비슷한 문제로 고통받는 교사들을 위해

카카오톡 단톡방에서 수천 명이 실시간으로 공유하고 네이버 카페에 축적한 정보들은 현장 교육의 보물창고라 할 만합니다. 그런데 매년 비슷한 질문이 반복되어, 그것을 체계적으로 정리할 필요가 절실했습니다. 교대와 사범대의 교육과정과 임용시험 내용은 그러한 문제들에 효과적으로 대응하도록 안내하기에 부족합니다. 적어도 교사가 부당한 교권 침해로부터 보호받으며 안심하고 가르칠 수 있도록, 혹은 학생들에게 상처를 남겼다는 후회와 죄책감 속에서 살아가지 않도록 도와야 했습니다.

이에 2015년 5월부터 단톡방에 계신 선생님들과 함께 평소 자주 나오는 생생한 질문들에 대한 조언들을 정리했습니다. 많은 선생님들이 자신이 도움받은 것에 작은 보답이라도 하겠다며 흔쾌히 도와주셨습니다. 또한 제가 개인적으로 상담한 선생님들의 사연들도 허락을 받아 공유했습니다. 그것을 3년간 적절한 시기마다 네이버 카페의 〈왕샘의 신규팁〉 게시판에 누적하고, 온라인으로 무상 배포해왔습니다. 중고등학교 교사들의 대화를 정리한 것인데, 상당 부분이 초등학교 교사에게도 적용되거나 알아둘 필요가 있는 것들이었습니다. 초등과 중등의 차이보다는, 함께 고민할 문제에 집중했습니다. 실천교육교사모임을 중심으로 초등학교 선생님들도 내용을 검토해주었습니다.

그렇게 온라인에 흩어져 있던 정보들을, 초중고 신규교사들이 자주 겪는 어려움에 초점을 두고 모아서 하나의 책으로 엮었습니다. 실질적인 도움을 주려 하니 생생한 현실을 담아야만 하겠고, 생생한 현실에서 나온 답변의 수위를 책으로 옮기자니 부담이 적지 않았습니다. 누군가가 해줬으면 좋겠는데, 누가 나서지 않으니 결국 제가 앞장서게 되었습니다.

너무 많은 일에 지쳐 자존감이 낮아진 교사가 이 책을 읽고 힘든 상황을 헤쳐나갈 힘을 얻고 따뜻하게 위로받길 기대합니다. 제가 이만큼 성장하는 데 도움을 주신 많은 스승님들과 동료들, 학생들에게 할 수 있는 작은 보답입니다. 누구든 이 책을 활용하여 더 나은 교육을 만드는 발판으로 삼길 기대합니다.

2019년 2월
서로 위로하며 마음을 나눈 수만 명의 선생님을 대신하여
〈돌봄치유교실〉 카페지기 왕건환 올림

일러두기

모범 답안이 아닌, 현실의 기록과 고민의 흔적

이 책에 등장하는 멘토 선배교사는 저자인 송형호 또는 왕건환일 수도 있지만, 다른 분들의 수많은 사례를 재구성한 것이기도 합니다. 집단지성의 지혜를 모은 것이니, 저자는 네이버 카페와 카카오톡 단톡방에서 도움을 주고받은 수만 명의 교사입니다. 따라서 책의 저자 인세는 교육을 위해 기부, 사회에 환원할 것입니다.

이 책에 나오는 조언은 모범답안이 아닙니다. 교육에 정답은 없습니다. 다만 많은 사람이 고민한 문제와, 그 해결의 실마리들을 담았을 뿐입니다. 누군가 이미 겪었고, 누구나 언젠가 다시 겪을 수 있는 문제들입니다.

시중의 여러 책이 너무나 훌륭한 선생님들의 헌신적인 삶과 노력을 담고 있습니다. 존경하는 마음으로 읽지만, 정작 내가 실천하기에는 부담이 되고 포기하기 쉽습니다. 따라서 이 책에서는 예비교사도 이해하고 실천할 수 있는 수준에 초점을 맞추었습니다. 깊이나 방대함보다는 당장 활용 가능한 수준으로 간결하게 '적정기술' 수준으로 제시하려 애썼습니다. 신규 연수도 제대로 받지 못한 채 현장에 투입돼서 힘든 일들을 뒤집어쓰는 기간제 선생님들의 처지도 고려했습니다. 교사 연수를 기획하는 수석교사, 교대와 사범대 교수, 정책연구자들께도 참고가 되리라 생각합니다.

차례를 보고 당장 눈에 띄는 제목부터 읽어도 좋아요. 교원학습공동체나 독서모임에서 함께 읽고, 본인이라면 어떻게 대처할지 다양한 의견을 나누고 정리해서 카페에 올려주시면 많은 사람들에게 도움이 되겠지요. 어느 날 갑자기 이런 문제들을 겪을 때, 예방주사로 면역이 생긴 것처럼 좀 더 현명하게 대처할 수 있으리라 기대합니다. 이 책의 미흡한 부분에 대해서는 더 좋은 대책을 저희 카페에 남겨주세요. 개정판에 반영하겠습니다.

통계자료와 근거 논저들을 일일이 싣고 싶었으나, 더 지체하기 어려웠습니다. 도움 주신 선생님들의 성함을 모두 싣고 싶었으나, 모든 분께 확인을 받는 것은 불가능했습니다. 내용 중 개인 신상이 노출될 만한 부분이나 개인의 저작권을 침해할 만한 부분 등은 최대한 피하려 노력했으나, 그래도 미흡한 부분에 대해서는 양해와 연락을 부탁드립니다. 정정하거나 저작권 허락과 관련한 절차를 밟겠습니다.

선생님들의 고민에 도움을 요청할 수 있는 곳

네이버 카페 〈돌봄치유교실〉에서는 가입비나 가입절차, 특정 단체와 상관없이 학교생활의 어려움을 해결하고 더 좋은 수업을 만들기 위한 경험과 정보를 아낌없이 공유하고 있습니다. 실시간으로 수천 명이 소통하며 정보를 나누는 단톡방이 궁금하시면 아래 링크를 통해 해당 운영진들에게 초대를 요청해주세요. 주제에서 벗어난 이야기를 올리지만 않는다면, 절차의 제약 없이 아무 때나 출입할 수 있어요.

〈돌봄치유교실〉의 게시판 대부분이 전체공개이니, 가입이나 로그인하지 않아도 됩니다.

단체대화방 참여 신청 안내 링크 http://cafe.naver.com/ket21/11000

신규교사 학교 적응 매뉴얼 http://cafe.naver.com/ket21/1000

낯선 행동 예방 및 대응법 http://cafe.naver.com/ket21/119

함께 교육을 개선하려는 단체와 모임이 많습니다. 새로운 회원을 애타게 기다리고 있습니다. 자신의 성향에 맞는 곳 어디 하나라도 가입해서 힘을 모아주세요.

〈돌봄치유교실〉 운영진

송형호(설립자) 고광삼(2대 회장) 강은정(3대 회장)

김민재(총무) 왕건환(카페지기) 박정일(부 카페지기)

김미경 김석우 노태규 손명선 박정일 서정현 설선국 손지선
안용순 양미정 오은진 우선하 우치갑 유동걸 윤충훈 이덕주
이동일 이병일 조두형 조　은 황덕현

이 책이 나오기까지 다음 분들께 특히 감사드립니다.

강양희 강용철 강윤경 강이욱 강태린 고재성 권성중 권영애
김대성 김동민 김미경 김민주 김상용 김선우 김성환 김영선
김정명 김중수 김지선 김현수 노　정　도차영 박건호 박재원
박종훈 박진성 방승호 송승훈 신건철 안미영 유수진 유시경
이가은 이경옥 이권명희 이기정 이범희 이봉학 이상우 이은주
이재정 이주희 이지현 이채주 장성렬 전정화 정명옥 정미선
정유진 정재석 조광희 조기숙 조길남 조영상 조창희 조현선
정서휘 정은실 정　화 천경호 최우석 최운철 탁현호 함은희
교사노동조합연맹 모험상담교육연구회 사람과교육연구소
실천교육교사모임 전국교직원노동조합 전국국어교사모임
징검다리교육공동체 참여소통교육모임 한국소매틱연구교육원
한국스토리텔링교육연구소

차례

추천의 글

신규교사한테는 이 책 한 권만 있어도 되겠다. 아니, 이 책 한 권만큼은 꼭 있어야겠다. 이 책 『교사119 이럴 땐 이렇게』는 머지않아 모든 교사의 필독서로 열렬한 환호와 사랑을 받을 게 틀림없다. 교사는 누구라도 이 책에서 다룬 학급운영과 생활교육의 난제와 현안을 회피할 수 없다. 이 책은 현장 교사들이 일상적으로 부닥치는 학급운영과 생활교육의 문제들을 콕 짚어내서 진단과 처방을 제시한다. 물론 현장 교사의 가르칠 용기와 의지가 없으면 교육현장에선 백약이 무효이다.

이 책은 특이하게도 저자가 '송형호, 왕건환 외'라고 표시돼 있지만 다른 공저자가 누군지 분명하지 않다. 송형호 선생에 따르면 네이버 카페와 카카오톡 단톡방에서 이 책의 주제를 놓고 집단지성을 모아낸 수만 명의 교사가 공저자들이다. 너무 많아서 이름도 열거할 수 없다. 편집과 검토 과정에도 줄잡아 50명이 넘는 교사들이 참여했다. 다행히 이들은 표지의 날개 부분과 서문에서 명단을 찾아볼 수 있다. 『교사119 이럴 땐 이렇게』가 집단지성의 산물이라고 굳게 믿는 공저자 대표 2인은 인세 전액을 교육을 위해 기부하기로 했다.

교사는 누구나 학급운영과 생활교육의 달인이 되고 싶어 하고 또한 되어야 한다. 그런데 교대와 사대의 교육과정은 지식전달자로서 교사의 역할에 치중한다. 학교단위 교사 문화도 철저한 각자도생 문화, 혹은 교사간 노터치 문화다. 외부의 연구모임이나 연수 자리라면 몰라도 학교 안에서는 경력교사들의 노하우가 좀처럼 신규교사에게 전수되지 않는다. 한마디로 신규교사들은 선배교사의 조언과 코칭에 목마르다. 『교사119 이럴 땐 이렇게』는 신규교사의 갈증을 해소하는 청량제 역할을 할 게 틀림없다.

나는 이 책의 공저자 대표교사들과 특별한 인연이 있다. 송형호 선생은 2010년 무렵 이미 생활교육에서 최고의 권위를 자랑하고 있었다. 서울교육감 시절 나는 송형호 선생에게 체벌 금지시대를 감당해야 하는 교사들의 생활교육 고충을 상담하고 해소해달라고 요청했다. 나는 그의 열정과 역량, 책임감에 완전히 감동했다. 당시 과를 하나 신설했어도 송 선생 혼자서 하는 일을 해내지 못했을 것이다. 그는 아침마다 그날 할 일을 정리해서 내게 알려줬고 저녁이면 그날 한 일을 정리해서 보냈다. 하루가 다르게 교사 접근성이 확장되는 게 눈에 보였다. 송형호 선생은 스트레스 푸는 법도 남달랐다. 그는 날마다 자신의 모든 것을 쏟아붓고 나서는 집 근처 산으로 달려갔다. 웬만큼 올라가 낙양의 노을을 바라보며 딱 막걸리 한 병을 혼자 마셨다. 송 선생한테는 이런 도인의 풍모가 있어서 더 미더웠다. 참 좋은 분이다.

왕건환 선생과는 이대 무용과 조기숙 교수를 통해 2년 전 소마 춤 클래스에서 만났다. 작년엔 그가 대형무대에서 군무의 청일점으로도 전혀 기죽지 않고 자유롭게 춤추는 모습을 목격했다. 그만큼 그는 매사에 적극적이다. 그가 송형호 선생이 만든 〈돌봄치유교실〉의 카페지기가 된 것도 그런 성품 덕일 것이다. 그는 젊고 유능하며 한창나이다. 좀 더 자유롭게 날개를 펴기 위해 명예퇴직한 송형호 선생을 도와 많은 일을 하리라 기대한다.

교사라면 누구나가 머리를 감싸고 고민해 마지않는 생활교육과 학급운영의 생생한 문제들에 대해 교육적 관점을 잃지 않고 바로 써먹을 수 있는 진단과 처방을 제시한 신규교사 코칭 책이 이제야 나온 것은 만시지탄을 금할 수 없다. 그러나 그런 책이 지금에라도 다름 아닌 송형호 선생의 손에서 나오게 된 것은 더 적합할 수 없고 더 기쁠 수 없다.

누구든지 차례만 한번 훑어봐도 『교사119 이럴 땐 이렇게』가 얼마나 교사들을 위한 교사들에 의한 교사들의 책인지를 단박에 알 수 있다. 어떤 교사도 이 책을 깊은 공감과 원의가 없이 읽진 못할 것이다. 공저자 대표 2인이 아무리 모범답안이 아니라고 강조해도 실은 이 책만 한 모범답안도 없는 게 현실이다. 덧붙이자면, 『교사119 이럴 땐 이렇게』가 제시하는 생활교육의 접근과 처방을 교사의 집단지성과 협력으로 최대한 실천하는 학교가 없는 건 아니다. 혁신학교들이 그렇다. 나는 이 책을 신규교사, 경력교사, 혁신교사 가리지 않고 모든 교사에게 강력히 추천한다.

곽노현(징검다리교육공동체 이사장, 전 서울특별시교육청 교육감)

수많은 교육이론을 배우고 열정으로 가슴을 채워 교단에 섰지만, 매일 예측하지 못한 급박한 상황들과 마주하는 게 교사의 삶입니다. 보물 같은 아이들을 지키며 함께 살아야 하는 교사에게 종합선물세트같이 전해진 '현장교육의 보물창고' 같은 책입니다. 어디에서도 알려주지 못했던 리얼 다큐 같은 교실살이, 길을 찾아 헤매는 아이들과의 삶, 생생한 해결 스토리와 노하우가 그대로 담겨 있습니다. 신규교사, 기간제 교사가 첫 교실살이에 길을 잃어 혼자 헤매고 있다면 길을 찾으실 것입니다. 모든 교육자의 삶에 교육의 따뜻한 '적정터치 지점'을 알려주는 책입니다. 교단의 보물 송형호, 왕건환 두 교육자의 열정과 정성으로 버무린 이 책을, 길을 찾는 모든 교육자께 진심을 다해 추천합니다.

권영애(전 초등교사, 『그 아이만의 단 한 사람』, 『버츄프로젝트 수업』 저자)

과연 교사가 되어 학생들을 가르치면 정말 행복할까? 학교에서는 수많은 일이 일어난다. 그 일들을 직접 겪는 과정에서, 교사를 꿈꾸는 학생은 자기 자신에게 수많은 질문을 던진다. 과연 내 옆에서 비속어를 자주 사용하는 학생은 교사가 어떤 방법으로 지도할 것이며, 조회시간부터 하교시간까지 급식만 먹고 잠만 자는 학생들은 어떻게 대해야 하는지, 수많은 고민이 머릿속을 채운다. 교사가 되면 오히려 지금보다 불행하지 않을까? 나는 학생들과 많은 대화를 나누고 그들의 진심을 듣고 도움을 주고 싶어 교사를 꿈꾼다. 하지만, 학교에서 보는 저런 장면들은 그마저도 못하게 될까 두려움을 일으킨다. 나 자신에게 저런 질문을 던지면 진로에 대한 불안감은 커져만 간다. 여러 선생님과 틈틈이 이야기를 나누고 혼자 고민해도 구체적인 답은 좀처럼 나오지 않는다.

이런 궁금증과 불안감을 가진, 교사를 꿈꾸는 학생들에게 이 책은 구체적인 행동 지침을 제시해주지는 않는다. 다만, 학교생활에서 겪는 구체적인 사례들을 통해 각 상황에서 어떤 방향으로 나아가는 것이 좋을지, 전체적인 방향성을 제시한다. 알아도 해결하기 힘든 사례들부터 특별한 사례, 사소한 일도 빼놓지 않았다.

이 책을 읽고 교사를 꿈꾸는 학생들의 불안감이 다 사라질 거라 말할 수는 없다. 시험을 볼 때 아무리 다 공부했다고 생각해도 막상 문제를 마주하면 당황하는 것과 같다. 아무리 구체적인 사례를 읽고 방향성을 알아도, 내일 등교하여 수업시간에 핸드폰을 하는 학우들과 반 이상이 잠을 자는 수업시간을 겪으면 또 불안감에 휩싸인다. 하지만, 매 순간 책을 통해 고민하고 선생님들과 대화를 나누다 보면, 미래에 꿈을 이뤘을 때 가장 학생을 위한 방식으로 문제를 해결할 수 있을 것이라 확신한다.

이 책을 통해, 교사를 꿈꾸는 학생들은 불안감을 줄이고 해결하기 어려운 상황이 와도 소통과 공유를 통해 방법을 찾을 수 있다는 용기를 얻을 수 있다. 일반 학생들은 자신의 행동으로 인해 교사가 겪는 힘든 감정들을 이해하고, 한 번 더 생각한 후 행동할 수 있다. 많은 선생님이 공교육을 포기하지 않고 각자가 겪는 어려운 상황을 함께 나누고 해결하여, 교사와 학생의 소통이 원활하게 이루어지고 서로 존중하는 학교 만들기를 지향했으면 한다.

김동민(교사를 희망하는 경기고 재학생)

처음부터 잘하는 사람은 없다! 실수는 누구에게나 있는 법이다!

2004년 여름, 세 돌이 지난 첫째와 두 돌이 지난 둘째를 어린이집에 덩그러니 앉혀놓고 기간제 교사라는 이름으로 교직에 첫발을 들인 지 벌써 15년이 흘렀다. 대학 시절, 지인의 추천과 조언에도 불구하고 나는 임용시험에 낙방하고는 교직은 내 길이 아니라고 단언하고 외국인 회사, 대학교 도서관 등을 전전하였다. 그러다 결혼을 하고 5년이 흐른 뒤, 숙명처럼 다시 교직으로 들어오게 되었다.

처음 교직생활은 전쟁터 같았다. 2학기 투입 후, 자칭 외인부대라 일컫는 부서에서 연구학교 업무를 치열하게 하면서 눈물, 콧물 엄청 쏟았던 기억이 난다. 그 누구도 내게 '처음부터 잘하는 사람은 없다! 실수는 누구에게나 있는 법이다'라는 말을 해준 이는 없었다. 제대로 된 선배교사도, 매뉴얼도 없던 시기에 기간제 교사라는 이름으로 무엇인가를 제대로 배우기는 너무도 벅찼다.

지금 난 여전히 기간제 교사이며 매년 새로운 학교로 짐을 꾸려 이사를 다니고 있다. 다행히 매년 둥지를 틀 곳이 있었고, 2018년은 마치 그동안 왜 공부하여 정교사가 되지 않았냐며, 나 자신에게 벌주듯이 아주 먼 학교로 옮겨 새 출발을 했다. 결과는 처참했다. 학기 시작 전 교통사고에 제대로 된 치료도 받지 못한 채, 몰아주기 수업과 업무에 시달리다 결국 버티지 못하고 처음으로 강제 휴식을 하게 되었다. 두 달의 휴식을 통해 그간의 교직을 돌아보며 쉬어야 할 때였다고 스스로 위로를 해보았지만, 학생뿐만 아니라 동료교사에게 받은 상처는 쉽게 아물지 않았다. 그저 먼 산과 높은 하늘만 바라보며 위안 삼을 뿐이었다. 감히 기간제 교사 신분으로 재직 중이던 학교 담임교사 연수를 두어

번, 타학교 연수도 해보았던 그 패기는 사라진 채, 숨 고르기만 하던 두어 달이 홀쩍 지났다.

그러다 5~6년 전 신학기 교사 연수에서 뵈었던 송형호 선생님과 왕국어 왕건환 선생님의 소식을 접하게 되었다. 퇴직 후에도 여전히 새로운 도전을 하며 에너지를 생산하고 계시는 송형호 선생님 소식에 눈시울이 붉어졌다. 선생님은 교직뿐만이 아니라 가정, 내 삶 전체의 멘토가 되어 계셨다. 왕건환 선생님 역시 놀라운 친화력과 소통으로 동료 교사의 문제를 자기 일처럼 나서서 걱정해주고 도와주셨다. 그런 모습을 보니 어떻게라도 돕고 싶었다.

이 책은 교사를 꿈꾸고 있는 이, 교사로 재직하고 있는 이뿐만이 아닌, 삶을 영위하고 있는 모든 이에게 격려와 힘이 될 것이 자명하다. 교육 현장뿐만이 아니라 인간다움을 이야기하는 그 어느 곳에서도 훌륭한 제안서가 되리라 생각한다. 모르는 것, 실수하는 것은 죄가 아니다! 단지 함께 고민하고 지지할 그 누군가를 만나지 못한 것뿐이다. 어쩌면 나는 배움의 협력자를 이미 만났음이 분명하다. 두 분을 비롯해 이 저작에 함께하신 모든 분과의 인연이야말로 내겐 소중한 배움이다.

김신덕(교사)

『송샘의 아름다운 수업』의 감동에 이어 송형호, 왕건환 선생님의 교사 멘토링 북 『교사119 이럴 땐 이렇게』 출간을 환영합니다. 신규교사 시절부터 교사를 당황하게 하는 많은 일에 대해 자수성가로 성장해야 했던 교사들에게 드디어 이런 친절한 선배교사의 구체적 멘토링이자 교직 실무에 대한 교육책자가 출간되어 다행입니다. 교실은 인간극장입니다. 다양한 아이들과 함께 벌어지는 온갖 일에 언제나 지혜와 슬기로 대처하는 것은 불가능합니다. 하지만 실수를 줄이면서, 아픔을 최소화하고 성장과 성숙을 향해 변화해가는 것은 가능한 일입니다. 교사들에게도 필요한, 보이지 않는 교육과정에서 다루어져야 할 이야기들이 이제 이 책을 통해 다루어집니다. 119를 외쳐야 할 때, 바로 이 책이 여러분에게 응급구조원의 역할을 해줄 것입니다.

송형호, 왕건환, 교사 119 구급대장님! 고맙습니다!

김현수(『교사상처』 저자, 성장학교 별 교장, 명지병원 정신건강의학과 교수)

좋은 교사가 되기 위해 고민하는 사람들 위한 책이 나왔습니다. 교사가 되기 위해 준비했던 시험에는 정답이 있지만, 좋은 교사가 되기 위한 답은 알지 못한 채 교사가 되었습니다. 이 책을 통한다면 여러 선생님들이 교직생활하면서 가진 고민과 조언들에 대해 알 수 있습니다. 좋은 교사가 되기 위한 분명한 답은 누구도 알지 못하지만, 다양한 조언에 대해 읽다 보면 어느새 좋은 교사라는 목적지에 도달하게 될 것입니다. 선생님들의 그 길을 응원합니다.

노지호(서울 대성고 교사)

처음 교단에 섰을 때 처음이라는 티를 내고 싶지 않아 진땀을 흘렸던 기억이 납니다. 이제는 경력이 쌓여 학교 행정이나 학생지도에 제법 능숙해졌고 동료 교사와 친하게 지내는 요령도 생겼지만, 그때를 생각해보면 누군가의 도움이 절실하다고 막연하게 느낀 적이 더 많았습니다. 전공 교과에서나 교육학, 또는 한 달간의 교생실습에서도 미처 배우지 못했던 현장의 생생한 모습들을 담은 이 책이 바로 현장에 투입되어야 하는 경험이 부족한 많은 선생님께 간절한 손길로 다가오리라 생각합니다.

선생님께서 신규 임용이 되었든 기간제 교사이든 강사이든 아이들을 사랑하는 마음으로 교단에 섰다면, 그 한 걸음 한 걸음이 미숙할지라도 그 걸음들이 모여 탄탄한 거름이 되어 참 스승이 되실 수 있을 거라 믿습니다. 모든 선생님의 시작을 응원합니다.

류서진(교사)

신규교사로서 설렘은 잠시, 학교생활은 앞길이 막막하고 깜깜한 동굴 같았습니다. 학급운영도, 수업도, 업무도 쉬운 것 하나 없었고 벅찬 하루를 마치면 뿌듯함보다는 내일에 대한 걱정과 버거움이 눈을 가렸습니다. 모든 선생님이 바쁘고 힘든 나날을 보내는 것 같아 여쭙고 논의할 시간도, 여유도 없어 혼자서 헤매는 시간이 무척 괴로웠고 '나는 교사로서 자질이 부족한 사람이 아닐까? 잘못 길을 든 걸까?' 하며 자신을 탓하고 의심했습니다. 그때 〈돌봄치유교실〉 선생님들의 따뜻한 조언과 위로가 한 발 나아갈 수 있도록 힘이 되었고 머리를 맞대고 모은 이야기들이 위기를 극복할 지혜가 되었습니다. 저와 같은 마음으로 한숨 쉬는 신규 선생님들과 학교가 무거운 모든 선생님을 응원합니다. 이 책을 통해 함께 고민하고 안아줄 동료들이 항상 곁에 있음을 느끼시길 바랍니다.

윤소희(인천 서곶중 교사)

교사는 수업을 잘해야 한다고 하지만 사실은 학교생활의 핵심은 관계라고 생각합니다. 교사는 매일, 모든 종류의 아이들을 만나야 하고 짐작도 할 수 없는 다양한 학부모를 상대해야 합니다. 이것은 선택이 아닌 필수로 우리는 이들과의 관계를 잘 유지하는 것을 교육의 성패를 결정짓는 중요한 요소 중의 하나라고 말하기도 합니다. 이 책은 교사에게 가장 중요한 학생과의 관계부터 말도 잘 통하지 않는 학부모와 관계를 긍정적으로 회복시켜주는 소중한 책입니다. 가장 기억에 남는 선생님은 있었는지 왜 교사가 되었는지에 대한 질문을 본인에게 던져보려는 선생님들에게 초심을 돌아보라고 권할 수 있는 책입니다. 신규교사들이 주로 말하는 '학교가 이런 곳이었어?'로 시작하는 어려움과 다양한 경력교사들도 숱하게 만날 수 있는 문제 상황을 극복하는 법을 이 책이 알려주고 있습니다.

20년 이상 교사를 하고도 문득문득 내가 무엇을 하는 사람인가 하는 생각이 들 때가 있습니다. 학교폭력 사건이 생기면 내가 '경찰'인가 싶다가 사정이 딱한 학생이 있으면 '사회복지사'인가도 생각이 듭니다. 더구나 신규교사는 발령을 받고 나면 갑자기 낯선 환경에 던져진다는 느낌을 받을 것입니다. 당장 첫날 첫 시간에 무엇을 해야 하는지, 둘째 시간에는 또 무엇을 해야 하는지 어떻게 해야 하는지부터 혼란스럽습니다. 어찌어찌 하루를 보낸다 해도 수없이 많은 곤란한 상황과 마주하게 될 것입니다. 그럴 때마다 다른 기준, 다른 입장으로 수습을 하는 과정에서 교사는 '소진' 됩니다. 교사는 어떤 상황도 '교육적 상황'으로 만들 줄 알아야 하는 사람이고, 그가 처한 상황에서 교육할 수 있어야 하고, 그로 인해 학생이 뭔가를 배울 수 있게 해야 하는 사람입니다. 이 책은 교사가 어느 때, 어느 자리, 어떤 상황을 만나더라도 교육적 상황으로 바라보고 해결할 수 있게 도움을 줍니다. 신규교사든 경력교사든 교사라는 타이틀을 달고 교육적 전문성을 갖추고자 하는 대한민국 모든 선생님에게 감히 일독을 권합니다.

박순걸(밀양 송진초등학교 교감, 『학교 내부자들』 저자)

이 책이 교대, 사대 교직실무 과정에서 다루어지면 좋겠습니다. 교사들의 진짜 고민, 선배들이 해줄 수 있는 실천 가능한 조언을 토론하고 다양한 해결책을 찾아보는 시간을 가진다면 예비교사들이 학교와 학생을 이해하는 데 큰 도움이 될 것입니다. 이렇게 소중한 자료를 모아 책으로 엮는 일은 누군가는 해야 하지만 힘들어서 미루고 싶었던 일입니다. 저자들에게 깊이 감사드립니다.

윤정(평택 용이초 교사, 실천교육교사모임 학술팀장)

6년 전 6학년 생활지도를 고민하던 중 저자들이 운영하는 네이버 카페 〈돌봄치유교실〉을 알게 되었습니다. 게시판 글 중에서 수업 중 학생들이 딴짓을 하거나 수업을 방해할 때 어떻게 대처할지 단계적 전략을 담은 내용이 인상적이었어요. 그래서 초등교사 커뮤니티 〈인디스쿨〉에 올렸더니 선생님들이 폭발적인 반응을 보여주셨습니다. 〈돌봄치유교실〉은 초중등교사에게 학급운영을 비롯하여 수업과 생활지도의 내비게이션과도 같았습니다. 이제 그 보물과 같은 내용이 책으로 엮여 더 많은 선생님을 도울 수 있을 거라 생각하니 마음이 뿌듯합니다. 책을 읽으면서 미로 같은 답답한 상황에서 어떻게 대응할 수 있을지 지혜를 얻었습니다. 많은 선생님이 이 책을 통해 교사 집단지성의 보고를 만나길 기대합니다.

이상우(화성 금암초 교사, 실천교육교사모임 교육활동보호팀장)

교직 30년차를 꽉 채우면서 돌아보니 한걸음인 듯싶게 세월이 너무 빠르게 느껴집니다. 제가 집단지성의 아름다움과 그 위대함을 경험한 것은 영어교육 카톡방과 영어교사공유나라 카페(cafe.naver.com/etkatok)를 알게 되면서부터였습니다. 에너지가 소진되고 매너리즘에 빠질 법한 연차와 나이에 커다란 에너지원이 되었습니다. 『교사119 이럴 땐 이렇게』는 수많은 교사가 교직생활의 고민을 나누고 노하우를 공유했던 방대한 산물을 정리하여 엮은 책이기에 설레는 맘으로 출간을 기다리고 있습니다. 교직생활에서 겪는 응급상황에 대한 신속하고 올바른 대처뿐 아니라 교사의 삶 그 자체를 행복하게 해줄 묘약으로 쓰일 것이라는 믿음이 있습니다. 모든 교사가 팍팍한 이 시대에 살아남기를 넘어 행복한 교사로 자리매김하는 데 필독서로 자리 잡을 거라 기대합니다. 이런 소중한 책을 만들어 주셔서 감사합니다.

이선(경기 문정중 교사)

"선생님, 선생님 하면 힘들어요?"

"힘들지. 주변 친구들을 봐봐. 선생님들 안 힘들 것 같아?"

"아뇨. 에이. 안 힘들다고 하면 선생님 하려고 그랬는데."

청소 시간에 중1 우리 반 녀석과 나눈 대화입니다. 자라나는 새싹의 꿈을 짓밟은 것 같아 가슴 아프지만 교사라는 직업이 힘드냐는 질문에 차마 그렇지 않다고 대답하지 못했습니다. 아니, 0.001초의 망설임도 없이 힘들다고 해버렸네요. 그 녀석이 이 책을 읽으면 기절할지도 모르겠어요. 책 읽는 내내 대부분이 겪은 내용이라 너무 공감돼서 슬프고, 새로운 내용에는 몰랐으면 큰일 났겠다 싶어 식은땀이 나기도 했습니다. 임용 준비할 때만큼이나 열심히 포스트잇을 붙이고, 밑줄도 쳐가며 읽었네요.

대한민국의 교사. 되기도 참 힘들지만 그 업을 이어가기는 더욱 힘들어지는 것 같습니다. 너무도 신랄한 현실묘사에 혹시 예비교사 분들이 이 책을 읽으며 꿈을 포기하시는 건 아닐까 걱정도 됩니다. 하지만 이런 책이 출간되고, 책에 소개되었듯이 수많은 사이트와 고충 공유 채널이 존재하기에, 한국 교육에 분명히 희망은 있다는 생각이 드네요.

올해 신규 임용되실 선생님들이 참 부럽습니다. 시작하는 걸음에 이리 훌륭한 지침서가 생겼으니까요. 한 번에 읽기 힘들면 책 차례만 마음에 담아두셨다가 필요할 때 보셔도 앞으로 참 수월하실 겁니다. 그리고 미리 말씀드리는데요. 혹시라도 '내가 신규라서, 나만 힘든 건가? 내가 아니라 다른 선생님이었으면 상황이 더 낫지 않았을까' 이런 생각은 절대 하지 마세요. 그냥 누가 맞이해도 힘든 상황을 마주하게 되신 걸 테니까요.

그리고 이 책과 여기 소개된 여러 사이트의 도움말이, 주변의 선생님들께서도 분명 든든한 버팀목이 될 겁니다. 여러분만 그런 거 아니에요. 아는 내용인 듯하지만, 10년을 해도 여전히 교직은 힘들고, 이 책은 앞으로 최소 10년간 저의 가장 친한 친구 중 하나가 될 것 같네요. 마지막으로, 정말 좋은 책을 만들어주신 모든 선생님께 감사드립니다. 앞으로도 잘 읽을게요.

이진미(용인 백현중 교사)

학교에 첫발을 내딛는 신규 선생님들을 위해, 여러 가지 문제로 골머리를 앓고 있는 이 땅의 모든 선생님을 위해 〈돌봄치유교실〉 선생님들이 머리를 맞댔습니다. 내가 직면한 이 문제 상황이 너무나도 고민이라면, 비슷한 상황의 다른 선생님들은 어떻게 그 어려움을 헤쳐나갔는지 살펴보세요. 선생님께서 문제를 해결하여 한 단계 더 성장한 교사가 되는 데 이 책이 튼튼한 발판이 되어줄 것입니다.

정선애(용인 백현고 교사)

함께할 수 있는 관계와 동기를 만들어가며, 학생과 교사가 행복하면 가장 훌륭한 교육이라는 걸 보여주는 책입니다. 신규교사뿐 아니라 중견교사들에게도 유용한 내용이 많아 읽어보길 권합니다. 신규교사는 경험 부족으로 인한 실수를 줄임과 동시에 아이들과의 올바른 관계 형성, 다양한 수업 팁, 개인발전을 위한 연수 등에 유용한 정보가 많고, 중견교사는 매너리즘에 빠진 일상에 새로운 도전을 하게 만들어줍니다.

중견교사 정도 되면 배움보다는 자신의 방법만으로도 충분하다 생각하여 아이들의 자유 발랄한 사고와 충돌하게 되지요. 이 책으로 신규교사 시절 도전과 신선함으로 뭐든 묻고 배우려 노력했던 자신의 모습으로 돌아갈 수 있습니다. 성장하는 아이들의 좌충우돌을 격려하며 다시 행복한 교사로 거듭나시기 위해 이 책을 읽기를 권합니다.

조길남(장충초 교사, 『학교 뜰에 피어난 놀이꽃』 저자)

교무실 책꽂이에 비치해놓고 싶은 책이 나왔습니다. 우리는 학교에서 발생하는 여러 문제에 대해서 충분히 고민해보지 못한 채 교사가 되었습니다. 경력이 쌓여도 전과 동일한 사건을 마주하는 일은 거의 없습니다. 이 책에는 구체적인 상황별로 여러 선생님의 조언이 나와 있어 언제든지 자신의 상황에 맞는 부분을 찾아 읽을 수 있습니다. 이 책을 통해 우리나라 교육을 위해, 학생들을 위해 노력하고 계시는 선생님들이 당면한 문제를 원만하게 해결하고 건강한 미래를 꿈꿀 수 있으면 좋겠습니다.

조영미(대전 문화여중 교사)

판사에게는 판례가, 의사에게는 진료차트가 있지요. 교사에게는 무엇이 있을까요? 대한민국 교사들은 오늘도 수많은 문제 상황에 직면합니다. 하지만 해결방법은 그 누구도 알려주지 않고, 참고할 수 있는 자료도 마땅히 보이지 않습니다. 교사들에게 필요한 것은 교실과 분리된 이론이 아니라 생활밀착형 사례입니다. 이제는 교사들의 경험을 축적, 기록해나가야 할 때입니다. 『교사119 이럴 땐 이렇게』는 수년간의 교사들의 경험을 누적했습니다. 교사에게는 무엇이 있을까요? 이 책이 하나의 판례, 하나의 진료차트가 되리라 기대합니다.

최우석(미양초 교사, 미래교실 네트워크 부회장)

교사가 학생들의 친구가 되어주고자 할 때, 동료가 힘들어할 때 펼쳐 보아야 할 책입니다. 제 곁에 두고, 힘들어하는 후배교사에게 권하고 싶은 책입니다.

최종렬(교사)

교사가 학교생활에서 부딪힐 수 있는 주요 문제 상황과 그에 대한 선배교사들의 따뜻한 격려와 조언, 알고 있으면 유용한 정보가 담긴 책입니다. 저도 실제 〈돌봄치유교실〉 신규 단톡방에서 학교생활 중 생기는 난감한 문제들에 대해 좋은 팁을 많이 얻었습니다. 그 정보들이 보기 좋게 묶어 책으로 출간되다니! 학교생활 중 고민이 많은 선생님께 큰 도움이 될 수 있을 거라 생각합니다. 실제 교직생활에서 부딪히는 일상 문제들에 대한 '꿀팁'들이 담겨 있어 이 책을 제 책상에 꼭 놓아두게 될 것 같습니다.

최현주(순천 승평중 교사)

이 책에 나와 있는 사례와 팁이 정답이라고 할 수는 없습니다. 하지만 정답이 없는 길을 걸어가며 함께 고민할 수 있는 누군가가 있어 정말 다행이라는 생각이 듭니다. 차례를 쭉 훑어보면 내 이야기가 아닐까 하는 것들이 많이 있습니다. 그리고 '나만 그런 것이 아니었구나!'라는 안도감과 위안을 느낍니다. 내 울타리 속의 생각들이 여러 선생님의 경험들과 만나면서 다양한 방법을 모색할 수 있게 되었습니다.

그동안 교사로서 만나게 되는 문제들은 문제problem가 아닌 문제question였으며 그 해답을 찾기 위해 함께 고민하는 동료 선생님들이 있다는 생각에 많은 위로가 되었습니다. 이것이 이 책이 주는 가장 훌륭한 메시지가 아닌가 싶습니다. 예비교사와 신규교사에게는 훌륭한 교사로 이끄는 길잡이가 될 것이며, 경력교사에게는 생각의 폭을 넓히고 힐링의 시간을 갖게 해주는 책이 될 것입니다. 책 속에 담긴 여러 선생님의 따뜻한 온기가 널리 전해지기를 바랍니다.

함선주(서울 영일고 교사)

1.
처음
교단에 서는
선생님께

교사는 처음인데요,
잘할 수 있을까요?

교사가 되면 하고 싶었던 일이 얼마나 많았나요? 여러분은 이미 넘치는 열정을 갖고 있으실 테니 이제는 침착하고 현명해지라고 말씀드리고 싶어요. 여러분이 교사로서 꿈을 펼칠 날들이 30여 년 넘게 남았으니, 처음에는 학교와 학생들이 어떤 곳인지 겸손히 배워야 할 시기이지요. 학생에게 섣부른 충고와 지도보다는, 일단 경청의 자세로 배우려는 노력을 보이세요.

"나무라기 전에 원인을 알아야 하고, 원인을 알면 나무랄 수 없다." 신규 연수를 받을 때 송형호 선생님이 해주신 말씀인데 『송샘의 아름다운 수업』 표지에도 적혀 있습니다.

"송 선생님께서 학생들에게 화내는 걸 본 사람이 아무도 없어요." 자양고에서 송 선생님과 같이 근무했던 한 선생님 말씀입니다. 아이들의 이상한 성격이나 행동들도, 따지고 보면 자연스럽게 찾아왔다 사

라지는 성장통이거나, 자라온 환경 혹은 신체·정신적 건강의 이유로
나타나는 문제이니까요.

교사를 '정원사', 혹은 '산파'라던 교육학 지식이 괜한 말이 아니라
는 걸 깨닫게 될 겁니다. 신규가 담임을 해서 아이들에게 많이 가르쳐
주고 능숙하게 도와주지 못하는 게 아닌가 하고 자책하실 필요가 없
습니다. 학생들은 어차피 스스로 성장하는데, 여러분은 '먼저 태어나
고 배워서 깨달은 사람'으로서 여러 가능성과 방법을 안내하고 도와
줄 뿐입니다.

신규교사 : 제가 올해 배운 게 있다면 아이들이 이상하고 힘든 것은 그런 나이
이기 때문이라는 거였어요. 때가 되면 알아서 바뀌더군요. 물론 그새 여러 영
향을 받았겠지만. 아이들이 나를 만나서 드라마처럼은 아니지만 전보다 좋아
졌으면 했는데, 그건 오만이고 멘붕의 근원이라는 것을 깨달았습니다. 그래도
막상 힘들게 하는 아이들을 보면 열폭(열 받아서 폭발?)하지만요. 잘 데리고 있
다가 잘 보내주기! 요 정도의 목표로 조정이 되었달까요? 애들보다는 제가 먼
저 변해야 하는 것 같아요.

지난번 연수 때 신규 선생님들 만나서 정말 끝도 없이 고충을 토로했었어요. 저
는 일이 생기면 무조건 주변에 이야기해서 도움받았습니다. 저보다 경험 많은
동료 선생님에게 물어봐서 그 말씀 그대로 외워서 이야기할 때도 있었어요. 저
처럼 임기응변 없고 말 못하는 사람에게는 좋은 방법인 것 같아요. 물론 돌봄
치유교실의 신규 단톡방(http://cafe.naver.com/ket21/11000)도 좋았고요!

첫해에는 절대 일 벌이지 말라고 얘기해주고 싶어요. 일이나 신경 써야 할 모토는 하나만! 물론 능력이 되면 다 하셔도 되지만, 의욕으로 기분 내서 이것저것 하면 힘들고 신뢰만 잃어요. 전 배운 걸 다 실현해보려 했다가 1인1역도 못하고, 칭찬도 못하고, 캠핑도 못하고, 급훈도 잘 안 되고, 인사도 단합도 잘 안 되고 그랬습니다. 수행평가도 망했어요. 수행평가는 1년차에는 내가 검토하기 쉬운 걸로 그때그때 체크하면 좋아요. 쌓여서 나중에 한꺼번에 검사하게 되지 않기를.

중요한 건 마음이야!

개인의 사회적 성공과 행복 성취는 '학교에서 배운 지식의 양'보다는 GRIT(Growth Mindset, Resilience, Intrinsic Motivation, Tenacity의 약자로 대인관계력, 자기동기력, 그리고 자기조절력을 통한 성장을 의미함)에 의해 결정된답니다. 지식암기 위주의 공부에서 벗어나 미래 역량을 기르는 방향으로 교육도 혁신되고 있습니다.

공부하라고 다그치거나, 잘못을 지적하고 혼내는 것이 교육적 효과가 적다는 건 이제 상식이지요. 과잉 경쟁 스트레스로 인한 만성 우울과 학교폭력, 자살 등 훨씬 심각한 문제가 산재해 있습니다. 교사가 학생이 잘되길 바라며 했던 말이 녹음까지 되어서 언어폭력, 인격모독의 가해자로 몰리기도 합니다.

이런 상황에서 교사는 스스로 즐겁고 긍정적인 마음을 개발하여 학생들에게 전파해야 합니다. 학생을 가르치기보다는 스스로 배우고 익히도록 이끌어가는 것이야말로 교사에게 요구되는 덕목이며 현명함이라 하겠습니다.

"어릴 때부터 난, 아주 약하고 울보여서 참 억울한 일을 많이 당했는데, 그때마다 우리 선생님이 날 믿고 항상 내 편이 되어주셨어. 내가 너희 편인 것처럼 말이야. 난 무조건 너희를 믿는다. 배신하지 마라."

-영화, 「번지점프를 하다」 중에서

임용시험 면접 대비를 위해 고심했던 여러분의 교육철학을 이제 현장에서 펼쳐야 합니다. 여러분의 교육철학은 여러분과 학생들을 올바른 방향으로 이끌 겁니다.

저의 기본적인 원칙은 '경청, 신뢰, 협력(서로 잘 듣기, 믿기, 돕기)'입니다. 아래와 같이 대원칙을 제시하며 학생들에게 이해를 구합니다. "나도 너희 말에 귀 기울일 테니, 너희도 내 말에 귀 기울여줘." "너희를 무조건 믿는 게 나에게 가장 쉬운 일이야. 그래도 거짓말하고 배신하는 사람은 언제나 있지만, 그건 아직 깨닫지 못해서, 나쁜 습관을 아직 고치지 못해서라고 믿을게."

선생님 나름대로 살면서 중요하게 여기는 가치관이 있을 거예요. 학급 상황에 맞게 설명해주고 함께 지켜나가도록 애쓰면, 학급을 지탱

하는 버팀목이 될 겁니다.

대화 전략 : 사회적 인간관계의 기본
- 학부모, 학생, 동료교사를 대할 때

가장 큰 조력자가 될 수도, 가장 힘들게 할 수도 있는 분들이지요. 이론적으로는 잘 알지만 수많은 연습과 노력이 필요합니다. 늘 반가운 인사, 달콤한 음료나 간식 건네기 같은 것이지요. 영양 공급되고 기분 좋아지면 무슨 일이든 잘 풀리지요. 단, 흥분시키는 커피, 홍차는 주의!

잘한 일은 당연하게 여기고, 잘못한 것만 지적하는 일이 많습니다. 작은 것이라도 칭찬, 격려, 가벼운 유머, 경청, 존중, 배우려는 자세를 습관으로 만드세요. 화나고 기분 나쁠 때는 침묵하고, 조금이라도 기분이 좋을 때는 많이 표현하세요. 좋은 마음을 모아두면 나중에 큰 도움이 됩니다. 이들과 소통하고 신뢰를 쌓아놓지 않는다면, 재앙을 준비하는 것과 마찬가지입니다.

비언어 전략 SOFTEN(부드럽게 하다)

	의미	권장 행동	반대 행동
S	Smile	미소와 웃음	무표정 혹은 찡그린 표정
O	Open gesture	열린 몸짓	팔짱 끼기, 허리에 손 얹기
F	Forward leaning	앞으로 기울이기	뒤로 젖히기, 뻣뻣하게 세우기
T	Touch	가벼운 접촉	방어적인 자세와 거리
E	Eye contact	눈 맞춤	다른 곳 쳐다보기
N	Nodding	고개 끄덕임	고개 가우뚱거리기

효과적인 체제 구축하기

자칫하면 여러분은 '야근을 많이 할수록 좋은 교사'라는 착각에 빠지기 쉽습니다. 현직교사들도 3월, 아니 첫째 주부터 몸살 나는 경우가 허다합니다. 일찍 소진되면 멀리 가지 못합니다. 따라서 '평범한 체제, 훌륭한 사람'보다는, '훌륭한 체제, 평범한 사람'이 대안입니다. 학생 모두 서로를 돕고 챙겨주는 체제를 3월에 구축하면, 1년이 편하게 돌아갑니다. 자잘한 일들에 신경 쓰거나 감정 상할 일도 훨씬 줄어들지요.

교사는 '법령에 따라 학생을 교육'합니다. 민원이 있을 시 법의 보호를 받으려면 발령 학교의 「규정집」은 반드시 내려받아 컴퓨터 바탕화면과 휴대전화에 저장해 수시로 보시길 권합니다. 현직교사들도 법규와 학칙을 잘 모르는 경우가 많습니다. 과거에는 법규를 잘 몰라도 큰 문제가 없었지만, 앞으로의 교직생활에서는 점점 더 어려워지고 있습니다.

학생들 스스로 운영하고 책임지는 〈학급 자치 운영 절차〉

1) 담임교사가 학칙이나 학년담임 협의 내용 등의 원칙과 사례 설명

2) 학급회장 주도로 회의와 토론을 통해 충분히 학급 의견 수렴

3) 상위법이나 교칙에 어긋나지 않는 범위에서 다수결 등 민주적으로 규칙 정립

4) 규칙에 의해 운영 및 처리 / 회의를 통해 규칙 보완

우리 반, 내 수업,
잘하고픈 욕심만 앞서요

교사가 행복해야 한다

신규교사가 되어 담임을 맡으면 아이들이 행복한 교실, 아이들의 꿈이 있는 교실을 만들고 아이들이 공평하다고 느끼는 선생님, 아이들의 말을 잘 들어주는 선생님이 되겠다는 목표를 갖습니다. 수업도 아이들이 잘 이해하는 수업, 아이들의 창의성이 발휘되는 수업, 아이들이 즐거워하는 수업을 꿈꾸지요. 다시 말해 모든 초점이 '아이들'에게 맞추어집니다. 그렇기 때문에 잘 안 되는 부분도 이 아이들은 왜 이럴까, 왜 이걸 못할까, 왜 이해를 못 할까 등 '아이들'에 초점을 맞추기 십상이고 그러다 보면 교사 자신은 돌보지 못하고 아이들만 이해하려다가 정작 교사가 상처받고, 불행해집니다.

그런데 제가 교사가 되어 교사가 아닌 주변 사람들과 이야기를 나누어보니 그들이 교사에 대해 기억하는 것은 수업이나 학급운영 능력이 아니더군요. 교사가 자신을 대했던 태도, 교사의 언어, 눈빛 등을 기억하며, 그중에서도 안 좋았던 느낌에 관해 열변을 토하며 말하곤 하더라고요.

당장 아이들을 봐도 그렇습니다. 교사가 문을 열고 들어오는 순간부터 교사의 표정, 교사의 말투에 예민하게 반응하지요. 아이들은 교사가 자기들을 어떻게 대하고 있는지 피부로 느껴요. 외모가 뛰어난 선생님, 언변이 화려한 선생님, 친절한 선생님 모두 아이들이 흥미 있어 하는 선생님이지만 그게 핵심은 아니지요. 아이들이 선생님을 좋아하고 아니고는 선생님이 자신을 어떻게 대하는가에 달려 있어요. 학급운영과 수업운영은 경력과 연수로 성장시킬 수 있어도 아이들 대하는 태도는 그럴 수가 없지요.

아이들을 잘 대한다는 건 이야기를 잘 들어주고, 긍정의 언어를 사용하고, 친절하고, 칭찬을 아끼지 않는 것입니다. 그러기 위해서는 우선 교사가 그럴 마음이 있어야 하며 주변을 둘러볼 여유가 있어야 합니다. 교사가 행복해야 하는 이유가 바로 여기 있어요. 교사가 행복해야 아이 자체를 바라볼 수 있고, 관심을 가질 수가 있으니까요.

행복해지는 길은 무엇으로 규정지을 수 없지만 제가 여기서 말하고자 하는 건 학급운영과 수업운영의 부담을 덜자는 것입니다. 부담이 덜어지면 여유가 생기고, 여유가 생기면 행복을 찾아가는 길이 보이지 않을까요? 세상의 모든 교사가 행복해지고 자신의 행복을 널리 전파하는 사람이 되면 아이들도 행복할 테니까요.

교사가 못하는 것은 하지 마라

무섭고 카리스마 넘치는 교사가 되고 싶다고 자기 성격에 맞지 않는 딱딱한 가면을 쓰지 말았으면 합니다.

중요한 것은 '일관성'과 '단호함'입니다. 교사가 추구하고자 하는 바를 단호하고 일관되게 시행하는 것이 중요합니다. 이랬다저랬다 하거나, 이 학생 저 학생 다르게 대하는 것을 아이들은 가장 싫어합니다. 또한 안 되는 것은 안 된다고 단호하게 말할 수 있어야 합니다.

안 된다고 했을 때 아이들과 사이가 나빠지지 않을까 걱정될 수도 있습니다. 그러나 사이를 나쁘게 만드는 것은 안 된다고 하면서 덧붙이는 비난, 지적 등입니다. 왜 안 되는지 이해할 수 있도록 친절하게 설명해주세요.

교사가 하기 싫은 것은 하지 마라

아이들을 위해서라면 생일 파티, 학급 체육 대회, 학급 나들이, 학급 야영 등 뭐든 하는 게 좋지요. 그러나 교사가 하기 싫은 것은 시도하지 마세요. 아무리 좋은 것이라도 교사가 즐거움을 느끼지 않는 활동은 귀찮은 잡무일 뿐이니까요. 다만 신규교사 때는 교사 자신도 무엇이 맞고 안 맞는지 모르기 때문에 여력이 있다면 일단 저지르는 용기도 필요하지요. 물론 여력이 없을 때는 쉬세요.

옳다고 생각하는 것은 밀어붙여라

행복은 주변의 말에 휘둘리지 않는 데서부터 시작하지요. 내가 이 것이 옳다고 생각하면 우리 학급에서는 밀어붙여야 해요. 그러나 일 관되게 해야 하고, 아이들에게도 그 필요성을 인지시켜야 합니다.

민주적인 반을 만든다며 아이들의 말에 너무 휘둘리는 것도 좋지 않습니다. 교육적으로 옳다고 생각되면 때론 밀어붙이는 것이 필요하 지요. 그러다 만약 정말 아니라고 생각되어 철회하고 싶을 땐 타당한 이유를 들어 동의를 구하면 됩니다.

교사의 손이 덜 가게 만들어라

주변 선생님이나 연수에서 얻은 학급운영 노하우는 되도록 교사 의 손이 덜 가는 쪽을 시도해보는 것이 좋습니다. 청소 당번, 급식 당 번, 주번 활동 등은 미리 연간 계획을 공지하여 계속해서 손볼 일이 없게끔 해두고요. 교사가 자꾸 감독하고 지시하려고 하면 부담이 커 지니까요. 어떻게 하면 교사가 손이 덜 가고, 내가 없어도 잘 돌아갈지 고민하세요. 그러다 보면 아이들의 책임감도 기르고, 민주적인 반도 만들 수 있습니다.

학교폭력 사안이 발생하지 않도록 예방하라

학폭 사안이야말로 교사를 제일 불행하게 만들지요. 사안이 발생 하지 않는 가장 큰 방법은 아이들이 서로 친하게 지내는 것입니다. 발 생하더라도 크게 번지지 않을 수 있어요. 지속적으로 관심을 가지고 관찰하여 문제 발생의 조짐이 보이자마자 따로 불러서 상담하고, 전체적으로 이야기도 나누어야 합니다. 지금 당장 바쁘다고 미뤄두면, 감당하기 어려울 만큼 일이 커질 수 있어요.

(중등 담임의 경우) 3월 한 달간은 교실을 계속 찾아라

3월은 수업과 업무 모두 가장 바쁜 달입니다. 그러나 학급의 3월을 잘 잡아야 일 년을 행복하게 보낼 수 있습니다. 중등 담임이라면 3월은 아무리 바쁘더라도 쉬는 시간, 점심시간마다 자주 교실에 들어가세요. 아무것도 안 해도 됩니다. 들어가서 그냥 아이들을 지켜보세요. 그 시간 속에서 교사는 아이들의 이름을 익히고, 누가 누구와 친하게 지내고 있는지도 알 수 있습니다. 선생님이 계속 교실에 들어오면 아이들은 더욱 조심하며, 긴장합니다. 또한 다른 반 아이들의 출입도 줄어듭니다.

수업을 오가면서 자기 학급을 지나갈 때 시도해볼 수 있는 '불쑥 방문', '10초 방문'도 생활지도 비책이 될 수 있습니다. 내 담임 학급의 위치가 동선에서 멀어질 때에는 과감히 포기하고, 동선에서 가까울 때에만 실행에 옮겨도 됩니다. '불쑥 방문' 소요 시간은 총 1분 이내가 되도록 해야 해요. 나의 휴식도 중요하니까요.

4월 초에는 학급 단합대회를 열어보자

4월 초에 주로 자리를 바꾸는데 교사뿐 아니라 아이들에게도 이만저만 스트레스가 아닐 수 없습니다. 처음 자리를 바꾸는 시기에 가벼운 단합대회를 열면 도움이 됩니다. 그냥 둘러 앉아 과자를 먹어도 되고, 함께 사진을 찍어도 되고, 빙고 게임이나 묵찌빠 릴레이 게임 등을 해도 좋습니다. 아이들에게 소중한 시간이 될 뿐 아니라 선생님을 다시 보는 기회가 됩니다.

교사가 중요하게 생각하는 것을 계속 강조하라

지각, 배려, 학교폭력 방지, 성적, 노력 등 무엇이든 좋습니다. 단, 너무 많은 것보다 한두 가지인 것이 좋겠어요. 조회든 종례든 기회가 있을 때마다 꾸준하게 강조합니다. 이렇게 매해 학급운영의 대원칙을 정하고 1년간 지속적으로 강조하면 그것만이라도 상당히 좋아집니다.

교사가 행복한 수업

명확한 수업 규칙을 세워라

수업을 힘들게 만드는 것 중 하나는 수업을 방해하는 학생들의 행동입니다. 이 경우 명확한 규칙이 있다면 한결 수월해집니다. 어떤 원칙에 의해, 어떤 조치를 받는지 말한다면 웬만한 아이들은 수긍합니다. 그러나 이랬다저랬다 하고, 논리 없이 지적만 한다면 학생들의 반발을 살 수 있습니다. 각 학기의 첫 수업엔 수업 규칙을 안내하는 것이 좋습니다. 수업 지각 시, 준비물을 가지고 오지 않을 시, 과도하게 수업을 방해할 시 어떻게 할지 원칙을 정해서 그대로 적용하세요. 왜 이런 조항이 필요한지도 알려주는 것이 좋습니다. 수업 규칙을 세워서 명시했다면, 교사도 꾸준히 지켜야 합니다.

교사가 편한 수업을 꾸려라

좋은 연수를 듣다 보면 교사도 소화할 수 없는 걸 자꾸 써먹으려 하게 되는데요. 마치 배운 걸 안 하면 안 되는 것처럼요. 예를 들어, 모둠 활동에서 이끔이, 칭찬이 같은 명칭이나 조별 박수 같은 것은 본인이 소화할 수 있으면 하는 것이 좋지요. 물론 다양한 교수법을 연구하고 배우는 것은 중요합니다. 그러나 그 안에서 자신이 할 수 있는 것과 없는 것을 나눠야 해요. 교수법은 수업을 운영하는 도구의 하나일 뿐입니다. 그 요소가 빠진다고 수업의 효과가 0이 되진 않아요.

교사가 편하려면 설명을 많이 하지 않는 것이 좋습니다. 그러기 위해서는 수업과 학습지의 '구조화'가 필요합니다. 구조화는 A에서 C라는 단계로 넘어가기 위해서 B라는 발판을 놓아주는 것이죠. 특히 개별적인 학습을 할 때에는 푸는 방법 제공, 단서 제공, 이전 학습 내용 제공, 힌트 제공 등이 필요합니다. 교사가 풀라고 말만 하면 풀 수 있게끔 만드는 것을 목표로 하는 것도 좋습니다. 이러기 위해서는 발문을 쉽고 명확하게 만드는 연습이 필요합니다.

예를 들어 중학교 1학년 수업에서 학교에 대한 인식을 알아보기 위해 '내가 초등학교 때 생각한 중학교는? 1학기를 다녀본 중학교는?'이라는 발문을 냈더니, 여러 학생이 '내가 초등학교 때 생각한 중학교는 ○○중학교이고, 1학기를 다녀본 중학교도 ○○중학교입니다'라고 답한 일이 있습니다. 발문이 문제였지요. 학생이 말귀를 잘 못 알아들은 것이 아니고 교사의 발문이 문제임을 인정하고 개선해야 합니다.

또 교사가 하는 것보다는, 학생들이 직접 하는 시간을 늘리는 것이 좋습니다. 활동도 좋고, 협동 학습도 좋고, 구조화된 학습지도 좋아요. 어떻게 해야 교사가 편할까를 계속 고민하다 보면 아이들이 직접 하게 이끄는 게 답이라는 걸 알게 됩니다. 교사가 편한 수업을 구상하세요. 교사가 편하고 여유가 있어야 순회, 관찰, 경청도 할 수 있습니다.

교구를 줄여라

교사의 짐이 많아지면 정신이 분산되면서 교사만 정신없는 수업이 되고 맙니다. 교구를 사용하는 활동은 아이들이 흥미를 느끼는 점에서 좋지만, 그만큼 교사의 준비도 많아집니다. 수업의 지향점은 학습 목표의 달성입니다. 화려한 교구, 화려한 활동만이 목표로 가는 길은 아니지요. 꼭 필요한 교구, 꼭 필요한 활동이 아니라면 과감하게 교구를 줄이세요.

행복한 수업을 위한 교사의 마음가짐
수업을 최우선으로 하라

교사의 본질, 교사가 시간을 가장 많이 쓰는 것, 교사의 하루 기분을 좌지우지할 수 있는 것, 모두 수업에 있습니다. 모두 다 할 수 없다면 수업이 1순위, 생활지도가 2순위, 업무가 3순위입니다.

수업 철학을 다져라

수업에 대한 고민을 계속하고, 수업을 연구하고, 수업을 수정하다 보면 늪에 빠져 좌절하게 되는 경우가 있습니다. 무언가 계속 잘 안 되는 것 같고, 잘못하고 있는 것 같을 때가 있어요. 그때 당신을 구해줄 것은 '수업 철학'입니다. 학습 목표, 교육 과정은 시대에 따라 변할 수 있지만 교사의 수업 철학은 변하지 않습니다. 생각하는 수업, 이야기를 나누는 수업, 즐거운 수업 무엇이든 좋습니다. 자신만의 철학을 가지세요.

안 된다는 생각을 버려라

신규 교사의 수업 방식은 아이러니하게도 자신이 배운 방식입니다. 구시대의 수업 방식으로 새 시대의 아이들을 가르치니 자꾸 무언가 어긋납니다. 반드시 이렇게 돼야 한다고 생각하지 마세요. 시대도 변하고, 아이들도 변하고 있으니까요. 후에는 수업이 어떤 방식으로 변해야 할지 모릅니다. 이제는 종이사전을 안 쓰고 스마트폰 사전을 사용하지요. 내가 가지고 있던 고정 관념을 버리고, 새로운 방식들을 찾고, 고민하고, 바꾸어보려고 노력하세요.

수업 연구회에 참여하라

동 교과 모임도 좋고, 전체 교과 모임도 좋습니다. 어느 모임이든 참여하는 것이 좋습니다. 자신의 경직된 사고를 풀어줄 뿐 아니라, 교사의 고민을 토로하고 함께 고민하는 것 자체가 교사를 행복하게 해줍니다. 또한, 무엇인가 잘 안 될 때마다 마음 편하게 터놓을 수 있는 공간이 되기도 합니다. 어떤 형태든 상관없으니 수업 연구회나 교사 단체에 가입하세요.

수업을 열고, 공유하라

수업을 공개하는 것은 심적으로 굉장히 어려운 일입니다. 다른 교사의 수업을 참관하는 것도 체력적으로 쉽지 않습니다. 그러나 평가받고, 무언가를 얻어야 하고, 무언가 변화해야 한다고 생각하지 말고, 그냥 열고, 그냥 공유해보세요. 잘 보이려고도 하지 마세요. 동 교과, 동 학년, 타 교과, 타 학년 가리지 말고요. 보는 것만으로도 도움이 됩니다. 공개하여 공유하는 것만으로도 도움이 돼요. 궁극적으로는 더 나은 수업으로 가기 위해 노력하세요.

교사의 행복은 수업의 0순위

연수를 자꾸 듣다 보면 죄책감에 싸입니다. 협동 학습이 답인 것도 같고, 하브루타도 해야 하고, 활동도 해야 할 것 같은데 모든 게 잘 안 됩니다. 그러면서 의아한 상태로 열심히 수업을 준비하고, 의아한 상태로 수업을 빠져나옵니다.

신규 선생님들의 수업이 잘 되고 안 되고는 우연에 달린 것 같습니다. 날이 좋아서, 날이 좋지 않아서, 날이 적당해서, 뭐 그런 이유로요. 수업을 늘 고민하지만, 날이 쌓일수록 무언가 버거워집니다. 그런 것들이 선생님들의 행복을 갉아먹습니다.

연수하러 오시는 분들은 '그 분야 전문가'라서 오신 겁니다. 그리고 그분들은 연차가 꽤 쌓인 분들입니다. 압도되지 마세요. '해야만 하는 수업'은 없습니다. 고민하고, 노력하는 여러분들이 잘하고 있는 겁니다. 교사를 30여 년은 더 해야 합니다. '일 년에 하나씩!' 이라는 목표로 큰 그림을 차근차근 그려나가길 바랍니다.

교사가 행복하지 않으면 아이들에게 짜증 부리고, 아이들의 별 의미 없는 행동과 실언에 맞서 싸우게 됩니다. 교사의 화난 표정에 아이들은 민감히 반응합니다. 선생님은 아이들이 눈치 보며 하는 수업을 원하지 않으리라 생각합니다. 교사의 행복은 수업에서 제일 중요한 0순위입니다. 교육과정, 학습 목표, 협동, 프로젝트 등등 다 좋습니다. 그러나 선생님은 중학교 때 배운 걸 다 기억하나요? 선생님과 사이가 나빴던 기억, 친구들과 함께한 기억, 웃었던 기억, 이런 것이 먼저 떠오르지 않나요?

조금 더 솔직하게 말씀드리면, 힘을 조금 빼셔도 됩니다. 적당히 하셔도 된다고 말씀드리고 싶어요. 한 명도 버리지 않는 수업, 협동이 이루어지는 수업, 생각하게 하는 수업, 어떤 수업 철학이라도 좋습니다. 그 목표 지점까지 가면서 쉬기도 하고, 딴 곳도 좀 보고, 그래도 되지 않을까요? 때론 자는 학생에게 '아우, 진짜 잘 잔다!' 칭찬도 해보고, 아이가 베끼는 걸 봐도 못 본 척도 해주고, 알면서 칭찬도 해주고…. 교사들도 최선을 다하지만 '안 되는 건 안 되더라'라고 말할 수 있었으면 합니다. '물가까지 당나귀를 끌고 갈 수 있어도, 마시는 건 그들 몫이다'라고 말할 수 있었으면 합니다.

　매너리즘과의 타협이 아니라면, 조금 힘을 빼고 더 좋은 수업으로 나아가기 위해 호흡 조절을 하셨으면 좋겠습니다. 매년 고민하고, 매년 성장하는 걸 목표로 끝까지 포기만 안 하시면 좋겠습니다.

첫 월급 탄 기념으로
교무실에 선물을 돌려야 하나요?

요즘 교직 사회에서는 공식적으로 편성된 예산 이외의 금품이 오가는 것을 삼가는 분위기입니다. 부모님이나 가족 친지, 은인에게 선물하면 될 뿐, 인사발령 후 떡·화분 보내는 관행 개선에 대한 교육청의 강조가 계속되고 있어요.

특히 청탁금지법(일명 김영란법)에 따라 작은 선물이라도 삼가는 분위기가 강하니, 괜히 부담 가질 필요 없습니다. 학교 첫 방문 시에도 마찬가지입니다. 학교 분위기 따라 다르지만 대개 학교는 기본적으로 사람들 눈에 안 띄는 게 안전합니다. 같은 교무실 주위 선생님께만 간단히 하셔도 되고 조용히 지나가도 아무 문제 없습니다.

저는 첫 월급을 모두 출금해서 부모님 손에 안겨드렸습니다. 그러니 부모님이 조부모님, 숙부님 등 그동안 도와주셨던 분들께 선물 등을 나누어 보내주시더군요. 물론 전액 다 가져가진 않으셨고요. 기간제 교사로 근무할 때 워낙 고마웠던 분들이 많아서 그쪽으로 개당

2천 원 이내였던 떡을 돌렸었지요. 당시 주변 선생님들이 올해 꼭 합격하라며 업무도 최소한으로 줄여주시고, 배려를 많이 해주셨거든요. 임용시험이나 면접 준비도 많이 도와주셨지요. 덕분에 1년간 기간제 교사로 생활하며 합격할 수 있었고요. 잘 봐달라며 선배교사들에게 떡을 돌리는 것보다는, 신규나 기간제 교사였던 시절을 돌아보며, 그때 도와주신 분들을 잊지 않고 배려하며 교직생활하는 것이 더 옳아 보입니다.

신규가 떡 안 돌렸다고 그걸 예의 없다고 생각하는 선배교사는 1%도 안 될 거예요. 오히려 어수룩한 티(?)만 나는 거 같고요. 전입교사들이 돌리는 먹거리도 사실 어느 분이 주는 건지도 모르고 먹을 때도 많잖아요. 선배교사들이 싫어하는 업무 떠넘겨 받은 것으로 신규 티 충분히 내신 겁니다. 학교에서 눈에 띈다는 건 '뒷담'의 도마 위에 오를 가능성이 커진다는 뜻이니 오히려 그동안 고마웠던 분들께 보답하는 게 낫지요. 내년에 새로 오실 선생님들에게도 도움이 되는 일 같아요. 대신 1년을 지내면서 감사한 선생님들과는 따로 자리를 마련해 식사나 차 한잔하거나, 화이트데이나 밸런타인데이 같이 특별한 날에 초콜릿 등을 나눠 먹곤 했었어요.

요즈음 학교문화를 바꾸자는 이야기가 많은데 눈치 보지 마시고 느낀 만큼 하면 어떨까요. 교사 전보 때 떡 돌리기, 1정 연수 찾아와서 전체 간식 돌리기도 교육청에서 금지하며 없어지고 있어요.

'어디 누구는 뭐 돌렸다더라' 하는 얘기가 들려도 민망해 마시고 의연히 무시하세요. 그런 말을 앞으로 더 들을지도 몰라요. 그렇게 생각하지 않는 분이 더 많을 텐데, 일부 그런 말씀 하시는 분이 더 신경 쓰이는 것뿐이에요.

TIP!

동료들에게 첫 월급 턱 같은 건 하지 마세요. 동 학년이나 같은 교무실에 근무하는 선생님들끼리 평소에도 가벼운 간식을 나눠왔다면 그 정도는 괜찮습니다. 도움을 주신 분들-가족, 친지, 임용 시험 준비에 정말 많은 도움을 주신 은사님이나 선배님-께 감사를 표하세요. 부모님 선물 사드리거나, 현금으로 드려도 좋아요. 부모님께는 아무리 많이 드려도 어차피 다 돌아옵니다. 그러고는 기특한 자신에게 투자하세요. 보약, 피부미용, 쇼핑 등.

소중한 내 월급, 어떻게 모으고
관리해야 할까요?

첫 월급을 보며 행복한 시간도 잠깐, 교사가 된 지 반년이 지났
는데도 제 통장 잔고는 거의 차이가 없어요. 분명 월급이 들어
왔는데 며칠 뒤 텅 빈 잔고를 보면 쓸쓸하기도 하고요. 월급을
어떻게 해야 모을 수 있는 건가요?

사람마다 성격과 생김새가 다르듯이 돈을 모으고 관리하는 방법
도 여러 가지가 있을 수 있어요. 교사의 경우, 다른 직장처럼 큰 연봉
인상률을 자랑하지는 못해도 정해진 날에 비교적 고정적인 월급을 받
을 수 있지요. 또 초봉이 적은 편도 아니랍니다. 그래서 수입이나 지출
계획을 세우기에 유리한 점이 있으니 대출이 많더라도 외면하지 말고
관심을 가져보세요.

신용카드의 비밀

"할인 혜택 많이 드릴 테니 신용카드 만드세요.","복지포인트 카드는 꼭 만들어야 하니 기왕 필요한 것 이번 기회에 만드세요." 합격 후 이런 연락이 많이 옵니다. 카드를 만드는 것은 본인의 선택이지만 소비 주머니가 확 커질 수 있다는 걸 명심하세요. 복지포인트 카드 없어도 복지포인트를 사용하는 데 전혀 어려움이 없어요. 웬만한 카드회사들은 다 연동되어 있고, 현금 영수증으로도 청구 가능합니다.

평소 부모님께 용돈을 받거나 아르바이트를 하며 용돈을 모아 사용할 때는 큰돈 지출을 망설이게 되지요. 현금으로 지출할 때는 내가 얼마나 있고 얼마를 쓰는지 한눈에 알 수 있어요. 하지만 카드의 함정은 지금 긁는 이 금액에 대한 감이 오지 않다는 점이지요. 특히 할부를 사용하게 되면 당장은 1~2만 원이지만 12개월로 계산하면 적지 않은 돈이랍니다. '월급 버는데 이 정도는 뭐?' 하면서 긁는 카드 값이 모이고 모여서 여러분의 통장을 텅 빈 '텅장'으로 만들지 않으려면 신용카드는 만들지 않는 것도 방법입니다. 이미 만들었다면 혜택받는 금액이 더 큰지, 이 카드로 인해 소비하는 금액이 더 큰지 꼭 생각해보세요.

급여 명세서 파헤치기

교사 월급일은 매달 17일(사립은 25일)입니다. NEIS에서 해당 월의 급여명세서 조회가 가능합니다. 교사는 호봉제로 매년 월급이 오르게 되지요. 하지만 월급을 주는 일도 사람이 하는 일이기에 간혹 항목이 누락되거나 호봉 반영이 되지 않는 경우가 생기기도 합니다. 그러니 꼭 급여명세서를 확인하세요. 특히 기간제 경력이 있는 교사의 신규 발령 후, 1정 연수 후, 결혼 후, 출산, 파견 연수나 육아 휴직 후 복직을 한 시점 등 인생의 주기가 변하는 시점에는 호봉이나 급여항목이 조정되는 부분이 있습니다. 내 월급은 내가 확인하고 챙기는 게 현명하겠지요.

급여명세서는 크게 세 부분으로 나눌 수 있습니다.

급여 내역 (2019년 1월 기준)

- **본봉** : 수당을 제외한 급료.
- **정근수당** : 1년 이상 근무한 교사부터 1월과 7월에 2차례 지급되며, 금액은 연차에 따라 월 봉급액의 5~50%로 차등 지급.
- **정근수당 가산금** : 5년 이상 근무한 교사에게 주어지는 수당.
- **교직수당** : 교직에 있기 때문에 주어지는 수당.
- **교직수당 가산금** : 담임이나 보직 등의 이유로 더해지는 수당.
- **가족수당** : 동거 중인 부모님, 배우자, 자녀에 대해 추가로 받게 되는 수당.
- **시간외 근무수당 중 정액분** : 한 달 중 15일을 정상 근무했을 때, 월에 10시간은 추가로 근무한다고 보고 나오는 금액. 전 달의 근무기간을 반영해 산정되기에 신규교사의 첫달 월급에서는 0원.
- **시간외 근무수당** : 호봉에 따라 차이가 있음. 사전에 NEIS로 결

재 받아야 하며, 평일은 하루 1시간은 제외한 이후, 4시간 이내에서 1시간 단위로 인정됨. 한 달에 57시간을 초과할 수 없음.

- **교원 연구비** : 근무 연수에 따라서 5년 미만과 5년 이상이 차등 지급됨. 이때 근무 연수는 호봉책정과 달리 실제 임용기준일을 기준으로 산정되기에 군 복무 경력이 있다면 최초 임용 일자에 군 복무기간을 포함하여 근무 연수가 산정됨.

세금 내역

소득세와 주민세를 급여에서 제한 후 지급하게 됩니다. 소득세는 1년간 버는 돈에 따라 과세표준이 달라집니다. 1,200만원 이하는 6%, 1,200만원~4,600만원 이하는 15%, 4,600만원 초과~8,800만원 이하는 24%의 세율을 적용받습니다. 또 소득세의 10%를 주민세로 내게 됩니다. 이후, 연말정산을 통해 세금을 더 내거나 돌려받게 됩니다.

공제 내역

일반기여금, 건강보험, 노인장기요양보험, 교직원공제회비, 교원연합회비, 친목회비 등이 이 항목에서 빠져나가게 됩니다. 이 중 일반기여금은 공무원 연금으로 내는 돈이며, 2019년 기준 소득 대비 8.75%이고 2020년은 9%로 인상이 예정되어 있습니다. 국민연금은 월 소득액의 4.5%를 내고 있으니 우리는 다른 직업에 비해 2배에 가까운 돈을 연금으로 모으고 있답니다. (출처 : 공무원연금공단, 국민연금공단)

교사의 재테크 방법

자산관리사 유수진 작가가 제안하는 재테크법을 교사의 상황에 맞게 재구성해보았습니다.

지출을 줄여라

아침에 마시는 아메리카노 한 잔, 지각할까 봐 타는 택시비를 비롯하여 화장품, 신발, 공개수업을 위한 옷 등 새로 살 것은 어찌나 많은지 놀라울 따름입니다. 그런데 하루 한 잔 커피값 5,000원이면 한 달이면 10만 원. 일 년이면 120만 원이랍니다. 3개월 정도의 카드명세서를 준비하거나 가계부를 써서 평소 내가 어디에 돈을 쓰는지를 파악하고 꼭 필요한 게 아니라면 조금씩 줄여보는 것은 어떨까요. 하루에 천 원씩만 모아도 일 년이면 365,000원의 선물이 생긴답니다.

소득을 올려라

뻔한 공무원 봉급에 연봉협상이 있는 것도 아니고 소득을 높이는 일은 쉽지 않습니다. 하지만 같은 호봉이라고 모두 수입액이 같은 것은 아니랍니다. 전문성을 높여서 책을 쓴다거나 교사 연수 강의를 한다거나 방과후나 영재교육원 강사 활동 등 생각보다 다양한 곳에서 교사의 전문성을 키우며 소득도 올릴 수 있으니 자신이 즐겁고 행복하며 아이들도 행복한 일이 무엇인지 한번 찾아보세요.

투자를 잘 하라

적금, 예금, P2P, ETF, 펀드, 주식, 보험 등 다양한 상품이 은행, 보험사, 증권사에서 쏟아집니다. 정보도 너무 많아서 어디서 어떻게 시작해야 할지 모르겠다면 우선 확실하게 아는 것만 하세요. 어떤 상품인지 알지도 못하는데 직원의 권유로 가입부터 하면 원할 때 사용하지 못할 수도 있고, 많은 수수료를 내고 원금조차 못 찾을 수도 있답니다. 전국은행연합회(www.kfb.or.kr) 홈페이지에 들어가면 예금, 적금 금리를 비교해 볼 수 있어요. 이자는 이 금리에서 소득세를 빼고 받게 되지요. 은행의 경우 이자지급액의 15.4%(소득세14%+지방소득세1.4%)를 소득세로 냅니다. 반면 상호금융기관(신협, 새마을금고, 단위농협 등)은 이자소득세 15.4% 대신에 농특세(농어촌특별세) 1.4%만 냅니다.(2020년까지) 같은 금리라면 상호금융기관에 예금을 드는 것이 더 이자가 높겠지요. 하지만 이자가 높을수록 원금 손실의 위험도 높아질 수 있으니 충분히 알아보고 가입하세요.

통장 분리하기

극도로 소비절제가 가능하다면 모를까, 다양한 재테크 관련 서적에서는 통장을 나눌 것을 제안합니다. 월급을 받는 월급통장, 생활비 통장, 비상금 통장, 투자 통장으로 통장을 만드세요. 월급날 월급 통장에서 보험료, 교통비, 통신비 등이 빠져나가도록 자동이체를 설정합니다. 그리고 내가 쓸 생활비를 정해서 생활비 통장으로 이체합니다. 한 달 동안은 이 생활비 안에서 생활하자는 마음으로 금액을 설정하고 체크카드를 활용해서 지출을 통제하는 것이지요. 또, 경조사비나 급하게 필요한 목돈을 위해 일정 금액을 월급통장에서 비상금 통장에 빠져나가도록 설정합니다. 비상금 통장은 10만 원 이상부터 석 달 월급 사이에서 잔고가 유지되도록 설정하면 됩니다. 그리고 남은 금액은 모두 투자 통장으로 보냅니다. 그럼 월급 통장의 잔액은 0원이 되겠지요. 잘 아껴 써서 한 달이 지났는데 생활비 통장에 돈이 남게 된다면 이 돈도 투자 통장으로 보냅니다. 투자통장의 경우는 하루만 넣어두어도 금리가 높은 CMA통장을 활용하길 추천합니다.

종잣돈 만들기

우선, 주택 보증금, 학자금 대출 등으로 인해 대출금이 있는 분들은 빚부터 청산하세요. 빚을 청산했다면 소비를 줄이고 꾸준히 모아 종잣돈을 만드세요. 돈의 규모가 커진다는 것은 돈이 돈을 벌어올 수 있다는 의미이기도 합니다. 충동적인 소비를 잘하는 성향이라면 강제 저축도 추천합니다. 너무 생활비를 줄이면 요요현상이 와서 더 큰 지출이 일어나기도 하니 잘 조절할 필요가 있겠지요.

공부하기

임용시험을 통과할 만큼 열심히 공부했지만, 대부분의 신규교사는 금융에 대한 지식이 많지 않습니다. 그러니 이 분야도 공부가 필요하지요. 경제신문에 관심을 가지고, 블로그나 카페, 책, 다큐멘터리 등 다양한 정보를 얻어 보세요. 돈뿐만 아니라 다양한 과목 수업에도 실제 활용할 수 있는 실전 지식이 많답니다.

재테크 방법에 대해서는 이견이 많고, 몇 년마다 경향이 상당히 바뀌기도 합니다. 2019년 현재 참고해볼 만한 기초 도서와 자료를 몇 가지 소개합니다. 초심자의 행운에 우쭐하다가는 큰 손해를 볼 수 있으니 우선 소비를 줄이고 여유가 있을 때 장기적으로 접근하시기 바랍니다.

· EBS 다큐프라임 「자본주의」
· 『부자언니, 부자특강』, 유수진 지음, 세종서적
 - 부자언니 유수진의 부자 재테크 : https://cafe.naver.com/urlifestylist
 - 유수진의 해요마요 팟캐스트 : http://www.podbbang.com/ch/16762
· 『4개의 통장』, 고경호 지음, 다산북스
· 월급쟁이 재테크 연구카페 : https://cafe.naver.com/onepieceholicplus
· investing.com 어플 : 환율, 주가 등 정보 제공
· 팟캐스트(팟빵)
 - 이진우의 손에 잡히는 경제 : http://www.podbbang.com/ch/75
 - 김동환 이진우 정영진의 신과함께 : http://www.podbbang.com/ch/15781
· 원격직무연수(티처빌) : 「교사의 월급통장을 사수하라」, 전인구 교사

현장 경험이 처음이라
수업도 아이들도 두려워요

제가 현장 경험이 하나도 없이 공부만 하다가 운 좋게 합격한 신규이다 보니 수업에 대한 두려움이 너무나 큽니다. 교과서를 가르칠 때 어떻게 배분해야 하는지, 가르친다면 먼저 개괄적인 설명을 하고 활동을 해야 하는지 아니면 활동시키고 설명해야 하는지 등 너무나 혼란스러운 것이 많고요. 매일 매일 눈물과 두려움으로만 보내고 있습니다. 교사가 제 적성이 아닌가 싶기도 하고요.

처음부터 현장 경험 있는 사람은 없어요.

연수강사 분들 역시 엄청난 실패를 경험한 분들인데, 연수에서는 완벽하게 성공한 것 위주로 알려주고 가시는 일이 많아요. 장기적인 지향점을 잡게는 해주시지만, 신규교사가 당장 수업을 시작하는 데 도움을 주기엔 부족하지요.

운으로 합격한 사람도 없어요. 교육과정 평가원과 교육청은 그리 허술한 기관이 아닙니다. 임용시험 과정에 문제점이 있긴 하지만, 현재까지 상당히 합리적으로 정립된 방법이고, 선생님은 실력으로 합격하신 거예요. 임용시험 과정에서 평가받기 어려웠던 부분에 대해서는 앞으로 보완해가면 되는 것이지요.

수업시연 다 해보셨지요? 수업시연 연습 꽤 해보셨을 테니, 당장 그 모형대로 수업해도 괜찮은 수업이 됩니다. 너무 막연하시면 〈EBS〉, 〈교수학습지원센터〉, 〈에듀넷〉 등의 각종 수업동영상을 보고 따라 해도 돼요. 다만 거기서 활동과 상호작용을 늘려야 한다는 것뿐이죠.

신규교사 선생님! 오늘 학교에서 정신이 없어서 이제야 확인했습니다. 진심과 정성 어린 답변 정말 감사합니다. 이제 들어와 씻고 선생님 문자 보니까 눈물이 또 터지네요. 제 주위의 신규 동기 선생님들이 다 기간제 교사 등의 현장 경험이 있다 보니 NEIS며 인간관계며 능숙하셔서 제가 더 위축되었던 것 같습니다.

제 과목에 아이들이 필요성이나 흥미를 못 느끼는 점에서도 일단 기가 죽었던 것 같아요. 전 재미있는 말도 못 꺼내겠고, 아직 아이들이 마냥 두렵기까지 하고 실은 수업시연 때 했던 순회지도조차도 애들 곁에 다가가는 게 떨려서 돌아다니지도 않고 교탁 앞만 지켰던 거 있죠. 정말 반성하고 있습니다. 교사가 학생을 무서워하다니 이 두려움을 극복하기 위해서도 힘내려고요!

가장 중요한 수업에 있어서 제 발문기술이 부족함을 가장 크게 느낍니다. 말이 꼬이고 판서 구조화도 잘 못하는 총체적 난국인지라 너무 답답해서 무작정 선생님께 토로해버렸는데, 정말 선생님의 관심만으로도 너무나 힘이 됩니다!

선배교사 동기 선생님들은 기간제할 때 엄청난 고난을 겪으셨을 것이고, 샘은 지금 겪는 것뿐이지요. 그분들은 정규직 직장조차 보장되어 있지 않을 때 겪었으니 더 고통이 심했을 텐데, 샘은 오히려 그분들 이전보다는 상황이 낫지요?

교사들 대부분이 조용히 책 읽고 공부하는 것 좋아하시는 분들이에요. 하지만 선생님이 교사가 된 것은 그 과목의 어떤 부분이 진심으로 좋아서였기 때문이 아닌지요? 그 진심이 전해진다면 아이들도 조금씩 더 좋아하게 될 거예요.

저도 이제 4~5년차 접어드는데 아직도 학생 대하는 게 어렵긴 마찬가지지요. 제가 학생들한테 나쁜 영향이나 상처를 줄까 봐서가 가장 큰 이유에요. 어차피 저는 어른이고, 학생들은 애들인데, 저 아이들이 저한테 심하게 해봤자 얼마나 심하게 하겠어요.

수업시연에서 좀 못한 부분이 있으셨어도, 선생님은 다른 부분에 있어서 충분히 교사가 될 만했기 때문에 뽑히신 거예요. 아니었으면 면접관들이 떨어뜨리셨겠지요.

모두 다 잘하는 사람은 베테랑 교사 중에도 없어요. 발문 기술은 당연히 하루아침에 안 되는 것이고, 수업 전에 이미지 트레이닝을 많이 하셔야 해요. 구조화도 미리 모눈종이를 칠판이라 생각하고 그리면서 모의수업을 해봐야 해요. 수업은 준비를 많이 할수록 잘 되는 것이지요. 남들은 그냥 술술 잘하는 것 같은데, 나는 왜 안 될까 걱정하실 필요 없어요. 잘하는 분들은 그만큼 많은 경험이 쌓여서니, 선생님은 지금부터 경험을 쌓아가시면 되지요. 교실 경험보다도, 수업 준비를 많이 할수록 경험이 쌓입니다. 임고생 때처럼 준비하시면 금방 수업의 달인이 되지요. 다만 인생의 다른 문제들에도 시간을 많이 써야 선생님의 삶에 균형이 잡히고 장기적인 행복을 얻을 수 있겠지요. ARCS 같은 동기 이론 잘 배우셨잖아요? 그 학교 아이들에게 맞게 적용하시면 돼요.

저도 다 겪었던 일인지라, 먼저 용기 있게 요청해주시고, 잊어버리기 전에 글로 정리할 수 있게 해주셔서 고맙네요.

신규교사 맞아요, 선생님. 진짜 동기 선생님들이 기간제로 근무하실 때도 겪으셨을 고난인데 선생님 말씀 듣고 보니까, 정규직인 위치에서 고난을 겪는 제가 차라리 더 낫다는 생각이 듭니다. 왜 그런 생각을 못 했을까요! 아, 진짜 깨달음을 얻었네요!

수업도 그간 자료나 활동 고민만 하느라 제가 따로 수업 전체 진행의 발문이나 이미지 트레이닝을 충실히 하지 않았다는 반성이 됩니다.

의욕이 앞섰다가도, 지금 당장 간단한 수업도 제대로 못 하는데, 활동을 구안하고 펼치는 데 내가 자신을 가질 수 있을까 하는 두려움 때문에 계속 앞으로 나아가질 못하고 있는 것 같습니다.

선생님의 조언대로 다시금 동기 이론도 살펴보고, 이미지 트레이닝도 열심히 해보면서 차차 나아지는 제 모습을 보고 싶네요. 한달음에 나아지지는 못하겠지만, 그래도 오늘 얻은 이 따스한 위로와 용기를 항상 기억하면서 점점 나아지고 싶네요. 선생님의 조언을 보고 나니까, 하루빨리 성장하고 싶어 안달이 납니다. 저도 언젠가는 나름 학교생활에 적응을 해서 후배를 받게 된다면 선생님처럼 진지하게 고민을 이해하고 조언해주는 선배가 되고 싶어요. 함께 나누는 것의 위력! 그 힘을 믿습니다.

선배교사 수업 준비를 많이 하시면 당연히 수업은 잘됩니다. 그런데 정작 가장 중요한 건 '학생과의 관계 형성'입니다. 준비했던 모든 것을 구현해내기 바쁘다 보면, 정작 수업에서 가장 중요한 학생들의 눈빛, 기분, 상태 등을 놓치기 쉬워요. 정작 교실에서는 몸의 긴장을 풀고 학생들과 눈 맞추며 소통의 끈을 놓지 마셔요.

교육공학에서는 학습목표와 직접 관련 없는 언급을 엄격히 금지하기도 했으나, 화법에는 설명이나 설득 목적 이외에도 관계 형성을 위한 대화도 있습니다. 전 시간에는 무엇을 했는지, 어떤 학생의 머리 모양이 바뀌었는지, 급식 식단은 무엇인지, 방금 실시간 뉴스에 무엇이 떴는지, 오늘 엎드린 아이가 있으면 무슨 일이 있었는지, 조는 친구가 있으면 전날 무엇을 하며 시간을 보냈는지 등등 무엇이든 말이지요. 그런 대화의 내용을 학습목표와 연결할 수 있다면 상당한 경지에 이를 수 있을 것입니다. 그러면서 아이들과 우호적인 관계가 형성되면 수업은 훨씬 쉽게 풀릴 겁니다.

반짝이는 눈들이 나만을 지켜보고 있는데, 교단에서 하나도 떨리지 않는다면 거짓말이겠지요. 저 또한 지금까지도 앞으로의 수업 때문에 가슴이 콩닥콩닥 뛴답니다. 그러나 이러한 두려움은 선생님께서 수업을 잘 준비할수록, 수업 중 학생들의 동기를 잘 유발할수록 점차 사라지는 것이니 너무 걱정하지 않아도 됩니다. 그래도 걱정이 된다면, 제가 제시하는 방법을 하나씩 따라 해보세요.

우선 선배교사의 수업을 보고 그 수업의 강점을 파악하세요. 선생님과 같은 과목이면 더 좋고, 동일 과목이 아니어도 상관이 없습니다. 공식적인 교내외의 공개수업도 좋고,언제든 동료 선생님의 수업을 참관할 수 있으면 좋습니다. 어떤 선생님이 수업을 잘하시는지는 학생들이 잘 아니까 학생들에게 추천을 받을 수도 있고, 평소 대화 중에 자연스럽게 부탁해도 좋지요.

동기유발 단계에서 무엇이 이루어지는지, 목표에 도달하기 위한 학습 내용은 어떻게 전개되는지, 학생들의 적극적인 수업 참여를 유도하기 위해서 어떠한 발문을 활용하는지 등을 유심히 관찰하세요. 그리고 수업이 종료된 후 어떠한 점이 정말 좋았는지, 내가 직접 수업을 한다면 어떠한 것을 활용하면 좋을지 곰곰이 생각하여 대화를 나눠보고, 선생님만의 수업 연구노트에 적어보세요.

그리고 수업을 구조화하여 계획하세요. 교육과정 성취기준과 교과서 내용을 비교하며, 학생들이 나의 수업을 통해 반드시 도달하여야 하는 목표를 분명히 하세요. 그리고 교과서에서의 불필요한 활동은 과감히 삭제하고, 목표 달성에 부족한 부분이 있다면 선생님이 직접 활동을 계획하세요. 자, 학습 내용이 구체화되었지요? 그렇다면 아래의 체크리스트에 맞춰, 나의 수업을 좀 더 구조화해봅시다.

수업단계	구조화 질문	예시
도입	동기유발은 어떻게 할까?	학생의 경험과 연관 지어야지
	학습목표는 어떻게 제시할까?	학습지 맨 위에 제시해놓고, 이를 함께 소리 내어 읽어야지
전개	교과서, 학습지 등은 어느 지점에서 활용할까?	교과서는 소설 읽기 단계에서 주로 활용해야지 학습지는 소설 내용 정리할 때 활용해야지

수업단계	구조화 질문	예시
전개	매체를 활용할까?	소설 읽기 전에 전반적인 내용 제시용으로 동영상을 활용해야지
	판서는 어떻게 할까?	칠판 가운데에는 활동1의 인물 관계도를 그려야지 칠판 끝에는 활동2의 토론할 주제를 적어줘야지
	내용을 설명할 때 어떠한 예시를 들어줄까?	교과서 학습활동에 제시된 예시를 끌고 와야지
	어떠한 발문을 어느 시점에 던질까?	인물 관계 정리할 때 인물의 성격과 관련된 발문을 던져야지
정리	형성평가는 어떻게 제시할까?	PPT 화면으로 띄워줘야지
	형성평가 결과에 따른 후속 활동은 어떻게 할까?	과제로 제시해야지

위와 같이 상세하게 선생님의 수업을 머릿속으로 그려내다 보면 점차 수업에 대한 자신감이 올라가는 것을 느낄 수 있을 것이에요.

셋째, 실제 수업을 하면서 나의 수업을 카메라로 녹화하세요. 어색하고 쑥스럽 겠지만, 내 수업을 내가 직접 봐야 강점과 보완할 점을 파악할 수 있답니다. 만 약 나의 수업이라서 객관적인 판단이 어려울 것 같다면, 주변의 선생님께 부탁 드려서 수업을 함께 살펴보는 것도 좋은 방법입니다. 자, 수업을 잘 보셨나요? 학습목표가 확실하게 잘 달성되는 수업이었나요? 수업 중 학생과의 상호작용 은 어땠나요? 아직은 조금 부족할 수도 있어요. 그러나 이러한 경험이 쌓이고 쌓인다면, 수업의 달인이 되는 것은 시간문제랍니다.

넷째, 해당 지역의 수업 연구회 활동에 참여하세요. 이 책의 서문에 소개된 모 임을 검색하거나, 링크로 접속해 정보를 얻거나, 업무포털의 연수 탭, 공문 검색을 통해 각종 연수를 진행하는 연구회를 알아볼 수 있어요. 연구회라고 너무 거창하게 생각해서 부담을 느끼지 않으시면 좋겠어요. 개개인의 성장을 위해 모여 자신이 가진 경험과 수업기술 등을 나누는 시간이니까요. '난 아직 신규 교사라서 나눌 것이 없는데'라고 생각하실 수도 있지만, '누구에게나 배울 점은 있다'라는 말이 있지요. 선생님께도 분명 나눌 거리를 가지고 계실 것입니다. 연구회에 나가셔서 많은 것을 보고 배우며, 위에서도 언급했던 선생님만의 수업 연구노트를 꽉꽉 채워 넣으시길 바랍니다. 당장은 어렵더라도 언젠가 선생님의 수업에 적용하는 것도 잊지 마시고요.

이밖에도 선생님의 수업 능력을 향상하기 위한 다양한 방법들이 선생님을 기다리고 있을 거예요. 이 세상 모든 교사의 마음을 두근거리게 하는 수업, 지금은 비록 두려움이지만 앞으로는 설렘으로 변해나갈 선생님의 교직생활을 응원하고 있겠습니다.

9월 발령인데 전임 선생님과 비교당해 힘이 빠집니다

이번 9월 발령받은 신규입니다. 전임 선생님께서 워낙 훌륭하고 카리스마 넘치게 조별 협동수업을 이끌어오셨습니다. 공개수업은 도맡아서 해오셨고 학교 내에서 수업 잘하기로 소문이 자자하셨어요. 그에 반해 신규인 저는 첫 시간부터 무른 모습을 보였고, 수업에 있어서도 열심히 준비한다고는 해도 부족한 부분이 많아요. 아이들도 저도 힘들어하고 있는 상황입니다. 전임 선생님과 자꾸 비교되는 것 같고, 잘해보려고 해도 그 간격이 좁혀지는 것 같지 않아 힘이 빠집니다.

대부분의 신규 선생님들이 비슷한 고민을 하고 있지 않을까요? 처음 하는 사람이 어떻게 경력 많은 사람처럼 잘할 수 있겠어요. 학교 적응에 초점을 맞추고 어제의 나보다 오늘의 내가 조금 더 나아지고 있고, 나아질 것이라고 스스로 힘을 주세요.

신규로 고3 담임이 되는 일도 있습니다. 진학지도, 수업지도, 생활지도 모두가 엉망인 것 같아 고민이어서 선배교사께 조언을 구했더니 하신 말씀이 "신규 선생님이 우리보다(10년 경력) 잘하려 하는 것은 그동안 우리의 노력을 무색하게 하는 것이고, 선생님은 내가 신규일 때보다 잘하고 있으니 걱정하지 말고 힘들 땐 항상 조언을 구하세요"라고 위로해주셨어요. 그래서 부족한 부분을 인정하고 선생님들께 많이 물어보고 아이들에게도 물어보고 부딪치고 깨지는 과정을 반복하다 보니 조금씩 괜찮아졌고, 입시 결과도 좋았답니다.

또 어느 선생님은 강사로 일한 적이 있어서 수업은 순조로웠으나 학교 업무가 처음인 데다 생활지도부라 일은 많은데 서툴러서 기안하고 회수하기를 반복하고, 행사가 많아 시간도 부족하고 마음고생 많이 하셨다고 해요. 하지만 하루하루 나아지는 자신의 모습에 감탄하며 '처음부터 잘하면 이상한 거다! 실수하면 어때 신규인데'라고 스스로 위로하고 견디셨다고 해요. 많은 분이 이처럼 시행착오도 겪고 자기 다짐도 하면서 이 시기를 보내고 계신 거지요.

교사는 완벽해야 한다는 생각이 신규교사를 더욱 힘들게 하는 것 같아요. 처음은 누구에게나 서툴고 힘든 시간임을 모두가 알아요. 다만 아이들에게 더 노력하는 모습, 열정적인 모습을 보여주신다면 강의력에서 조금 부족해도 선생님의 노력이 자신들을 발전시킨다는 믿음을 줄 수 있으리라 믿습니다. 선생님의 수업이 틀린 것은 아니잖아요. 다만 그 전 선생님과 다른 점이 더 신경 쓰일 뿐이지요. 시간과 노력은 배신하지 않습니다. 당장 눈에 보이지 않는다고 너무 초조해하지 않으셔도 된다고 용기 드리고 싶네요.

아이들은 생각보다 훨씬 관대하고 마음이 따뜻합니다. 그런 존재로 여기고 다가가고 새내기로서의 특권을 마음껏 누리시길 바랍니다. 내가 부족한 교사라 옆 반 노련한 교사보다 뭔가 덜 주게 될까 두려워하지 마세요. 그 나름의 특권을 아이들도 알고 있습니다. 학생들도 신규교사의 첫사랑이 되는 것을 마음 깊은 곳에서는 즐거워합니다. 물론 겉으로 보기에는 무시하는 것으로 보일 수도 있으나 스스로를 믿고 학생들을 존중하며 기다리시면 그 어려움을 견뎌낼 수 있으실 것입니다. 교육의 목표를 어디에 둘 것인가, 이 학생들에게 평생에 걸쳐 어떤 가르침과 배움의 알맹이를 줄 것인가 깨어 있는 정신으로 수업을 준비하시면 좋겠습니다. 이 단원을 왜 가르치는가, 이 단원에서 무엇이 아이들을 더 풍요롭게 할 것인가를 고민하면서 가르치는 것과 교과서 순서에 따라 주어진 학습지와 교과서 회사의 소프트웨어를 단순히 활용하며 진도 나가는 것 사이에는 엄청난 차이가 있습니다. 힘겹고 고되더라도 고민하면서 한 단원, 한 텍스트 가르치시고 선택하시는 훈련을 꼭 하시길 바랍니다.

그리고 선배교사께 부족한 부분을 질문하되 '저는 처음이라 모르니 선배님이 다 알려주세요'가 아니라 '요령을 알려주시면 배우고 익혀 내 것으로 만들겠습니다!'라는 마음으로 다가가셔야 알려주는 선배도 힘이 날 거예요.

'기간제이기 때문에 더 잘해야 한다' 혹은 '내가 처음이라는 것을 알리고 싶지 않은데'라며 고민하시지 마세요. 초임인 걸 미리 광고할 필요도 없지만, 발각될까 봐 전전긍긍할 필요도 없어요. 선생님이 해 내실 수 있기에 교단에 서신 거예요. 선생님을 채용하신 분들은 분명 선생님이 충분히 하실 수 있으리라는 가능성을 보고 채용하신 것이 니 너무 위축되지 않으셨으면 해요. 교단에 서는 이 순간은 정규직이 냐 계약직이냐는 중요하지 않아요. 책임감과 아이들을 사랑하는 마음 으로 노력하는 것이 중요하지요. 모르는 것은 동료 선생님께 묻고 배 우면 됩니다. 누구에게나 다 처음이 있는 것이니 계약직이라는 신분 때문에 더 훌륭한 교사가 될 수 있는 배움의 기회를 놓치지 않으셨으 면 해요. 대신 더 큰 노력이 당연히 필요하겠지요? 수업 준비도, 업무 도 현장에서 부딪히면서 많이 배우겠다는 자세로 더 노력하시면 주변 에서도 많이 도와주실 거예요.

신규가 베테랑보다 모자라는 점이 있는 건 당연합니다. 하지만 베테랑에게 없 는 강점도 있던 걸 아이들은 알고 있어요. 주눅 들지 않고 차근차근 함께 배우 며 노력하시는 신규 선생님은 분명 전임 선생님의 신규 시절보다 잘하고 계신 걸 겁니다.

학년 중에 교사가 바뀌면 누가 맡아도 쉽지 않습니다. 아이들도 이전 선생님과 방식이 달라서 적응하는 데 시간이 걸립니다. 갑자기 모든 것을 다르게 하기보 다는 이전 선생님이 어떻게 했는지 물어보고, 선생님도 아이들과 적응하시면 서 서서히 바꿔가는 것이 좋습니다.

아이들한테 절대 웃어주지 말고
무섭게 해야 한다는데

다른 선생님들이 저한테, 애들한테 절대 웃어주지 말고 무섭게 해야 한다는데, 그렇게 하는 게 좋을까요? 아이들이 예상했던 것보다 훨씬 심할 거라고요. 학교의 구조 자체가 잘못된 것이고 어른들의 잘못을 아이들이 따라 한 것뿐인데 어디부터 어디까지 무섭게 대하라는 건지 잘 모르겠습니다.

전 사실 애들 화장이나 옷차림 같은 걸 지적하고 싶지 않습니다. 제가 성격이 호락호락하진 않은데, 그렇다고 원칙에 안 맞는다고 무작정 혼부터 내는 성격은 아니거든요. 어릴 때 제가 영문도 모르고 혼난 경험이 있어서요. 이제는 제 신념 자체에 의문을 갖게 되네요.

혼내는 것으로 학생을 통제하기 어려운 시대입니다. 신규 연수 등 여러 자리에서 제가 1~2년간 직접 겪거나 본 사례를 말씀드린 적이 있었지요. 공식적인 연수원 강의라서 너무 심한 것들은 뺐지만, 교육학 이론보다는 실제 사례와 대처 방법을 이야기하고 싶었어요. 예방주사(?)를 놔드린다는 차원에서요. 그런데 생각해보면요, 건강하고 개성 있게 성장하는 아이들을 우리가 제대로 이해하지 못해서 문제아에 힘든 아이라고 낙인 찍는 것은 아닐까요. 그래서 '문제행동'이라는 용어보다 '낯선 행동'이라는 용어를 제안하게 되었습니다. 아이들의 '낯선 행동'이 예상을 뛰어넘는 이유는, 사범대 교육과정이나 임용시험 과정이 급변하는 현실을 제대로 반영하지 못하고 있기 때문이 아닐는지요? 아이들은 몇천 년 전이나 지금이나 늘 당시의 새로운 존재일 테니까요.

물론 선생님께서 발령받은 지역이 평균보다는 어려운 지역인 것도 사실이지요. 그건 아이들의 가정이나 지역 환경이 어렵고, 그만큼 성장통이 더 심하다는 뜻입니다. 우선 신규 선생님을 생각해서 조언해주신 동료나 선배교사들께 공감과 감사를 표시하셔야겠습니다. 그분들 말씀이 어떤 내용이더라도 주의 깊게 경청하면 배울 점이 많을 테니까요. 다만 아는 것과 행하는 것에는 차이가 있는 법이니 자신의 신념과 습관을 쉽게 바꿀 수는 없겠지요.

저도 1~2년차 때는 부족한 경력을 숨기려 뭔가 있어 보이고, 강해 보이려 노력했지만, 그건 청소년들이 하는 '센 척'이나 다를 바 없다는 생각이 들더군요. 오히려 내가 즐겁게 사는 게 우선이고, 안 웃고 살면 제가 병납니다. 웃을 상황이 아니면 무표정 정도면 되지, 화내거나 혼내면 아이들은 '자기 기분 나쁜 일 있다고 우리한테 화풀이한다'고 생각하지요.

내가 어떤 교장, 교감, 부장 선생님을 원하는지를 생각해보면, 아이들이 원하는 교사상과 가깝지 않을까 합니다. 초보 교감 선생님께 다른 선배교사가 '신규 선생님들한테는 강하고 무섭게 하세요'라고 조언한다면 어떨까요? 정말 그런 일이 있을까 싶지만, 신규들 미리 군기 잡아야 한다는 기성 교사들이 여전히 존재해요. 그런 일 당해도 너무 속상해하진 마세요. 강한 사람은 늘 의연하지만, 약한 사람은 미리 센척을 해요. 오랜 임용 준비와 새로운 환경 적응으로 힘드실 신규 때나 어려울 뿐이지요. 아이들은 아직 미성숙할 뿐 기본적으로 선생님들과 동등한 인격체잖아요?

영화 「쥬라기월드」에서 성난 공룡들에게 둘러싸인 사람들이 무기를 내려놓자 지능이 높고 잘 훈련받은 그 공룡들이 오히려 사람을 보호하는 장면이 나옵니다. 물론 영화가 아닌 현실의 파충류나 조류라면 다를 수 있지만요.

아직 이성의 뇌가 충분히 발달하지 않고, 감정의 뇌가 폭발적으로 발달하는 시기의 아이들입니다. 성인도 마찬가지지만 이때는 긍정적 감정을 일으키는지, 부정적 감정을 일으키는지에 따라 선생님에 대한 아이들의 반응이 크게 엇갈릴 겁니다. 부정적 느낌의 사람에게 당장은 굴복할지 모르나 언제 폭발할지도 모르지요. 그러니 긍정적 감정은 되도록 유지하고, 부정적 감정을 일으키는 방법은 최대한 피하시는 게 중요합니다.

저는 아이들 덕분에 교사로서 존재하니까, 아이들은 교사인 나의 성장을 위해 내가 계속 관찰하고 이해해야 할 대상이라 생각합니다. 물론 제 수양이 한참 모자라기 때문에, 화를 낼 때도 종종 있지요. 그러면 늘 그때마다 반성하고 학생들에게 사과하는 겁니다. 언젠간 제가 존경하는 선배교사들의, 1년에 화 한번 안 내는 경지에 이를 수도 있겠지요. 지금은 예전처럼 교사가 체벌, 징계 등 위압적인 모습으로 아이들을 통제할 수 있는 시대가 아닙니다. 오히려 교사가 아동학대로 범법자로 처벌받기 쉬워졌어요.

학기 초에는 서로 탐색전이 벌어지겠지만, 학교마다 정해둔 「생활인권규정」을 숙지하여 학급 규칙을 제정한 뒤 그 규율을 벗어나지 않는 선에서는 친절하게, 범위를 벗어나면 원칙대로 처리하시기 바랍니다. 다만. 교칙과 규율이 상당히 무너진 학교라면, 선생님의 기본 업무와 수업 능력 개발에 더 많이 애쓰시기 바랍니다. 생활지도를 위해 헌신하는 신규 선생님을 학교가 제대로 보호해주지 못할 위험이 있습니다.

저의 멘토 선생님께서는 반 아이들에게 이렇게 말씀하셨어요. "널 좋아하지만 우리 반만 규칙을 무시할 수 없기에 어쩔 수가 없구나. 부탁이야. 선생님 마음 안 아프게 도와줘." 아이들과 잘 지내는 교사는 한결같이 이런 식으로 말씀하시더라고요.

개학 첫날 수업이
막막하기만 해요

개학 첫날, 수업보다는 학생들과 또는 학생들끼리 친해지는 시
간을 갖는 활동을 해보고 싶은데 좋은 아이디어가 있을까요?
아이들의 성향을 잘 모르니 당장 어떻게 수업을 준비해야 할지
막막합니다.

친구 인터뷰하기 활동을 합니다. 지난 방학 중 잘한 일, 후회되는
일(또는 아쉬웠던 일), 새학기 계획, 다음 방학 계획 등이 적힌 질문지를
나눠준 후 인터뷰 양에 따라 점수를 부여하거나 소소한 간식거리를
나눠줍니다. 특별히 인상 깊었던 인터뷰 내용을 발표하기도 합니다.
저는 개학 첫날뿐 아니라 시험이 끝난 후 또는 아이들이 부쩍 힘
들어하는 날에 이 수업을 다양하게 활용했습니다. 어린아이 낱말 배
울 때 쓰는 낱말 카드가 집에 굴러다녀서 활용해봤는데 학년 구분 없

이 다들 재밌게 하더라고요. 활동의 큰 틀은 "빈칸 채우기"입니다. 우선 낱말 카드를 무작위로 섞어 4장씩 나눠줍니다. (문장 수에 따라 더 나눠줘도 좋습니다.) 4명 정도 모둠을 구성한 후 모둠장, 발표자, 정리자, 카드 도우미로 역할을 나눕니다.

사랑은 _____ 이다. 왜냐하면 _____

우정이란 _____ 이다. 왜냐하면 _____

점심시간은 _____ 이다. 왜냐하면 _____

시간은 _____ 이다. 왜냐하면 _____

이런 형식의 글을 칠판에 적어두고 나눠가진 낱말 카드를 한 개씩 활용하여 빈칸을 채워 문장을 만들어보는 활동입니다. 예를 들면 '사랑은 포크레인이다. 왜냐하면 파도 파도 계속 생긴다'라는 엉뚱하지만 그럴듯한 문장이 완성됩니다. 모둠별로 발표 내용을 칠판에 적고 가장 마음에 드는 문장, 기발한 문장에 투표하여 우승 모둠에 젤리나 초코파이 같은 보상을 주면 무척 좋아합니다.

개학 첫날에 놀이로 친해지기 활동도 좋습니다. 우선 지난 학년에서 서로 다른 학급이었던 학생(1학년인 경우 서로 다른 학교를 졸업한 학생), 성별 등을 고려하여 이질집단으로 임시 모둠을 편성합니다. 모둠원들은 서로의 얼굴을 관찰해서 상대방 그려주기, 키워드를 이용한 자기소개 하기, 모둠 구호, 모둠 노래 정하여 발표하기 등의 활동을 합니다. 모둠별 활동이 끝나면 모둠별로 나와 모둠원 소개 및 모둠 구호, 모둠 노래를 발표합니다. 활동 후 그림은 게시판에 부착하여 환경미화로 활용하며, 일주일간 친구의 그림에 긍정 스티커 붙이기로 마무리합니다. 긍정왕에게는 젤리, 초콜릿 등 작은 선물로 보상할 수 있습니다. 하지만 굳이 간식을 주지 않아도 친구들 앞에서 격려해주는 것만으로도 충분히 교육적입니다.

방학 중 잘한 일	후회되거나 아쉬운 일
이번 학기 계획	다음 방학 계획

종이를 4등분으로 접어서 각 칸에 '방학 중 잘한 일, 후회되거나 아쉬운 일, 이번 학기 계획, 다음 방학 계획' 등을 각자 쓴 후, 친구들과 짝이나 모둠으로 서로 인터뷰할 수 있어요. 수행평가 기준도 '한 페이지 반 이상 채우면 2점, 반 미만 1점, 안 하면 0점'처럼 단순하게 처리할 수 있지요. 시간 남으면 칠판에 각자 나와 단어 두 개씩 쓰게 하고 이유를 포함하여 릴레이로 발표시키고, 친구들의 말을 경청하고 질문 하나씩은 필수적으로 받게 할 수도 있습니다. 이렇게 가벼운 활동으로 래포를 형성하면, 이후로 토론이나 발표수업도 효과적으로 진행할 수 있어요.

TIP!

많은 양을 가르치는 게 좋은 교사라는 환상에서 벗어나세요. 지난 습관을 반성하고 함께 공부할 수 있는 관계와 동기를 만들어주는 것이, 진도 몇 쪽 더 나가는 것보다 훨씬 유익할 수 있어요.

2.
3월부터
멘탈 붕괴

학생들은 지지하지만 회장에 부적합한 아이가 출마한대요

폭력적인 성향의 아이가 학생들을 위협하여 회장으로 뽑히고 자 하는 경우 어떻게 하나요? 반 아이들에게 인기는 많으나 교 칙 등을 지키지 않아 모범이 되지 않는 아이, 사고가 논리적이 나 교사와 학교에 매사 반감을 표현하는 아이, 운동부라서 학 교를 자주 빠지게 될 텐데 아이들에게 인기가 있는 아이가 회 장 출마를 하면 담임이 어떻게 지도해야 할까요?

위협의 정도가 심하다면 학교폭력 사안으로 다뤄야겠지만, 혹시 선생님이 회장에 대해 고정 관념을 갖고 있진 않은지요? 모든 면에서 완벽한 아이는 없으니, 장점을 살리고 단점을 보완하며 지도할 기회입 니다.

학급의 모든 일에 담임이 관여할 수는 없습니다. 회장으로 뽑힌 학생의 능력이 뒷받침만 된다면 담임과 학급 친구들 사이를 잘 조율하고 학생들 사이에서 일어나는 다양한 일들을 담임이 관여하기도 전에, 혹은 담임과 함께 잘 해결해나갈 수 있을 것입니다. 이렇게 되면 일 년 동안 담임의 무게가 꽤 가벼워질 것입니다. 그렇기에 매 학기 초에 있는 회장 선거는 일 년 학급운영의 가장 중요한 일이라고 할 수 있습니다. 이때 회장이 되고자 나서지만, 회장으로서의 역량은 부족해 보이는 친구를 어떻게 해야 할까요? 이런 아이를 어떻게 학급의 기여자로 만들 수 있을까요?

첫째, 학생들이 회장의 역할에 대해 올바로 이해하고 뽑을 수 있게 해줘야 합니다. 일 년간 우리 반이 어떤 모습이 되기를 바라는지를 생각하게 하고 대통령 선거처럼 토론회를 진행한 뒤 회장 선거를 하면 학생들이 학급에 가장 도움이 되는 친구를 회장으로 선택할 수 있을 것 같습니다. 지식채널e의 「늑대들의 합창」이나 「기러기 이야기」처럼 지도자의 역할에 관한 짧은 영상을 보고 이야기를 나눠보는 것도 좋아요. 이때 대통령 선거 방송 토론회를 시청해보고 토론 규칙이나 지도자의 역할에 대해 생각해볼 수도 있습니다. 그리고 그 형식을 일부 빌려서 토론 후 선거를 진행하는 것도 좋습니다. 물론 교사 개인의 정치적 성향을 주입하는 방향으로 흐르지 않고, 학생들이 진지하게 고민하도록 주의를 기울여야 합니다.

둘째, 회장이 학급의 모든 일을 떠맡으면 곤란합니다. 학급 내 1인1역 등을 효과적으로 구성해서 전체 구성원이 학급운영에 참여하는 구조를 만들어야 합니다. 회장은 담임과 함께 1인1역이 잘 운영될 수 있도록 조정만 해도 큰 무리 없이 흘러갈 수 있을 것입니다.

셋째, 남과 다르다는 것은 그 조직을 발전시킬 잠재력이 있다는 것이기도 합니다. 다른 친구들로부터 지지를 받는 면을 장점으로 칭찬해주고, 학부모와 유대 관계를 돈독하게 유지하며 동시에 학생의 미래를 위해 고쳐야 할 점을 끊임없이 지도한다면 학생이 담임과 같은 방향에서 학급을 바라볼 수 있지 않을까요?

넷째, 대개 학교폭력 관련 전력이 있는 아이들이 에너지가 강하고 남들을 이끌고 싶어 하는 의욕이 강합니다. 이 학생들의 도움을 학급 운영에 잘 활용하면 선생님께 큰 힘이 됩니다. 다만 잘못 활용하면 선생님의 일 년 농사가 큰 복병을 만나게 되는 것이지요. 선생님들은 이런 학생을 지도할 때, 선생님의 믿음을 등에 업고 자신의 힘을 남용하지 않도록 여러 견제 장치를 두고 세심한 관찰과 지도를 해야 합니다. 문제아 취급만 받던 아이가 삶의 진정한 스승을 만났다고 여기면 행동이 개선되기도 하니까요. 회장 선거에서는 탈락했어도 총무부장 등의 역할을 줘서 부회장 다음이라고 선언해주고 학급 아이들 보호나 교실 문단속처럼 책임 있는 역할로 자긍심을 가질 일을 나눠주는 방법도 좋겠습니다.

다섯째, 아이들 다루는 능력에 자신이 있는 경우라면 오히려 이런 아이들을 회장이나 부회장으로 만드는 방법도 있습니다. 둘 중 하나는 머리를 잘 쓰고 인성이 모범적인 아이, 또 하나는 카리스마가 넘치며 힘 있는 아이로 구성한다면 오히려 반이 균형 있게 운영될 수도 있습니다. 이런 친구들은 선생님이 계속 관심을 두고 상담하거나, 학급

안에 정의감 있는 아이들을 통해 1:1로 상담하고 알아본다든지 해서 수시로 확인하고 꾸준히 인정해주면 학급에도 아이에게도 도움이 됩니다.

모든 면에서 뛰어난 학생만 회장이 될 수 있는 것은 아닙니다. 회장으로서 가장 중요한 한두 가지 능력만 잘 갖추면 되지 않을까요. 저는 그 두 가지를 '학생들 사이의 갈등 조절 능력'과 '선생님과 학생들 사이의 소통 능력' 정도로 생각하는데, 선생님의 교육관과 학급 상황에 따라 다를 것입니다.

출마 공약 발표할 때나 토론에서 교사가 몇 가지 주제를 제안할 수 있습니다. '싸움, 사고, 지각이 없는 반, 청결하고 공부하기 좋은 반을 어떻게 만들 것인가' 같은 주제 말이지요. 학급 일은 학급회장 주도로 회의하고 결정하여 운영하게 하되, 담임은 그것에 대해 조언해주고, 함께 정한 방식이 잘 지켜지도록 격려하는 역할이 중요합니다. 교사가 준비했던 것보다 더 좋은 방법을 생각해낼 수도 있고, 이 과정 자체가 입법자로서 준법자가 되도록 이끄는 민주시민교육입니다. 선생님과 학우들이 진지하게 고민하고 뽑는다면, 한결 수월한 한 해를 보내실 수 있을 거예요. 〈돌봄치유교실〉 카페에서 '1인1역'을 검색해보세요.

징계받은 걸 모르고
회장으로 선출했어요

이번에 발령받은 초임교사입니다. 지난주 회장 선거 결과 회장이 된 아이가 리더십도 있고 잘하려고 노력하는 모습을 보여 기대가 컸습니다. 그런데 문제가 생겼습니다. 교칙에 학교폭력 기록이 있는 아이들은 졸업 시까지 학급 임원이 될 수 없음은 물론이고, 상장이나 장학금도 못 받는다고 하더군요. 회장이 된 아이는 작년에 학교폭력 사건에 휩쓸려 가해자 기록이 남아 있었고요. 뒤늦게 그 사실을 알게 되어 아이에게 상황을 설명했고, 아이는 수긍했습니다. 그리고 저는 반 아이들에게 회장으로 뽑힌 친구는 우리 반을 위해 좀 더 큰일을 해야 해서 회장 대신 다른 일을 맡아주기로 했다며 선거를 다시 해야 한다고 말했습니다.

아이의 실망한 표정과 마음에 남았을 상처가 계속 신경 쓰였습니다. 제가 규정을 알아보고 미리 공지해야 했는데, 일이 벌어진 뒤에 해결하려니 많이 곤란했습니다.

그런데 오늘 그 학생의 아버님께서 전화하셔서 아이가 자신감도 찾고 학교생활도 즐거워했는데 그런 일이 생겨 혹시나 행동이 더 어긋날까 걱정이 된다고 하시더군요. 그리고 학교에서 그렇게 3년 내내 낙인을 찍어 잘해보려는 아이의 기를 꺾는 것이 과연 옳은 일인지, 아이에게도 회복할 기회를 줘야하는 것이 아닌지에 대해 말씀하셨습니다.

아이의 상처받은 마음과 제 부족함으로 일어난 이 상황을 어떻게 하면 현명하게 해결할 수 있을까요?

교사는 법령에 따라 학생을 지도하는 것이고, 학교마다 그 학교 특성에 따른 학칙이 있습니다. 이런 걸 신규교사 연수에서 제대로 알려주지 않고, 학교에서도 전입교사나 신규교사를 특별히 신경 써주지 않는 경우가 많습니다. 앞으로 학급 회장 선거 전에 담임 선생님들은 교칙을 숙지하시고 선거를 진행하기 바랍니다.

사실 여기에도 아쉬운 점이 있습니다. 소년범은 개선 가능성이 크고, 낙인효과 방지를 위해 범죄사실을 철저히 비공개로 하고 있습니다. 보호관찰 중인 학생이든 소년원 갔다 온 학생이든, 학생 스스로 말하지 않으면 교사는 사실을 절대 알 수 없는 것이지요. 그런데 소년범 재판보다 수위가 낮은 학생에게 징계기록을 남긴다는 것은 받아들이기 어려운 부분이 있습니다.

서울학생인권조례 제18조(자치활동의 권리)

③ 학교의 장 및 교직원은 성적, 징계기록 등을 이유로 학생자치조
직의 구성원 자격을 제한하여서는 아니 되며, 학생자치조직의 대표는
보통, 평등, 직접, 비밀 선거에 의해 선출되어야 한다.

해당 지역의 「학생인권조례」와 교칙이 어긋나 있다면 민원의 소지
가 있습니다. 징계받은 적이 있어도 출마는 가능하지만, 임기 중에 징
계받으면 해임되도록 규정을 개정하기도 합니다. 선생님이 기대하신
것처럼 학교폭력 가해자였던 학생이 회장이 되어 개과천선하기도 합
니다. 물론 회장이 권한을 남용할 수도 있으니 세심한 관찰과 지도가
필요합니다.

선생님이 보시기에 개선 가능성이 있어도, 교사는 일단 교칙에 따
라 학생을 지도해야 합니다. 융통성을 발휘하고 싶어도 수많은 교사가
수많은 학생을 지도해야 하니, 학생 개개인을 충분히 배려하기 어렵기
도 합니다.

다만 일이 이만큼 진행되었으면 학년부장이나 창의적 체험활동부
등 학교의 관련 부장 선생님께 말씀드리고 조언을 들으셔야 합니다.
대개 학생의 긍정적인 면을 언급하며 해당 부모님과 아이의 마음을
세심히 공감해주고, 담임으로서 할 수 있는 최대한의 배려와 지원을
해주신다면, 아이도 부모님도 전화위복의 계기로 받아들일 수 있을
겁니다.

학부모님의 섭섭함이 도를 지나치면 교육청 민원 등으로 어려움이 생길 수 있습니다. 그런 상황이 와도 선생님이 고의로 그러신 게 아니기 때문에 학교 관리자에게 상황을 보고하고 함께 대책을 논의하면 됩니다.

 후기

저도 학생을 조용히 불러 이렇게 얘기해줬습니다.

"미처 출마 자격 공지를 확인하지 못했구나. 그래도 이번 일을 계기로 너를 지지하는 친구들이 많다는 것을 확인하게 돼서 의미가 있었지? 회장/부회장 말고도 총무부장같이 중요한 역할이 있으니, 그런 활동을 생활기록부에 자세히 기록해줄게. 모범상 추천이 들어와도 ○○이를 먼저 생각할게. 작년에 비해 ○○이가 잘 성장하고 있는 것 같아 대견하다."

학생은 자신이 잘못했던 일이니 어쩔 수 없다고 수긍했습니다. 과거의 잘못 때문에 선입견을 갖지 말고 끊임없이 격려하고 믿어주며 보살펴야겠네요.

 TIP!

전입교사나 신규교사에게는 주위 선생님들이 미리 세심히 배려해주는 것이 필요하지만, '당연히 안다'고 생각하고 미처 전해주지 못한 '현장 상식'이 있습니다. 문제가 발생하면 먼저 관련 선생님들께 조언을 구하세요. 특히 학생과 학부모의 깊은 속내와 감정을 헤아리면 어지간한 문제는 해결됩니다.

학년 초 어수선한 틈에
도난사건이 발생했어요

옆자리 선생님께서 작년에도 학교에 도난 사고가 꽤 있었다고 알려주시네요. 월요일에 우리 반 아이들 집에 바로 보내지 말고 남겨서 단단히 주의 주라고 조언하시는데요, 사실 CCTV를 못 봐서 범인이 꼭 우리 반에 있다는 확신은 없거든요. 그런데 다른 선생님들이 제가 사건을 인지하고도 대처하지 않는다고 생각하실까 걱정됩니다.

아이들 사고는 선생님을 기다려주지 않습니다. 오히려 준비 안 된 선생님의 허점을 이용하기도 하지요. 교사가 자칫 '범인 찾기'에 혈안이 되면 불필요한 오해로 피해받는 학생이 생길 뿐만 아니라 법률, 학칙이나 학생인권조례 등에 어긋난 소지품 검사 등으로 교사가 오히려 민원감사 처분의 대상이 되기도 하니 세심한 주의가 필요합니다. 경찰도 영장 없이는 소지품 검사를 함부로 할 수 없답니다.

CCTV는 정보 보호법에 근거하여 접근이 엄격히 통제됩니다. 교실 내에 설치된 것도 아니기에 사실 증명하긴 어렵습니다. 아이들이 영악해서 법의 허점을 잘 알기도 하고, 대립하면 선생님은 만신창이가 되죠. 반에서는 제일 나쁜 게 서로 의심하는 풍토이고요. 교사는 범인과 피해자 모두에게 공감적 이해를 하고 교육의 기회로 삼아야 하는 어려움이 있지요. 범인을 잡아도 뒤처리가 매우 어렵고, 잡지 않으면 계속 발생할 수도 있지요.

학생이 만약 경찰에 신고하려 한다면 이후 절차를 알려주되 못하도록 강요하면 안 되고, 경찰이 와도 찾기 어렵다는 점은 알려줄 필요가 있어요.

교실 내 도난은 교사에게 법적 책임이 없어요. 교사의 의무는 교육이지, 범인 잡는 게 아니라는 중심만 일단 잡으셔요. 학교에 도난 사건이 많았다면 학교의 생활지도 체제 자체가 부실한 탓인데 신규 선생님이 괜히 그 폭탄을 받았네요. 선생님 책임이 아니에요. 학교가 허술하면 신규 선생님이 아무리 애써도 한계가 있어요. 그러니 너무 자책할 필요는 없어요. 학년 초에 어수선해서 이런 일이 잘 일어나는데, 학교에서 경험 있는 분들이 예측하고 미리 도와주셔야 하는데 아쉽네요.

다만 선생님 반은 선생님이 최대한 지켜야 하므로 범인을 잡기 위해 노력하고 있다는 모습은 보여줄 필요가 있습니다. 쪽지상담을 통해 학급의 전체 학생을 대상으로 이번 도난사건에 대해 자신이 아는 것을 써보게 하되, 추측하는 내용은 쓰지 말고 반드시 자신이 직접 보고 들은 사실에 관해서만 쓰게 합니다. 그리고 앞으로 이런 사건이 일어나지 않도록 하는 방법을 스스로 생각해서 덧붙이게 합니다. 이런 과정에서 저학년의 경우에는 범인이 자백하기도 합니다. 그럴 때는 그 학생을 몰래 불러 훔친 것을 돌려주게 하고 단단히 주의를 시켜야 합니다. 자백이 나오지 않는다면 교사가 다른 학생들 말만 듣고 객관적인 증거 없이 누군가를 범인으로 의심하는 것은 매우 위험합니다. 이후로 다른 반 학생 출입금지라든지 이동수업 시 문단속 담당 1인1역을 잘 챙긴다든지 하는 노력은 할 수 있어요.

신규교사 그래도 다른 선생님들께서 오며가며 따뜻하게 염려해주세요. 교직생활하면서 언제 겪어도 겪을 일 처음에 많이 배운다고 생각하고 노력해보려고요. 선생님께서 도와주셔서 정말 큰 힘이 됩니다. 저희 반 도난사고 관련 진행에 대해 알려드립니다. 우선 피해학생에게 어떻게 해결했으면 좋겠는지 의견을 물었는데, 누가 훔쳤는지 예상되는 사람이 있지만 그 아이와 '엮이기 싫어서' 거지에게 기부한 셈 치고 잊어버리고 싶다고 합니다. 이 말을 들으니 지금 일어난 도난사건보다 반 아이들 사이의 역학 관계가 더 중요한 문제인 것 같다는 생각이 드는데. 저는 도난사건에 관한 조치 그리고 교실 평화지수 점검 이렇게 두 가지로 나누어서 진행해볼까 합니다. 선생님이라면 어떻게 하실지 조언 부탁드립니다.

대책 강구 및 도난 물건 찾기 위한 노력 보이기

선배교사 저는 늘 우리 반 아이들에게 이렇게 말합니다. "잃어버려서 아까운 물건은, 아예 학교에 가져오지 말고 가장 싸구려 학용품, 소지품, 운동화를 갖고 다녀라." 그래도 계속해서 도난 사건이 발생한다면, 혹은 한 아이만을 대상으로 발생한다면, 주변 친구에게 책상을 봐달라고 부탁한다든지 등의 대책을 구해봅니다. 그리고 도난 물건을 찾기 위한 노력을 보입니다. 다만 이 과정에서 우발적인 피해자가 발생해선 절대 안 됩니다. 객관적 증거가 있기 전에 정황상으로만 사안을 다루다 문제가 발생할 수 있어서 잘 지켜봐야 합니다. 우선 도난 사실이 있었다는 사실은 알리고 조심하란 이야기는 해야 될 듯합니다.

물론 누가 봐도 합리적인 의심이 들 때, 예를 들어 체육시간 중간에 몰래 교실에 들어왔다든지 한다면 해당 학교 교칙을 근거로 소지품 검사를 할 수도 있습니다. 그런데 훔친 물건을 가방에 넣어두고 있을 만큼 허술한 아이도 별로 없고요. 오히려 절차상 작은 하자에 대해서 학부모가 변호사나 법조브로커를 동원해 반발하면 교사는 큰 곤경에 처합니다.

법적 처벌 내용을 교육하는 것도 좋지만 아이가 겁에 질리거나 죄책감이 커질 수 있으니 이렇게 말해줍니다. "선생님은 너희를 믿는다. 실수할 수도 있고. 가져가서 좋은 게 아니라 괴로울 것이다. 그게 가장 큰 벌이다. 자신에게 부끄러운 짓은 하지 말자."

그러면 대개 스스로 가져다 놓습니다. 어느 반에서 도난사건이 3~4회 연이어 일어났어요. CCTV도 확인했고 대충 누구인지 감이 잡혔지만 이런 일이 다시는 없을 거라고 믿는다고 이야기했어요. 마지막에 mp3가 사라졌을 땐 강하게 나갔더니 그것만 돌아왔어요.

저는 귀중품 가져오지 않기, 자기소지품 잘 챙기기 등 자기 책임을 강조했습니다. 하지만 훔친 아이에게 겁만 주기보다는 앞으로 일어나지 않게, 그리고 훔친 아이의 잘못은 혼내더라도 마음에는 상처 주지 않는 데 중점을 뒀지요.

사실, 물건을 돌려놓아 해결되는 경우는 1%도 안 됩니다. 대부분 미해결로 끝납니다. 욕심부리지 말고 그냥 제스처만 취하세요. 물론 그냥 헛짓이 아니라 찾기 위한 노력, 진정성(우리 담임이 도난사건 해결을 위해 많이 노력하는구나)을 보이면 됩니다. 혹시 가능하다면 훔쳐간 아이들한테 약간의 심리적 압박이 있도록…. 가장 중요한 것은 거의 못 찾는다는 거예요. 찾겠다는 의욕이 지나치면 절대 안 됩니다. 손해가 더 많아요. 돌아오기는 기대하지 않고 예방하려고 해야 해요. 누군지 몰라도 좋은 걸 훔쳐도 애들이 다 아는데 학교에서 쓰지 못하고 볼 때마다 마음만 무겁다는 얘기도 하고…. 아이들 마음에 호소하는 수밖에 없는 것 같아요. 사실 훔친 아이도 계획적이든 우발적이든 마음 아픈 사정이 있을 수도 있으니까 벌을 주더라도 인간적으로 보듬기를 같이 하는 게 좋을 것 같았어요. 물건이 또 없어질 땐 반 애들 전체에게 돈을 걷어서 물어줄 수도 있다 등 뭐 온갖 말을 다 했던 것 같네요.

범인이 잡히면 퇴학처분은 드물고 주소지를 변경하여 전학 가거나 학부모가 울며 빌어 선도처분으로 마무리되기도 합니다. 이때 유사 도난사건에 대해서 배상이 이루어져야 하고, 법적으로는 피해학생이나 교사가 경찰에 신고할 수도 있습니다. 그러면 기소유예로 실질적인 처벌을 받지 않을 수도 있고, 심하다면 소년범으로 재판을 받을 수도 있어요. 하지만 교사들은 제자를 고발하는 것을 꺼리기 마련이지요.

다만 선생님은 학생에 대해 '누구나 잘못할 수도 있고, 반성하여 더 열심히 살아야 한다'는 것을 가르쳐야겠습니다. 절도의 원인은 용돈이 부족하거나, 충동을 조절하지 못한다거나, 부모의 관심을 끄는 등 다양하므로, 원인에 따른 지도와 치료가 필요할 수 있어요.

작년 저희 반에서도 학년 초에 현금 5만 원 분실사고가 있었지요. 1학년 때 남의 물건에 손을 대 징계 받은 학생이 있어 더 긴장하고 예민하게 처리했던 적이 있어요. 그때 정리해뒀던 글이에요.

학기초 도난 예방교육은 학교폭력 예방교육만큼이나 학생 안전에 중요합니다.

❶ 잃어버려도 될 물건만 가지고 오기

❷ 잃어버리면 안 될 물건은 담임에게 맡기기

❸ 맡기지 않은 물건이 사라지면, 말해봤자 못 찾을 가능성이 아주 높음

도둑 잡은 적이 딱 한 번 있는데 잡고 나니 더 난해해집니다. 오로지 예방!

절도가 탄로 나자
가출을 했습니다

학교 기물을 가져갔다가 걸린 학생이 부모님께 혼나고 가출한 후 집에 안 들어간다고 버팁니다. 어떻게 설득해서 집으로 보내야 할까요? 이 학생은 작년에도 절도와 가출을 한 적이 있는 학생입니다. 상황을 물어보니 어제 아이가 집에 갔는데 현관 비밀번호가 바뀌어 있어서 옥상에 있다가 친구 집으로 갔다고 합니다. 어머님이 화나셔서 비밀번호를 바꾼 듯해요. 아이는 오늘도 집에 안 들어간다고 버티는 중이고요. 그동안 부모님과의 갈등이 지속된 것으로 보입니다. 제가 개입해서 부모님과의 갈등을 중재해야 할까요?

징계에 대한 두려움 때문이라면 학생이 등교를 거부하지, 가출하진 않았을 거예요. 스스로 집을 떠나는 청소년의 경우, 나름대로는 가출이 문제의 원인을 밝혀주어 해결해줄 거라 믿곤 해요. 가출 청소년의 50%가 공통으로 하는 말이 부모와 대화가 안 된다는 것입니다. 가족 규칙이 지나치게 엄격하고 무조건 따르라고 한다며 불평합니다. 아이들을 대개 다음과 같은 생각에서 가출을 결심하게 된다고 합니다.

획일적인 생활에서 벗어나고 싶다.
구속과 억압에서 해방되고 싶다.
공부에서 도피하고 싶다.
여행이나 자기 계발을 해보고 싶다.
집안의 규율이 지나치게 엄격해서 대화나 협상할 여지가 없다.
자신에 대한 부모의 부정적 행동 때문에 좌절감을 느낀다.
자신이 가족 문제의 원인이라고 생각한다. "나만 떠나면 우리 집안의 문제가 해결될 수 있을 것이다, 우리 부모가 이혼하지 않을 것이다."
이런 좋지 않은 분위기에 사는 것보다 벗어나는 것이 자신을 위해 훨씬 나을 것이다.
다른 가족의 분위기는 다를 것이다.

- 『집 나가는 아이들: 청소년 가출·재가출 예방 부모용 지침서』, 유성경 외, 한국청소년 상담원

학생이 가출한 경우 두 가지 차원에서 접근하셔야 합니다. 첫째는 교육적 차원에서의 접근이며, 둘째는 행정적 차원에서의 접근입니다. 두 가지는 반드시 진행하셔야 선생님의 도의적 책임 및 법적 책임이 없습니다.

교육적 차원에서의 접근은 물론 학생 상담입니다. 이때 학생을 취조하는 듯한 캐묻기는 도움이 되지 않고 정서적으로 공감해주는 것이 중요합니다. 가출한 학생들은 주로 친구 집으로 가게 되는데 이런 경우 2차 일탈로 이어질 가능성도 있습니다. 가출한 학생이 연락을 받지 않아도 선생님은 문자 메시지라도 남겨놓는 것이 좋습니다. 친한 친구들과는 연락선을 유지하고 있을 테니, 친한 친구들을 통해 안전이라도 확인하며, 소통을 시도할 수 있습니다.

부모님과의 관계는 아무리 담임이라 하더라도 당장 개선시키기 어려울 거예요. 단순한 오해에서 비롯된 사건이라면 금방 풀리지만, 어린 시절부터 갈등이 누적된 경우는 담임교사 한 사람이 해결하기 어렵고 담임이 섣불리 나섰다가 도리어 부모님이 화를 내시거나 담임교사에게 잘못을 뒤집어씌울 수도 있습니다.

이런 경우는 전문 상담교사의 도움을 요청하시는 것이 좋습니다. 학생의 문제행동은 부모님과의 관계뿐 아니라 형제, 자매, 부부, 조부모와 부모의 관계에서 비롯된 것일 수도 있어 전문적인 상담이 필요하기 때문입니다. 몇 가지 방법으로 문제를 완전히 해결하긴 어려워요. 천천히 시간을 가지고 접근하셔야 합니다.

행정적 차원의 접근은 기록과 보고입니다. 학년부장, 생활지도부장, 교감 선생님께 보고하시고, 선생님이 관련해서 하신 일들을 일지 형식으로 육하원칙에 가깝게 누적해서 기록해두세요. 이것은 법적 효력을 가지는 기록물이 됩니다. 시간이 없으면 교무수첩의 해당 날짜에 시간대별 키워드만 몇 단어 적어놓아도 큰 도움이 됩니다. 만약 학생이 가출 후 등교하지 않는다면 일단 생활지도부 부장님이나 교감 선생님과 상의하시는 것이 좋습니다. 덧붙여 가출 후 유예나 자퇴, 학업중단으로 이어지는 경우가 있는데 이 경우에는 학업중단숙려제가 있다는 것을 학부모님과 학생에게 안내하셔요. 학업중단숙려 기간에는 Wee클래스에서 전문 상담 또는 다양한 활동을 하고, 학교에 나오지는 않지만 등록금이 납부되기도 합니다. 출결은 인정결석으로 처리되기 때문에 생활기록부에 결석 흔적이 남지 않아요.

부모님이 자식을 위한다는 근본적인 부분에서는 아이들도 동의하지만 그 방식에 대한 불만이 누적되어 가출로 이어지곤 합니다. 그런 경우 서로가 불편하게 느끼는 부분에 대해서 최소한의 약속을 정하도록 협상(?)을 중재할 수도 있지요. 물론 부모님과의 신뢰가 완전히 무너졌을 수도 있어요. 지속적인 아동학대가 의심될 수도 있어요. 반드시 학교 내 전문상담 선생님과 상의하시기 바랍니다.

가출은 가정불화가 중요한 원인인 경우가 많습니다. 교사가 집안일까지 다 해결해줄 순 없는 노릇입니다. 아동학대가 의심되면 신고 의무가 있고, 미신고로 인해 과태료가 발생할 수 있어요. 부모의 기대치나 양육방식이 학생과 맞지 않는 경우, 상담교사와 상의하여 전문가와의 상담을 권하거나 학생의 생각을 조심스레 전달할 수도 있지요. 가출 문제 해결을 위해 노력했음을 제시할 수 있을 정도면 된다고 봅니다. 학생이 집에서 이해받지 못했는데, 학교에서도 마찬가지로 이해받지 못한다고 여기지 않도록 친절하게 대해주세요.

반 학생들에게 1인 1방과후 신청을
받아오라는데

학교에서 방과후 교실 활성화를 위해서 반 학생들에게 1인 1방과후 신청을 받아오라고 하는데 반 학생들 중 10명 정도는 학원 때문에 시간이 안 된다고 합니다. 담임으로서 이 문제를 어떻게 대처해야 할까요?

방과후는 수요자 부담의 수업인데, 신청하지 않는 학생들에게 들으라고 권유하기도 미안합니다. 업무를 담당하시는 선생님께서는 학교 평가에 반영된다고 꼭 방과후 수업을 듣도록 하라는데, 죄송하면서도 어렵습니다.

교육청에 따라서 방과후 학교가 잘 운영되는 학교를 좋은 학교로 보는 측면이 있습니다. 사교육비 절감에 도움이 되는 면도 있습니다. 구청 등 자치단체에서 예산을 지원해주면 어떻게든 학교에서는 그 예산을 쓰려고 노력하게 됩니다. 하지만 사교육 시스템을 학교로 끌고 들어온 것이라, 부당한 업무 과중으로 인해 부정적으로 보는 교사도 많습니다. 이제는 학교평가에서도 빠지게 되었고, 생활기록부 기록에도 빠지게 되어 예전보다는 어려움이 줄어들 듯합니다.

학교의 입장은 아마도, 학생이 가정통신문을 학부모에게 전달하지 않고 독단적으로 판단하는 것을 막고자 하거나, 학생들이 학원에 가는 것보다 가능하면 국가·학교가 권장·운영하는 '과외' 수업을 들었으면 하는 것으로 짐작할 수 있겠습니다. 그러므로 교사들은 이 지침을 '권장' 정도로 이해하면 될 듯합니다. 강제나 강요는 안 됩니다.

학원을 가는 모든 학생들에게 방과후 학교를 권할 순 없으나, 형편은 어렵지만 이끌면 잘할 수 있는 아이들을 눈여겨보셔서 관심 가져주시면 역할을 다하시는 거라 생각됩니다. 선생님의 교육적 소신으로 방과후 수업이 해당 학생에게 진정 도움이 될 것 같다면 자발적으로 참여할 수 있도록 설득하시되, 학생이 부담을 느끼고 강요받았다는 느낌이 들게 하면 안 됩니다.

담임으로서 행동

학생들은 방과후 안내 가정통신문을 다양한 이유로 부모님께 제대로 전달하지 않을 수도 있습니다. 따라서 학부모에게 아이의 학교생활에 대해 긍정적인 피드백도 전할 겸 전화 드려서 며칠간 살펴본 아이의 긍정적 면에 대한 칭찬과 함께, 방과후 수업을 들으면 도움이 될 것 같다는 말씀을 전하실 수도 있습니다. 업무 담당 선생님도 선생님의 이런 노력을 보시면 이후 결과에 대해 더 이해해주실 것 같습니다.

학교에 방과후 신청을 강요했다는 민원이 들어가면 학교나 선생님이 곤란해질 수 있습니다. 부탁해오는 방과후 담당 선생님을 봐서 학생에게 권유하는 모습은 보일 필요가 있으나, 강요로 모집해서는 절대 안 됩니다. 학부모님께도 방과후 수업에 대한 안내뿐만 아니라, 학생에 대한 칭찬과 피드백을 통해 교사가 학생에게 긍정적인 관심을 두고 있음을 학년 초에 인식시키면 좋습니다.

만약 방과후 모집을 제대로 못 했다는 이유로 선생님께 부당한 압력을 가하는 교사나 관리자가 있다면, 교원단체에 구체적인 언행 기록과 함께 상담을 요청하셔요.

소란스러운 종례시간
효과적으로 운영하려면

신규교사1 : 중학교 1학년 담임을 맡고 있습니다. 조회시간은
조용한데 종례시간이 너무 소란스럽습니다. 일찍 마치고 싶어
도 가정통신문도 있고 전달하고 싶은 사항도 너무 많습니다.
그래서 종례신문을 활용하려고 하는데 갑자기 들어온 소식은
신문에 담기 어렵습니다. 종례시간을 효과적으로 운영하는 방
법이 있을까요?

신규교사2 : 여러 선생님께 조언 구합니다. 중학교 2학년 담임
을 맡고 있는데 벌써부터 조종례 때 아이들이 산만하고 저에게
집중을 안 해요. 아이들 마주할 시간이 많지도 않은데 웃을 때
보다 상처받고 찡그리는 날이 더 많은 것 같아 속상하네요. 차
분하게 저에게 집중해주기를 부탁도 하고 단호하게도 말해보
지만 크게 달라지지 않고 이제 3월인데 앞으론 어쩌나 마음이

무겁습니다. 이런 고민에 동감하실 분들 많을까요? 선생님들의 노하우가 궁금합니다.

복직교사 : 안녕하세요. 저는 지금까지 눈팅만 하던 신규 아닌 신규 같은 교사입니다. 발령 나자마자 육아휴직해서요. 우리 학교는 특성화고인데, 오늘 제가 종례할 때 애들이 그냥 나갔어요. 우르르 나가버려 손쓸 틈도 없었고 휴대폰 도우미를 두었는데 다 안 낸 건지 어쩐 건지, 휴대폰 때문에라도 안 나갈 줄 알았는데 걔들만 앞으로 나오고 나머지는 다 나갔어요. 애들이 좀 거세기도 해서, 다루기가 너무 힘드네요. 잔소리 듣는 거 애들이 너무 싫어하고 대놓고 욕하고 짜증냅니다. 그래도 기다리는 게 답이겠죠? 제 카리스마 부족이라 부끄럽네요. 여기 애들은 미인정(무단)결석이나 결과를 받아도 전혀 무서워하지 않네요. 작년 담임 선생님 말씀이 "결과 처리야"라고 하면 "그래요? 그럼 이제 가도 되죠?"라고 말하는 아이들이래요.

많은 반에서 일어나는 광경이네요. 우리 반 학생들은 둘째 날부터 떠들더군요. 에너지가 넘치니 참 다행이라 생각했습니다. 다행히 제가 관리할 만한 에너지 수준이어서 급한 학생 세 명을 개인 상담하고 그 중 한 명은 상담 선생님께 부탁하니 좀 나아졌습니다.

전 아이들이 싫어질 때 장점 찾기를 해보려 노력합니다. 효과가 있습니다. 물론 본인의 장점부터 찾지 않으면 힘들어집니다. 완벽하기를 기대하면 더 힘듭니다. 임용 합격하신 분들이 오랜 임용 준비 끝에 당당히 합격하였어도, 스트레스도가 여전히 높고 회복탄력성도 부족해서 긍정적인 면을 잘 못 보는 듯합니다. 공부 잘하신 분들이라 산만한 학생에 대한 이해도가 떨어져서 더 힘든 것처럼 보입니다. 학창시절 내내 1등이었던 분들이 성적이 낮은 학생들을 이해하기는 힘들 겁니다. 이럴 때 가장 중요한 것은 완벽한 답을 찾던 나의 기준을 좀 낮추는 것입니다. 부족해도 괜찮습니다. 그래도 참 괜찮은 나입니다. 너무 잘하려 하지 않는 것이 도움이 될 수 있습니다. 요약하면 '나부터 살자'네요.

소란스러울 거예요. 아마 집에 갈 시간만 기다렸겠죠. 그래서 저는 아침에 이야기를 많이 하고, 6교시나 7교시가 없을 때는 수업 끝나기 전 2~3분 전에 미리 교실에 가 있었어요. 그럼 수업 후 바로 종례 분위기가 이어져서 조용한 분위기에서 전달하고 마칠 수 있을 때가 많았어요. 아이들은 원래 떠든답니다. 종례를 조용하게 하는 옆 반 선생님을 살펴보시는 것도 좋을 것 같아요.

종례 때 떠들면 그냥 기다리는 것도 방법이에요. 그러고 나서 "너희를 기다리다가 늦었으니 오늘은 늦게 갈 수밖에 없겠구나. 빨리 보내주고 싶었는데, 어떻게 하냐. 나 일찍 와서 기다린 거 알지?" 이러면서 엄청 아쉬운 티를 내요. 그냥 기다리면 기다리는 대로, 바깥 공기도 쐬고, 애들의 표정도 한 번 보고, '난 상관없으니 너희는 떠들어라. 어차피 너희가 늦게 가지 내 퇴근 시간은 아직 멀었다' 이런 마음으로요. 미인정(무단) 지각, 결석 예방교육 자료는 네이버 카페 〈돌봄치유교실〉 가서서 궁금한 키워드로 검색하면 많이 나옵니다.

먼저 다음의 링크를 참고하시는 것이 좋을 것 같습니다. 저도 이 링크의 글들을 꼼꼼히 읽으며 많은 도움을 받았습니다. 'http://cafe.naver.com/ket21/119' 읽어보고 계속 적용하다 보면 자신에게 맞는 방법이 생깁니다. 뭐든 한방에 확 끝날 방법은 없지요. 종례에서 가장 좋은 무기는 '집중하면 종례 빨리 끝내는 것'입니다. 떠들면 종례가 무한정 길어지는 거지요. 교사가 종례 안 끝내고 기다리는데 학생이 그냥 튀면 법규적으로 대응합니다. 출석부에 종례 미인정(무단) 조퇴처리 하고 NEIS에 입력하면 됩니다. 그러고 학부모 통보, 벌점처리 누적 시 징계 등 교칙에 따라 하면 됩니다. 물론 벌점이나 징계는 안 만드는 게 제일 좋겠지만 학생이 도를 넘으면 교사는 교칙에 따라 하는 것이 가장 적절합니다. 그러니 선생님은 그 학교의 교칙 숙지부터 하셔요.

 후기

신규교사1 : 지금은 이 단톡방과 주위의 조언을 통해 저희 반이 많이 나아졌습니다. 그 일 있고 애들 상담을 통해 나의 기분을 전했고 일단은 종례시간에 무조건 자리에 안 앉아 있으면 종례 안 한다고 미인정(무단) 조퇴라고 엄포하니 다들 앉아 있어요. 그래도 원래 튀던 습관이 있던 아이들이라, 언제 튈지 몰라 제 나름의 방법으로 전달사항은 종례시간이 아닌 그 전에 하고, 종례는 다들 있는지 정도만 확인하고, 인사하는 정도로 기대치를 낮췄습니다. 뭐가 정답일

지 모르겠지만 우리 반 아이들에게는 이게 최선이었어요. 요즘은 저랑 안 싸우고 잘 지냅니다. 스트레스 지수도 좀 줄었고요.

신규교사2 : 선생님들 말씀을 들으니 저 역시 기대치가 높아 아이들한테 바라는 마음만 앞섰던 것 같아요. 조금만 제 의도대로 안 되면 금방 마음이 답답해지고 너무 쉽게 아이들 탓을 해버린 것 같아 부끄럽습니다. 조금만 다르게 생각해도 숨통이 트이고 긍정적인 방향으로 해나갈 수 있는 건데 혼자 고민에 빠지다 보니 땅 파고 들어가기만 했네요. 저도 위의 선생님처럼 내일부터 조금씩 아이들과 같이 변화할 수 있도록 저부터 힘내야겠습니다. 감사합니다.

강제전학 온 학생을
우리 반에 배정한대요

강제전학 온다는 학생 때문에 학교가 술렁입니다. 이미 학생들 사이에도 소문이 나 있고요. 이전 학교에 지인이 있어서 연락해봤더니, 그 학생 때문에 고생한 선생님이 많다며 절대로 그 학생에게 말 걸지 말고 엮이지도 말랍니다. 그런데 교장 선생님이 저를 따로 부르시더니 "선생님이 아이들 잘 다루시니 이 학생을 맡아줬으면 좋겠습니다"라고 하시네요. 담임도 처음 하는 저한테요.

대개 전입생 배정원칙상 인원이 적은 반부터, 일정 순서대로 학생을 배정합니다. 다만 해당 반에 특별한 사정이 있는 경우 학년부장 등이 회의를 거쳐 판단합니다. 저경력 선생님이라면 저런 학생을 받는 것이 적지 않게 부담스러울 것입니다. 따라서 현재 반의 사정을 정중히 말씀드려야 합니다. 혹시 배정원칙에 어긋나게 배정하려 한다면, 명확히 이의 제기하시기 바랍니다. 오히려 노련한 선생님이 맡으시는 게 전체를 위해 좋을 것입니다.

그래도 배정이 될 경우, 낙인효과 방지를 위해 선생님의 불편함이 드러나지 않도록 주의하시고, 기본적으로는 새롭게 출발할 수 있도록 따뜻하게 맞이해야 합니다. 학생이 불편해하는 과거에 대해 캐물을 것도 없고, 학생이 하는 말을 그대로 다 믿지도 말아야 합니다. 혹시 보호관찰 중인 학생이라면, 비밀보장의 원칙이 있어서 담임교사라도 그 내용을 알 수 없고, 캐묻는 것도 불법입니다. 학생을 위하고 걱정하는 마음에서 학칙을 정확히 안내하고, 주위 학생들이 피해당하지 않을지 세심히 관찰해야 합니다.

이런 아이들과 래포가 형성되면 곧잘 듣는 얘기가 '저 예전보단 그래도 많이 좋아진 거예요'이지요. 그럴 땐 노력을 인정해주고, 많이 노력해줘서 고맙다고 하며 개선을 유도하셔야 합니다. 적어도 그 아이의 공격 대상이 선생님이나 반 학생들이 되지는 않도록 해야 하니까요. 교사가 어떻게든 학생의 흠을 잡아 통제하려는 태도를 보이면, 상황이 극단적으로 갈 수 있어요.

강제전학 온 학생이
적응을 못하고 있어요

어제오늘 이틀째 학교에 안 온 아이가 있습니다. 작년 봄에 다른 학교에서 폭력사건에 연루되어 강제전학 온 아이입니다. 이곳에서도 선배들이 눈여겨보아 같이 어울립니다. 그러다가 여러 일이 있었고 법원 판결 또한 받았습니다. 지금은 사회봉사와 교육을 받고 있는 상황입니다. 가정적으로도 어려움이 많은 것 같습니다. 부모님이 이혼하여 평소에 돌봄을 잘 받지 못합니다. 이러한 상황 속에서 더욱 안타까운 건 이 학교에 정을 붙일 이유가 없다는 점입니다. 학교 내에 친구도 없고, 사는 동네랑 학교도 거리가 좀 있고… 예전 학교에서도 수업시간에 엎드려 잠만 잤다고 합니다. 계속 관계를 맺고 있는 동네 친구나 형들은 이 아이랑 비슷하게 생활하는 이들인 것 같습니다.

교사로서 해야 할 일과 가져야 할 마음가짐

선생님 본인을 위해, 더더욱 출결처리 정확히 하시고, 선생님이 학생에게 전화하는 등, 교사로서 노력한 기록을 육하원칙에 의거, 꾸준히 기록하시길 바랍니다. 전화를 받지 않으면 따뜻한 문자메시지라도 남겨놓으세요. 학년부장, 생활지도부장 선생님들과도 계속 상의하시고, 관련 내용을 기록하십시오. 선생님이 아이의 행동을 단번에 바꿔줄 순 없습니다. 하지만 선생님의 걱정과 노력이, 아이가 사회나 어른들에 대해 가지고 있는 반감을 조금이라도 따뜻하게 녹여줄 순 있을 것입니다.

놓치지 않아야 할 점

경찰서, 법원 자주 가는 학생들은 성적도 좋지 않기 마련이지요. 수업 참여도도 높지 않고요. 그래도 수업시간에 작은 것이라도 하면 큰 칭찬을 해주세요. 학생들은 이런 작은 것에서 학교 오는 재미를 찾습니다. 혹시 다른 학생들로부터 괴롭힘이나 강요 등이 있는지도 잘 살피셔야 합니다. 낌새가 있다면 학교폭력 관련하여 상담하셔야 합니다.

이혼 가정 자녀 상담

이혼 후에 자녀와 연락을 거의 끊었던 어머니께 학생 담임으로서 자녀를 돌봐주시길 부탁드리며 문자를 주고받았습니다. 이 과정에서 이혼이라는 가정사에 자칫 잘못 개입하면 커다란 어려움을 겪을 수 있어 상당히 고민하였습니다. 다행히 아이는 어머니에 대한 좋은 마음이 있었고, 그래서 저는 용기를 내었습니다.

어머니와 통화하실 때 아버지와의 관계를 개선했으면 좋겠다든지 하는 말은 절대 금물입니다. 그 부분은 교사의 영역이 아닙니다. 저는 오로지 아이를 돕고 싶으니 어머니도 거들어주십사고 애원할 뿐입니다. 이제부터는 아이의 긍정적인 변화에 초점을 맞추고 아무리 사소하더라도 문자를 보냅니다. 그래야 일주일에 한두 번 만나더라도 모자 사이에 나눌 이야깃거리가 생길 테니까요.

학생의 학업 성적이 올라야만 선생님 역할을 다한 것이 아닙니다. 아이의 폭력성이 조금만 줄어들어도, 선생님은 사회에 크게 기여하신 것이지요. 사회와 어른들에 대한 불신과 증오를 품은 아이에게, 그래도 따뜻하고 좋은 선생님이 계셨다는 인식만 심어주셔도 선생님은 역할을 충분히 하신 겁니다.

어떤 이유로 전학 왔는지는 기본적으로 보호되는 개인정보이며, 말하도록 강요할 수 없습니다. 학생의 분노 대상이 선생님이 되어서는 결코 안 되니, 감시보다는 학교에 잘 다닐 수 있도록 도와주고 격려하는 입장을 취하셔야 합니다.

3.

사고는
초보 담임을
봐주지
않습니다

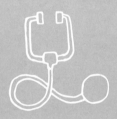

자잘한 사고, 학부모에게
일일이 알려야 할까요?

패드립(부모를 들먹이며 욕하는 등 패륜적 언행을 이르는 유행어), 친구 의자를 빼는 장난, 다른 친구 괴롭힘, 수업 산만, 다른 학부모의 불평 등 학교에서 자잘한 일들이 터졌을 때 어떤 선생님은 학부모님께 바로바로 알리라고 하시고, 어떤 선생님은 벌점 부과하는 것조차 학부모님께 알리지 말라고 하십니다. 어떤 게 바람직한 건지 판단이 잘 서지 않습니다. 부모님께 말씀드리면 어떤 잘못을 했는지 자세히 알고 싶어 하시지만, 막상 자세히 알렸을 때는 학생을 두둔하며 하나하나 객관적인 기준을 내놓으라고 하면서 따지고 드십니다. 학생이 한 번 실수 후 나아지는 경우도 있어 결과적으로 학부모에게 알리지 않는 것이 더 바람직해 보이기도 합니다. 학부모에게 알린다면 어떤 기준으로 알려야 할까요?

학부모에게 반드시 알리지 않아도 되는 경우

일회성 장난, 상대방에게 큰 피해를 주진 않지만 거슬릴 수 있는 정도의 행위, 그 상황에서 욱하여 벌어진 다툼의 경우에 교사가 주의를 요구하여, 학생이 즉시 사과하고 반성의 태도를 보였다면 학부모에게 꼭 하나하나 말씀 드리지 않아도 생활지도 후 나아지곤 합니다. 규정에 맞게 생활지도를 하시면서 학생의 행동을 지켜보시고 개선된다면 꼭 알리지 않아도 됩니다. 단, 사건 사고 내용을 꼼꼼하게 기록해두세요.

학부모에게 반드시 알려야 하는 경우

법률, 교칙으로 알리도록 정한 경우는 무조건 학부모에게 연락해야 합니다. 예를 들어 미인정(무단) 결석이 10일 이상이면 반드시 통지서를 보내도록 정해놓기도 합니다. 또한 벌점을 입력하면 자동으로 학부모에게 SMS로 연락이 가는 학교도 있습니다. 그 학교 체제가 어떤지 주위 선생님께 여쭤보세요. 또, 학교 자체로 해결이 어렵거나, 이대로 좀 더 진행될 경우 상황이 복잡해질 가능성이 있는 경우는 학부모에게 알립니다.

평소의 소통이 중요하다

학부모와 평소에 학생의 긍정적인 면에 대한 간단한 문자 연락 등으로 미리 래포를 형성하는 것이 좋습니다. 수학여행 같은 때 학생들 사진이라도 단체로 전송해주며, 안전하고 즐겁게 지낸다고 안심시켜드리는 등의 소소한 노력이 이럴 때 효과를 발휘합니다.

공감과 위로, 긍정 표현을 먼저

학부모의 감정을 상하지 않게 하고, 도움 주기 위한 과정임을 느끼도록 대화합니다. 학생의 문제점에 대해 언급할 때는 먼저 학생의 긍정적인 면과 발전 가능성을 미리 강조하여 말씀드려야 합니다. 교사의 부정적 감정은 자제하고 객관적 사실 위주로 간결하게 전한 후 속상할 부모님의 마음에 공감과 위로의 말을 보태고, 학부모의 관심과 노력에 감사를 표합니다. 이후 학부모와의 대화 내용을 기록합니다.

학교폭력 관련이나 심각한 교권침해, 소년범죄 등과 관련한 경우

담임의 흠을 잡아 소송하여 학생의 징계를 피하려는 사건이 끊이질 않으니 되도록 생활지도부 전담교사가 직접 조사를 진행하며, 그쪽에서 주도하여 연락하도록 합니다. 담임은 학생을 교육적이고 긍정적인 측면으로 지지하시되, 객관적인 사실에 대해서는 가감 없이 진술하시고 법규나 교칙에 따라 진행하면 됩니다.

〈돌봄치유교실〉(http://cafe.naver.com/ket21/6985)에서 '까칠한 학부모'로 검색하여 대응 방법을 참고하세요.

질병결석도 입시에 영향을 주나요?
출결 처리가 쉽지 않아요

아침에 학부모에게 연락이 왔습니다. 학생의 열이 39도로 독감이 의심되는데, 어머님이 평소 교육열이 강해 보이셨던 분입니다. 질병 지각이나 결석이 상급학교 진학에 문제가 되지 않을지 염려하시는데, 제가 아직 이런 것도 잘 모르고 있네요.

질병/기타/인정 결석으로 출결 점수가 깎이진 않아요. 고열로 뇌손상이 올 수도 있고, 건강이 최우선이니 걱정하지 말고 치료에만 전념하도록 해주세요. 신종플루 등 법정 감염병은 물론이고 이외에도 전염성이 강한 병은 질병명이 표시되는 의사 소견서 등을 근거로 교무부장님께 연락드리면 대개는 교장 결재를 거쳐 출석인정으로 처리할 수 있습니다. 출석부와 NEIS에 출석인정(△표시)으로 입력하면 창의적 체험활동 시간에 합산되지 않을 뿐, 학생별로 출력된 생활기록부에는 흔적도 남지 않아요. 학교 대표로 출전한 대회로 인한 결석, 학교폭력 피해자 보호로 인한 결석, 가족 장례식으로 인한 인정결석과 마찬가지입니다. 물론 법정 감염병이 아니면 질병결석으로 처리될 수도 있는데 해당 학교의 기준과 상황에 따라 조금씩 다릅니다.

참고로 선생님도 감염되면 의사 소견서를 제출하고 학교를 쉴 수 있어요. 소견서에 며칠 이상 격리와 휴식 등 권장 내용이 기록되어 있으면 좋습니다.

질병으로 결석한 학생의 진도나 수업내용은 다른 친구들이 도와줄 거라 말씀해주시고 담임 선생님도 신경 써주세요. 그리고 수업에 빠진 친구가 이후 진도에 어려움을 겪지 않도록 주위 친구들이 도와주도록 하세요. 앞으로 건강관리에 유의하도록 학생이 평소 습관을 개선하는 계기로 삼으면 좋습니다. 이는 보건 교과 시간에만 이루어지는 것이 아닙니다. 건강관리는 평소 습관으로 해야지요. 교실을 깨끗이 청소해야 하는 이유도 그러합니다.

손을 자주 씻지 않거나 운동 부족과 나쁜 식습관, 먼지 등 불결한 교실 환경, 학생 개인 방을 깨끗이 청소하지 않는 등의 집안 환경을 개선하면 천식, 비염, 감기는 상당히 줄어듭니다. 학부모에게 직접 언급하기는 조심스럽고, 학생의 상황을 봐서 지도하면 좋습니다.

학교는 교육기관이라 질병 결석으로 인해 표면적으로 불이익을 주는 일은 거의 없어요. 다만 면접의 세부 기준이 공개되지 않고, 주관적인 면이 있는 학생부종합전형 등에서는 '질병결석이 있는 것보다는 없는 것이 더 낫다'라는 불문율이 있습니다. 상식적으로 회사에서 사원 뽑을 때도 자주 아파서 결근할 사람보다는, 건강해서 빠지지 않을 사람을 더 선호하겠지요. 그렇다고 응급 상황에 있는 학생을 억지로 등교시킬 순 없는 노릇입니다.

출결은 입시나 입대, 취직 등에 중요한 전형 요소로 작용할 수 있어요. 조작하면 정유라 졸업취소 건에서도 볼 수 있듯이 〈교사 4대 비위〉 중 하나인 〈성적조작〉에 속하는 민감 사안입니다. 학교 규정을 미리 정확히 파악하셔야, 다급한 상황에서 적절한 안내를 할 수 있어요.

교사 입장에서는 꾀병도 마음의 병이라 이해하고 덮어주고 싶지만 상습적일 때는 '아파서 자주 빠지는 사람을 뽑고 싶을까?' 이런 식으로 슬그머니 일깨워주고, 교칙과 담임 회의에서 정한 원칙을 모든 반에서 일관되게 적용해야 지도가 수월합니다. 자칫 잘못하면 질병결석이 너무 많아집니다.

초중등교육법에 연간 수업일수는 190일이고, 이중 1/3 이상 결석하면 학년 진급이 되지 않습니다. 그런데 학칙에 따라 3시 종례일 때 2시 59분에 등교해도 지각으로 처리하는 학교도 있습니다. 9시에 조회라면 9시 10분에 하교 시 조퇴로 처리되기도 하지요. 어떤 학교에서는 이런 것을 악용하는 학생이 많아, 한 교시 수업에서 10분 이상 빠지면 결과 처리하며, 하루에 1교시 이상 수업에 참여해야 지각이나 조퇴로 처리할 수 있다는 규정을 만들었습니다. 그래 봐야 종례 마치기

40분 전 등교도 지각이 되긴 하지만요. 이런 것은 학교 상황에 따라 정하게 되어 있으니, 꼭 학칙을 확인하시기 바랍니다. 선생님이 규정을 명확히 알고 학생과 학부모에게 학년 초에 공지하셔야 일 년이 수월합니다.

보통 학생의 경조사로 인한 출석인정 날짜는 아래와 같습니다. 이 날짜를 넘기면 체험활동이나 기타결석으로 처리할 수도 있으니 해당 학교 규정을 확인하고 부장님께 문의하세요.

(교육과학기술부 훈령 제29호 별지 제8호를 근거로 함. 각 학교의 규정을 다시 확인하세요.)

• **주5일 수업을 전면 실시하는 경우 학생 출석인정 일수 규정**

구 분	대 상	일 수
결 혼	형제, 자매	1
입 양	본인	20
사 망	부모 및 부모의 부모	5
	부모의 조부모·외조부모 형제·자매 및 그의 배우자	2
	부모의 형제·자매	1

※ 휴무 토요일 및 공휴일은 경조사 일수에 산입하지 않음.

• 인정결석의 종류

-생리통 결석 : 여학생 중 생리통이 극심해 출석이 어려운 학생으로 확인된 경우, 월 1일에 한하여 출석으로 인정함. 지각, 조퇴, 결과는 합산하여 3회까지는 월 1일로 간주하되, 생리통을 증명할 수 있는 의사소견서 또는 증빙자료 첨부.

-질병결석 : 결석한 날부터 5일 이내에 의사의 진단서 또는 의견서(의사 소견서, 진료확인서 등으로 병명, 진료 기간 등이 기록된 증빙서류)를 첨부한 결석계를 제출하여 학교장의 승인을 받은 경우. 다만, 상습적이지 않은 2일 이내의 결석은 질병으로 인한 결석임을 증명할 수 있는 자료(학부모 의견서, 처방전, 담임교사 확인서 등)가 첨부된 결석계를 5일 이내에 제출하여 학교장의 승인을 받은 경우.

-기타 결석 : 부모·가족 봉양, 가사 조력, 간병 등 부득이한 개인사정에 의한 결석임을 학교장이 인정하는 경우.

※ 장기입원 또는 장기치료로 인해 학습이 지체되거나 유급 위기에 있는 건강장애, 요보호 학생들의 학습권을 보장하고 학교 복귀를 지원하기 위해 꿀맛무지개학교(http://health.kkulmat.com)같은 원격수업이나 병원학교가 있습니다. 좋은 제도인데 모르고 계신 선생님들이 꽤 많습니다. 인터넷 수업을 듣는 것이 수업으로 인정되어 병결로 인한 유예/유급을 막을 수 있기 때문에 사고나 질병 등으로 아파서 3개월 이상 결석을 할 수밖에 없는 학생들에게 꼭 알려주어야 하는 프로그램입니다. 안내를 안 해줘서 유급당하고,

나중에 학교나 교사를 대상으로 소송을 걸어 선생님이 곤란에 처하는 경우
가 있다고 들었습니다. 지역 교육청마다 프로그램이 다를 수 있으니 잘 확
인하세요.

• 참고 : 교원 경조사 특별휴가 일수 규정

구 분	대상	일수
결 혼	본인	5
	자녀	1
출산	배우자	5
사 망	배우자, 본인 및 배우자의 부모	5
	본인 및 배우자의 조부모·외조부모	2
	자녀와 그 자녀의 배우자	2
	본인 및 배우자의 형제·자매	1
입양	본인	20

미인정(무단)결석이 너무 많아
유급 위기입니다

신규 남교사입니다. 지각, 결석을 굉장히 많이 해서 더는 학교
에 나올 의지가 없는 여학생이 있습니다. 제가 차로 데리러 가
기도 하고 상담도 많이 해보는데 그때마다 학교에 잘 오겠다고
약속은 하지만 막상 아침에 늦잠 자면 결석하곤 합니다.

부모님은 이혼하셔서 별거 중이고 아버지와 함께 사는데 아버
지 직업이 교대근무라 불규칙해서 아이를 주기적으로 돌볼 사
람이 없어요. 주위에 학교를 안 나가는 친구들도 있어서 학교
를 결석하면 주로 그 친구들과 노는 것 같기도 해요. 부모님과
도 상담했는데 학생 본인의 의지가 일단 학교를 꼭 와야 한다
는 것을 인식하지 못하는 것 같아요.

어떻게든 학생의 마음을 돌려서 학교에 나오게 하고, 꿈을 갖
고 공부하게 하고 싶은데 교사의 마음과 다르게 학생이 변화가
없어서 답답할 뿐입니다. 이런 학생을 학교에 나오게 하는 방법

이 있을까요? 계속 고민 끝에 마지막 지푸라기 잡는 심정으로
글을 올려봅니다.

남자 선생님이 여학생 집 근처로 데리러 간다는 건 선생님의 선한
의도나 열정과 다르게 오해받기 쉽습니다. 곤란에 처할 수도 있고요.
선생님의 지나친 열정이 학생에게 오히려 반감을 불러일으킬 수도 있
어요. 소문이 정말 무섭지요. 교사가 해줄 수 있는 게 그리 많지 않고,
가정에서 돌봄이 되지 않는 학생을 초임교사가 이끌어가기에는 한계
가 많으니 너무 괴로워하지 마셔요.

결석일수가 총 수업일수 190일의 1/3이 넘으면 유급이지요. 선생
님들은 온갖 편법을 써서라도 졸업시키려 하지만 과연 그게 옳은 일
일지 생각해보시고, 일단은 법규상 문제가 없도록 출결처리는 정확히
하셔야 됩니다. 다른 문제가 일어나지 않도록 지도와 상담내용을 모두
기록해두시고, 초임교사의 열정이 지나쳐 본인이나 학생에게 해가 가
지 않도록 경계하는 마음도 필요하리라 봅니다.

교사의 정원사 비유가 얼마나 기가 막힌 것인지, 고작 5년차에 접
어드는 저도 뼈저리게 느낍니다. 물을 너무 많이 줘도 죽고, 안 자란다
고 잡아당겨도 안 되고…. 겉으로 아무런 변화가 없어 보여도 어느새
쑥쑥 크고 열매를 맺으니 일단은 해당 학생이 거부감을 느끼지 않는
선에서 계속 관심을 줄 뿐입니다. 뾰족한 수는 없지요. 보편적 진리를
꾸준히 실행하는 것이 정답에 가깝다고 봅니다.

교사가 할 수 있는 일도 한계가 있어요. 학생의 자퇴를 막지는 못하더라도 나중에 검정고시라도 볼 수 있게 안내하고 그때 연락할 만한 선생님이 되는 정도만 해도 아주 훌륭하죠.

우리 반에도 그런 아이가 있었어요. 우선 유급되면 지금처럼 학교에 다닐 수 없는데, 다른 친구들처럼 제 나이에 다녀두는 게 나을 거라고 얘기했어요. 지각이나 조퇴 3번이면 1일 결석으로 계산되고 결석 63일이 넘으면 유급이라고도 얘기해줬어요. 지금은 선의라도 거짓말은 하지 않지만, 당시에는 선의의 거짓말이었죠. 최대한 학교 오는 날이 많게 하기 위해서였죠. 그리고 지각하거나 오지 않으면 부모님과 아이한테 동시에 '4.22일(월) 2교시 현재 20번째 미인정(무단)지각입니다.' 이런 식으로 계속 문자를 보냈어요. 아이한테는 문자가 자동으로 가는 거라고 얘기했습니다. 아이가 귀찮아해서요. 그러고는 학부모님과 상담해서 Wee센터에 정기적으로 가게 했어요. 물론 다니다 말았습니다만, 나중에는 스스로 학교 상담 선생님을 찾아오더군요.

그 아이는 우울증에 학습 부진이 너무 심해서 수업시간에 앉아 있는 것조차 힘들어했어요. 어머님이 돌보시지 않았고요. 어떻게든 학교에 오게 하고, 학교에 오면 장난치면서 친해지고, 칭찬해주며 지냈습니다. 상급학교 진학은 못했지만, 졸업은 했는데 얼마 전에 검정고시 보고 싶다고 연락이 왔었어요. 먼 길을 돌아왔지만, 결국 자신의 길을 걸어가는 그 아이 모습을 보며 많은 것을 생각했습니다.

선생님은 아이를 위하는 마음을 계속 보여주고 절대 널 포기하지 않겠다는 믿음을 주시면 될 것 같아요. 이미 그렇게 하고 계시니 조금이라도 변화하겠죠. 선생님이 관심 주신 건 다 알고 나중에 고마워할 거예요. 이렇게 질문 올려주시는 것만 봐도 좋은 선생님이시죠. 저도 그때 신규라서 그 아이가 너무 신경 쓰였었는데 지금 생각하면 그 아이가 저를 키웠어요. 교실에서 아이를 붙잡아 상담하려고 하는데 의자를 던지면서 저에게 "선생님은 왜 저를 포기하지 않으세요?"라고 했던 아이예요. 지금까지 다른 선생님들은 다 저 아이를 포기했겠다는 생각이 들었어요. 무슨 하이틴 드라마 같죠? 그래서 다음 아이들 만날 때도 "절대 널 포기하지 않는다"라고 얘기해요. 그 아이로 인해 많이 배운 것 같아요.

기시미 이치로의 『미움받을 용기』에 '과제의 분리'라는 말이 나옵니다. 나의 과제는 내가 할 수 있는 것을 다 하는 것, 타인의 과제에는 반응하는 것뿐이라고 하였습니다. 선택은 본인의 몫. 그러나 내가 할 수 있는 것에 최선을 다했나 하는 것은 나의 고민, 나의 과제이겠죠.

졸업한 지 15년 만에 학생이 불쑥 연락해오기도 한대요. 그 아이도 선생님의 진심을 언젠간 알아줄 것입니다.

학교는 오기 싫은데 졸업은 해야겠다고 생각한 아이는 결석 가능 일수를 63일로 세어가며 결석하기도 합니다. 그러다가 잘못 계산하여 결석일수가 64일이 되어 졸업을 못 하게 되기도 해요. 저는 그렇게 안 나오면 정확히 유급시켰어요. 잔인하지요?
학생 진급을 위해, 결석했지만 출석한 것으로 처리해주고 싶고, 또 그러는 게 선생님의 도리라고 생각하실 수 있지만, 교사 4대 비위 중 하나인 성적조작으로 징계대상이 되니, 주의하셔야 해요. 선생님은 일단 과도하리만치 친절하게 안내하고 그래도 징계를 면할 요건을 충족하지 못한다면 예외를 두지 않고 원칙대로 처리해야죠. 담임이 직접 생활지도부에 징계를 요청합니다. 그래야 교칙도 아이도 교사도 살아나지요.

수업에 늦게 오는 아이들에게도 누가 기록해서 교칙에 따라 징계하겠다고 아주 건조하게 얘기합니다. 학교 규정대로 공지하고 선택은 본인이 하도록 진행해야 뒤탈이 적습니다. 꼭 규정 숙지하시고, 구체적 적용방법은 생활지도부 선생님께 여쭙고 그 근거로 지도하세요.

교사는 어느 길이 더 바람직한지 근거를 들어 안내할 뿐 그 길을 선택해 직접 가는 건 학생의 몫입니다. 억지로 막을 능력이나 권한은 별로 없습니다. 말려도 억지로 가는 길, 스스로 가보고 돌아오는 게 길게 보면 더 바람직할 수도 있겠지요.

학부모 혹은
학생의 부음을 접했을 때

초등학생과 중학생 이상의 경우가 다를 것 같습니다. 중학생 이상에 겪는 가족의 죽음에 대한 조문은 생존한 부모 혹은 아이의 의사를 존중할 필요가 있다고 생각합니다. 교사가 알게 되었을 때 학생과 학부모에 대한 위로와 문상은 당연하고, 학생들 문상은 학생들의 의사에 따르면 될 것 같습니다. 다만 학생들에게 문상 예절을 미리 가르쳐줘야겠습니다. 선생님도 잘 모르시면 일단 인터넷 검색을 해보세요.

청소년기에 경험한 장례식은 발달적 과제를 촉진한다는 이론이 많습니다. 다만 원래 이런 문제에 취약성이 있는 학생들이 꺼린다면 이를 강제하는 것은 바람직하지 않다고 되어있습니다.

하지만 조문 가는 것에 대해서는 긍정적인 의견이 많았습니다. 선생님께서 해당 학생에게 부고를 친구들에게 알리는 것에 동의를 구한 후, 반 아이들에게 조문 예절을 간단히 알려주고 학생들과 동행하시거나 아이들이 슬픔을 나눌 수 있도록 안내하면 되겠습니다.

학생들과 함께 조문 다녀온 선생님들은 상을 당한 학생이 공감하는 눈빛이나 배려 하나에 많이 고마워하는 것을 느끼셨다고 합니다. 슬픔을 위로하는 것도 또 다른 배움이고, 진심 어린 위로는 정신적 지지가 되어 상을 겪은 학생에게 큰 힘이 되지 않을까요.

부의금은 학생들의 자율에 맡기시면 되겠습니다. 상을 당한 학생이 부고를 알리는 것에 동의를 했다면 반 아이들에게 알리시면서 부의금이 어떤 의미인지 설명하시고 어떤 식으로 모금 혹은 전달하면 좋을지 아이들의 뜻에 따라주세요. 각자 성의껏 하기도 하고 반 아이들이 학급회의를 통해 금액을 정해 모금하는 등 의외로 현명하게 의견을 모으더라고요. 그 과정을 지켜보시고 잡음이 없다면 아이들 뜻에 따라주시고, 의견이 잘 안 모인다면 선생님께서 적절히 조율하시면 됩니다.

미성년자가 자살, 지병, 교통사고 등으로 사망할 경우, 친구들이 큰 충격에 빠질 수 있습니다. 저만 해도 거쳐온 학교마다 학생 사망 사건이 있었습니다. 자칫 베르테르 효과가 발생할 수도 있어요. 선생님들은 해당 반을 주의 깊게 관찰하시고, 정신적 어려움을 겪는 학생은 Wee클래스 등에서 상담받도록 권해주셔야 합니다.

각 지역 정신건강센터의 도움을 받을 수도 있습니다. 서울 지역의 경우 서울시

정신건강증진센터 소아청소년 정신보건팀에서 자살 등의 위험요소 식별, 대처

방법 강구, 사후중재 프로그램을 운영하고 있습니다. 또한 학생정신건강을 위

한 교사 상담전화(1577-7018)도 운영하고 있습니다. 각 지역에서도 확대 운영

되길 바랍니다.

추천하고 싶지 않은데
추천서를 써달래요

학업태도가 불성실했던 학생의 추천서에 대해 질문드립니다. 학부모로부터 ○○고 입학 추천서 부탁 문자를 받았는데 써주고 싶지가 않아서요. 수학적 이해도는 비교적 높은 학생이었으나 1년 내내 수업시간에 떠들고 방해하고…. 수업 태도가 불량한 이런 학생의 추천서는 정중히 거절하는 것이 제 평가권을 지키고 그 학생에게도 깨달음을 주는 기회가 된다고 생각하는데 이런 제 판단이 옳은 것인지 모르겠습니다.

추천서 쓰는 것이 부담스럽다면, 먼저 정중히 거절하시는 것이 좋겠습니다. 다만, 학습 태도가 불량하여 좋은 평가를 쓰기 어렵다고 직접 표현하면, 학생이나 학부모가 상처를 입을 수 있습니다. 그냥 안 써준다고 하면 두고두고 문제가 될 수 있어요. 지역사회에 소문이 나거나, 관리자가 부담을 줄 수도 있습니다. 추천서는 그 학생의 학습이나 삶을 평소 잘 이해하는 다른 선생님이 쓰시는 것이 유리한데, 그런 선생님을 찾아보는 것이 학생을 위해 더 좋을 것 같다고 돌려서 거절의 뜻을 이야기하는 것도 지혜로운 방법입니다.

그래도 추천서를 거절하기 힘든 상황이라면, 그냥 솔직하게 쓰시면 됩니다. 추천서마다 다르지만, 추천서에는 보통 학생의 학습이나 태도, 추천 사유 등의 내용을 적을 수 있습니다. 수업 태도가 불량했다면, 있는 사실 그대로 적으셔도 됩니다. 추천서는 추천을 부탁받는 순간부터 승낙 여부와 그 내용은 선생님 고유 권한입니다. 학생에 관한 내용을 정확하게 써야 평가기관에서 지원자를 판단하는 데 도움이 될 것입니다.

추천서는 비공개로 처리되는 것이 원칙입니다. 학생, 학부모가 내용을 확인할 수 없으니, 안심하고 쓰셔도 됩니다. '이 학생을 추천하지 않습니다'라고 써주시는 사례도 있습니다. 입학사정관들은 솔직히 평가해준 선생님께 고마워한다고 합니다. 물론 그렇게 쓴다고 무조건 탈락시키진 않습니다. 단점이 없는 학생은 없으니, 지원한 전체 학생 중 그 학생이 어느 정도인지 판단해서 일정 기준 안에 들면 합격시킬 수도 있지요. 태도가 불량한 학생을 사실과 다르게 포장하는 것은 해당 전형의 신뢰성을 떨어뜨리며, 전형 취지와도 맞지 않는 일입니다. 단순히 우리 학교 학생의 진학률 높이기에 급급하기보다, 그 학교에 지원하는 학생에 대해 보다 객관적인 자료를 제공하는 것이 공교육 교사의 의무가 아닐까요?

외국 학교에 가려는 학생 추천서를 요청받을 수도 있습니다. 학생 편에 보내줘야 하는 상황이면, 위와 같이 솔직하게 쓰기도 힘든 난감한 상황에 처할 수 있지요. 이때는 생활기록부를 보고 사실만 그대로 써주실 수 있습니다. 의견은 한 마디도 안 쓰고요. 추천서라기보다 평가서가 되겠지요. 해당 학교에서는 교사 추천서 이외에도 다른 요소를 반영할 테니, 선생님이 추천서에 너무 부담 갖지 않으셔도 됩니다.

화장하지 말아야 하는 이유를
어떻게 말할까요?

선생님들은 학생들에게 화장하지 말아야 하는 이유에 대해 어떻게 설명해주시나요? 왜 안 되냐고 물으면 뭐라고 해야 할지 막막하네요. 주변 선생님들께서는 좋게 타이르기만 하면 오히려 교사를 만만하게 생각할 수도 있다고 하시네요. 저는 다른 선생님들처럼 강하고 카리스마 있게 못해서 항상 고민이랍니다. 다른 선생님들은 제가 너무 아이들을 타이르듯 말한다고 하시는데요. 제가 어디에 중심을 두고 지도해야 할지 모르겠어요.

우선 공감해주고 믿음을 주세요

화장 지도, 정말 어렵죠. 교사, 학부모, 학생들 사이에서도 가치관의 차이에 따라 의견이 다를 수 있어요. 화장을 최대한 하지 않도록 지도해야 한다는 것을 전제로 둔다면 카리스마 있고 단호한 것보다는 아이들이 '학교와 선생님은 우리에게 도움을 주시려는 거야'라는 믿음을 갖도록 하는 게 먼저겠지요. 우리 교사들도 성인이지만 누군가가 '무조건 이렇게 해!'라면서 설득 과정이 미흡한 채로 강요만 하면 반발심이 일기 마련이잖아요? 학교도 하나의 사회이고, 아이들에게도 인권이 있잖아요. '무조건 안 되는 거니까 하지 마!'라고 하기보다는, 왜 학교가 화장을 하지 않도록 규칙을 세우게 되었는지를 이해시켜야겠지요.

"화장을 하고 싶어 하는 마음은 이해가 돼. 그렇지만, 이런저런 이유로 화장을 하지 않는 것이 너희들에게 좋단다. 그래서 학교는 학생 대표, 학부모 대표, 선생님 대표가 공동으로 협의해서 이러한 규칙을 만들게 된 것이지."

화장을 스스로 깨끗이 지우는 방법도 알려줘야겠습니다. 너를 못 살게 굴려고 이렇게 하는 것이 아니라, 너를 위해서라는 마음이 전달되도록 해야 하지요. 아이들이 학교와 교사를 신뢰한다면 설득이 훨씬 쉬워질 것 같아요.

노 메이크업이 훨씬 예뻐! 아이들의 자존감을 높여주는 활동 수업

좋은 말로 타이르고 믿음을 주었을 때 해결된다면, 고민거리도 아니셨겠죠? 사실 화장은 피부 건강을 위해서도 하지 않는 게 좋아요. 교칙 때문이 아니라 '너 스스로를 아끼는 방법'이라고 이해시켜주면 어떨까요?

요즘은 초등학생 때부터 화장을 너무 해서 피부가 크게 상하는 경우가 많잖아요. 10대 때 화장하면 일단 피부가 망가질 가능성이 크죠. 값싼 화장품은 질이 나쁠 수 있고, 그 속의 안 좋은 성분이 모공을 막아버리면 피부가 쉽게 지치고 트러블도 심해져요. 특히 틴트와 같은 착색제는 입술 원래의 색깔을 잃게 만들 우려가 있어요. 사실 성인에게도 독한 화장은 피부 미용의 적이잖아요. 아이들의 연약한 피부에는 더하겠지요. 화장하면 할수록 악순환이지요.

아이들에게 '너의 피부를 사랑해주는 방법' 수업 활동과 같은 기회를 만들어주어 몸으로 체득시켜주면 어떨까요? 자이언티의 「노 메이크업」을 들려주면서 화장 안 한 얼굴이 제일 예쁘다고 아이들 자존감을 높여주는 활동을 같이 해보는 것도 좋더라고요. 화장 지운 얼굴을 마주했을 때 정말 예쁘다고 계속 격려하고요. 실제로도 순수한 얼굴이 정말 예쁘잖아요! 아이들에게 영향력 있는 뷰티 유튜버들의 영상 중에는 저렴한 화장품들 속 중금속, 화학성분으로 피부가 망가지는 모습을 적나라하게 보여주는 영상도 많이 있어요. 유튜브에 '청소년 화장' 등으로 검색하면 많이 있답니다. 이런 영상을 함께 조사하고 정리해가는 수업 활동을 하다 보면, 아이들 스스로 화장을 조금은 자제하게 됩니다.

규칙은 규칙! 사회화 과정의 일환!

우리가 화장을 '지도'해야 하는 이유는 사실 '학칙'에 규정되어 있기 때문이지요. 학교는 교육을 통한 사회화 기관입니다. '학칙'은 학생들에게 지도해야 하는 최소한의 조항을 학교운영위원회를 거쳐 명시해둔 것입니다. 만약 그 규칙이 잘못되었다면 고쳐나갈 수 있도록 해야지, 불평불만만 제기하며 규칙을 어기는 것을 허용해준다면 사회화의 역할을 제대로 하지 못하는 셈이 되지요. 규정 개정은 학생, 학부모, 교사의 의견 수렴 과정과 학교운영위원회를 거치는 등 절차가 번거로울 순 있지만, 이 역시 민주 법치 국가의 원리를 배우는 과정일 것입니다.

아이들의 입장에 공감을 먼저 해주더라도, 규칙은 일관성 있게 지키도록 지도해야 합니다. 이를 위해서는 학칙 자체가 구체적이고 명확해야 해요. 그래야지 일관성 있게 지도할 수 있지요. 혹시 학교의 교칙이 불명확하다면, 명확한 기준을 정하기 위한 합의를 거치는 것이 필요합니다.

그런데 선생님들! 정말 화장은 '지도'해야 하는 대상인가요?

어느 교육청에서는 이미 인권조례에 걸맞게 두발의 전면 자유화와 학생들의 개성 표현을 지원해준다는데, 학교가 좀 늦는 건 아닐는지요. 화장의 부작용을 알려주고, 화장에 집착하지 않게 자존감을 키워주는 교육은 꼭 필요하지만, 언제까지 학교에서 '벌'로 통제해야 하는지는 의문입니다. 학생들을 독립된 인격체로 대우하면서 어떤 방식으로 지도해나갈지, 어느 선까지 지도해야 할지에 대하여 심도 있는 논의가 필요합니다. 학교에서 요구하는 것을 모두 정확히 지키기 어렵다면, 학생의 신뢰를 잃지 않는 선에서 현실적인 융통성을 발휘해야 할 수도 있지요.

화장 이외에도 지도해야 할 것들이 얼마나 많은데요. 기준이 정확한 것들을 확실히 지도하는 것이 우선이지요. 예를 들어 교칙에 '과도한 치장'이라고 하면 기준이 모호하지요. 선생님들이 그런 것까지 지키려면 어렵습니다. 폭력, 도난, 흡연, 태도 불량 등등 다른 학생들에게 직접적 피해나 법규적인 문제를 일으키는 것만 예방하기에도 선생님들은 벅차실 텐데요? 예를 들어 지각처럼 명확한 건 9시까지 등교면 휴대전화와 교실 시계를 맞춰놓고 8시 59분 59초까지 교실에 들어가 있다가 9시 땡! 되면 바로 지각 처리하고 출석부에 기록, 미리 정한 약속대로 수행합니다. 물론 선생님도 늘 지각하지 않는 철저함을 보여주셔야 효과가 좋습니다. 명확한 것 위주로 지도하다 보면, 불명확한 것을 지도하기도 수월해집니다.

스마트폰을 몰래 사용한다고
신고가 들어왔어요

우리 학교는 일과 시간에 스마트폰을 걷는데요. 안 내면 처음에는 일주일 압수, 상습적일 경우는 한 달 압수 후 서비스 정지시켜야 돌려줍니다. 오늘 두 명의 학생이 스마트폰을 2개씩 가지고 있는데 하나만 내고 다른 하나를 쉬는 시간에 사용했다고 신고가 들어왔어요. 누군지 아는데 어떻게 조치해야 할까요? 신고가 들어온 이상 그냥 넘어가기도 그렇고, 다짜고짜 그 학생에게 뭐라 하기도 그렇고…. 방법을 알려주세요. 한 명씩 불러서 이야기하면 누가 신고했는지 알게 되고 그럼 아이들 사이에 앙금이 생길까 걱정되네요.

과학기술의 발달 등 시대의 변화로 인해 교육에는 늘 새로운 문제가 발생하기 마련입니다. 스마트폰 등 정보통신기술의 발달이 전 영역에 혁명적인 변화를 가져왔듯이, 학교 현장에도 새로운 문제로 대두된 지 수년이 지났어요. 수년이 지났어도 문제는 계속 발생하고 있네요. 앞으로의 세상에서 미디어 리터러시 교육의 관점으로 스마트폰을 올바로 사용하도록 교육해야 한다는 주장도 일리가 있습니다. 게다가 학생인권이 강조되면서 스마트폰을 강제, 일괄적으로 수합하면 자칫 인권침해로 몰리기도 쉬워요. 스마트폰 수합 과정에서의 파손이나 분실 문제도 여러 곤란한 상황을 일으킵니다.

그럼에도 불구하고 스마트폰을 특정 기간이나 일과 중에 일괄적으로 걷어 보관하는 학교들이 많이 있어요. 스마트폰 중독이나 수업 방해가 심각할 경우 학교 구성원의 민주적인 합의에 의해 교칙을 제정하여 운영할 수 있습니다. 교사로서는 상당히 번거로운 일이나, 학생들을 위한 일이니 큰 부담을 감수하는 것이지요. 주커버그도 초등학생 자녀에게는 페이스북을 못 하게 한다잖아요.

교사들의 그런 노고를 알기 때문에 수긍하는 학생도 있으나, 그렇지 않고 몰래 쓰는 경우, 심지어는 교사를 속이고 공기계를 제출하는 경우까지 있습니다. 규칙이라는 것이, 항상 모두가 찬성해서 모두에게 완전히 이롭게만 만들어지는 것은 아닙니다. 그래도 사회 질서 유지를 위해서는 규칙을 지키는 것도 중요한 민주시민 교육입니다.

다음은 어떤 신규 선생님이 위와 같은 상황에서 여러 선배교사들과 이야기를 나누며 문제를 풀어간 이야기입니다. 스마트폰을 걷는 것이 타당한지의 문제를 떠나서, 학생의 인권도 존중하며 규칙의 중요성도 일깨워줄 방법을 찾아가는 모습이 다른 선생님들께도 참고가 되리라 생각해서 옮깁니다.

선배교사 선생님을 속인 것에 배신감을 느낄 수도 있지만 성장 과정에서 충분히 나올 수도 있는 행동이에요. 학생을 죄인 다루듯이 하면 안 되고요. 잘못한 행동에 대해서 깨닫고 고치도록 하면 되지, 학생 자체가 거짓말쟁이이고 나쁜 아이라는 수치심을 갖게 하면 안 됩니다. 저라면 웃으면서 안 낸 학생 조용히 불러서 관련 규정 보여주고 이렇게 말하겠어요. "우리 서로 믿고 살자~? 내가 너희를 믿고 살지 않으면 누구를 믿겠니? 너희가 억울한 일 있을 때, 내가 도와주고 싶은데, 이렇게 믿음이 깨지면 그럴 수가 없게 된단다."

학생의 감정은 공감 및 존중하되, 행동은 교칙대로 처리하는 걸 권합니다. 휴대전화 사용하는 걸 본 학생이 한둘이 아닐 텐데 그냥 넘어가면 선생님에 대한 신뢰도 떨어지겠죠.

아무 조치도 안 하시면 점점 안 내는 학생들이 많아질 거예요. 종례 들어가셔서 전달 이야기 다 하시고, 종례 마치기 전 '○○이는 교무실로 오렴' 하고 데려가셔서 부드럽고 단호하게 말할 수도 있습니다.

"학교 규칙상 걷어야 한다. 네가 안 낸 데는 이유가 있겠지만, 아이들이 ○○이가 스마트폰 사용한 것을 보았고 선생님이 알았는데 처벌하지 않는다면 불공정하다고 생각할 거야. 너의 생각은 어떠니?"

반성문 한 장 쓰게 하고 약속도 받아놓으시고 부모님과 통화도 하고 다음에도 그러면 교칙대로 하겠다고 다짐받으시고 돌려보낼 수도 있어요. 다음날 스마트폰 다 걷어야 하는 이유와 안 냈을 때의 규칙을 다시 공지해주시면 그 문제는 잘 해결될 것 같아요. 스마트폰이 있으면 수업 때 활용할 수도 있어서 좋은 점도 있는데, 아이들이 대체로 수업 외적인 것으로 쓰고 무엇보다 분실할 우려가 높아서라고 이해시켜주세요. 아이를 이해하는 모습을 보이고 다독거리시면서 규칙의 중요성을 알려주시면 좋겠어요. 또 몇 번 이런 일 겪으시면 요령이 생기실 거예요.

이렇게 할 수도 있어요. 신고 들어온 두 아이를 각각 따로 불러서 평소 대화하듯 몇 마디 건네다 선생님한테 할 말 없냐고 먼저 물어요. 대부분은 이 질문에 당황하며 없다고 해요. 없다고 하면 '있을 것 같은데?' 하면서 '어느 정도 생각해보고 다시 오라'고 해요. 아이가 스스로 말하게 유도하는 거죠. 스마트폰 이야기가 안 나왔다면 또 '있을 것 같은데?'라고 해요. 그래서 일단 아이가 먼저 말하게 하고 그다음에 적절한 행동으로 책임지게 해요. 그리고 그러한 일이 다시 일어나지 않도록 토의해서 규칙을 정하게 해요.

신규교사 어떻게 해야 할까요? 신고가 들어왔다고 하면 아이들 사이에서 불신이 일어날 것 같고, 그냥 넘어가면 다른 아이들도 규칙을 어길 것 같고, 어떻게 해야 할지 모르겠어요.

선배교사 제 경우 신고가 들어왔을 때 저나 다른 선생님이 봤다고 해요. 경우에 따라 다를 것 같긴 하네요. 그런데 학생이 다른 학생들 보는 앞에서 사용한 거지요? 그럼 그냥 덮어줄 경우 더 나쁜 일들이 벌어지겠네요. 하지만 선생님이 불러서 혼내는 분위기면 아이가 그 화를 다른 방식으로 표출하겠지요. 그러니 상대의 감정을 최대한 존중해서 상담하는 기회로 삼으면 좋겠습니다.

신규교사 아이들을 최대한 존중해주려고 노력하지만 이렇게 눈속임하며 거짓말할 때는 저도 감정이 안 좋아지네요. 쉬는 시간이라 대놓고 썼다고 하더라고요. 다들 눈치만 보고 있었을 테고 몇몇 아이들이 용기내서 말해준 건데 그냥 넘어가면 안 될 것 같아서 여쭤봤어요.

선배교사 선생님을 깔보려고 하는 듯해요. 누구나 거짓말을 할 수 있습니다. 선생님도 그 마음(거짓말을 하는 심정)을 이해하고 있음을 보여주세요. 간식이라도 주고 다른 고민이 있는지 상담하면서 선생님께 호의적 감정을 갖게 한 후, 그 부분에 대해 이해를 구하고 스스로 반성하도록 지도하면 좋겠네요. 하지만 교칙대로 일주일간 압수는 해야 합니다. 안 그러면 선생님의 다른 말씀들에 대해서도 무시하는 일이 많아질 거예요. 이렇게 말해주세요.

"이런 것부터 선생님을 속이면 앞으로 네가 무엇을 하든 의심하게 돼. 난 항상 어떤 억울한 일이 있어도 널 믿어주고 싶어. 실수는 누구나 할 수 있는데 앞으로는 잘못을 되풀이하지 말도록 하자."

신규교사 네, 그럼 그 두 학생을 따로따로 불러 신고가 들어왔다고 이야기하는 게 나을까요? 그중 한 명이 아까 교무실에 다른 일로 왔길래 제가 넌지시 물어보았는데 자기는 아니라고 하더라고요. 서로를 믿는 게 중요하다고 계속 이야기를 했는데도 말이에요.

선배교사 생활지도부장님이나 학년부장님과 상의하시고요. 선생님은 크게 교칙과 관련 법령의 범위에서 교육하셔야 합니다. 「학생인권조례」에서는 정당한 경우가 아니면 소지품 검사를 할 수도 없도록 규정하고 있어요. '정당한 경우'가 맞는지 시비나 민원이 생기기도 합니다. 따라서 예전과 달리 거짓말하는 학생에 대해서 소지품 검사를 하기 어렵습니다, 이런 경우 자칫하면 열심히 노력한 선생님이 인권침해로 인한 민원감사나 징계처분 대상까지 될 수 있으니 세심한 주의가 필요합니다. 혼자 함부로 나서기 어려워요.

스마트폰을 가지고 있을 테니 오늘 보고하고 조치하시면 좋겠지만, 조급할 필요는 없어요. 이 학생은 또 이런 행동을 할 테니까요. 앞으로 이런 행동을 안 한다면 그건 더 좋은 일이고요.

스마트폰 규정이 그렇게 엄할 정도면 다른 선생님들도 꽤 고생하셨었겠네요.

신규교사 네. 선생님들의 조언을 종합해서 아이들을 존중하면서도 교칙은 꼭 지켜야 한다는 것을 이야기해줘야겠어요.

선생님들이 학생들에게 말 몇 마디 할 때에도 이렇게 고민하는 것을 알까요? 이날 오후에 나름 문제를 해결하고 들려주신 후일담입니다.

신규교사 저도 학생에게 제가 봤다고 했어요. 아이들에게 쉬는 시간에 들어가서 제게 하고 싶은 말 있는 친구는 와서 이야기하라고 하니 한 명은 왔어요. 선생님 덕분에 반 아이들과 이야기 많이 했어요. 조언해주셔서 감사합니다.

선생님들의 조언을 듣고 제게 맞는 스타일로 조합해서 아이들과 이야기를 나눴어요. 쉬는 시간에 교실에 가서 '혹시 선생님에게 고백할 것이 있는 친구는 한 시간 후 쉬는 시간까지 찾아와서 말해달라'고 이야기했어요. 어리둥절한 아이들 사이로 웃지도 않고 진지한 얼굴로 교실을 나왔습니다.

한 시간이 지나고 두 명의 친구가 찾아왔어요. 이 아이들은 수업 종 치고 들어간 것, 말하지 않고 동아리 면접 보러 간 것, 야자시간에 늦은 것 등 정말 귀여운 잘못을 했다며 죄송하다고 찾아왔어요. 이걸로 한 번 웃었지요.

그 이후에 스마트폰 안 낸 친구가 왔는데 오자마자 조퇴를 하겠다고 하더라고요. 그래서 제가 선생님에게 할 말이 없냐고 물어보자 그제야 실토하더라고요. 그래서 먼저 그 아이에게 공감해주고 그래도 공동체 생활에선 지켜야 할 규칙들이 있는 거라고 이야기하며 규정대로 압수하겠다고 했어요.

그런데 누가 신고를 했냐며 친구를 의심하기에 진지하게 이야기했어요. 담임으로서 아이들 이름을 외우려 애쓴 이유, 교사로서 제일 중요하게 생각하는 것, 고자질과 신고의 차이 등, 그리고 의심받은 친구는 너희들이 생각지도 못한 것을 반성하며 선생님을 찾아온 거라고. 내가 너희 잘하고 있나 몰래 갔다가 보게 된 거라고. 너희들이 내가 걱정했던 상황을 만들었다고, 저의 심정을 솔직하게 이야기했어요.

마침 그날 임원선거가 있던 날이라 그 공약들을 언급하며 너희들은 32명이 친구의 잘못을 감싸고 선생님을 따돌린 거라고, 나는 너희들을 하나의 인격체로 존중해주려고 평소 친근하게 다가가려고 노력했는데 너희들은 나를 오늘 한 번 버린 거라고. 우리가 일 년을 살아가는 동안 제일 중요한 건 서로 믿고 배려하는 건데 오늘 같은 일이 계속 발생하면 난 너희가 어려운 일이 있어도 너희 편에 설 수 없다, 실수는 누구나 하고 그걸 반성하면 되는 건데 잘못을 인정하지 않고 눈치 보며 꼼수 부리는 게 잘못된 거다 등등 마지막에는 내가 너희를 믿을 수 있게 도와달라고 했어요.

그런데 제가 모르고 있던 친구도 스마트폰을 안 냈다며 찾아왔더라고요. 그런데 한 명은 결국 끝까지 오지 않았어요. 계속 주시하고 제가 믿고 있으니 눈속임하지 말라고 당부했네요. 불꽃 카리스마를 보여주고 싶었는데 옆집 언니처럼 계속 조용하게 이야기하고 말았어요. 그래도 마음 씀씀이가 예쁜 아이들을 발견한 날이었어요.

선배교사 찾아온 아이들이 누군지 밝히지 말고 월요일 조회시간이든 언제든 얘기를 해주면 좋겠습니다. 교사가 할 일은 범인 찾기보다 교육이 우선이니까요. 끝까지 나오지 않은 아이도 그런 사실을 친구들도 알고 무엇보다 본인이 제일 잘 알겠지요. 저 같으면 조회시간에 이렇게 말하겠어요.

"내가 몰래 사용하는 걸 본 학생 중에 나를 찾아와서 말하지 않은 학생이 있어. 스스로가 잘 알 거야. 누구나 실수할 수 있는데, 나중에 정말 억울한 일 겪게 되었을 때 내가 끝까지 믿어주고 싶은데, 그렇게 해주지 못할 수도 있을 것 같아 두렵다. 항상 너희 편이 되어 믿어주고 싶으니 도와줘."

수업 중이든 평소에 아이들의 눈을 맞추며 이야기하는 습관이 있으셨다면, 그 아이의 눈도 한번 맞춰줄 수 있겠지요.

신규교사 네, 그 생각은 미처 못 했네요. 찾아온 친구들에게는 용기 내줘서 고맙다고 신뢰를 잘 쌓아가자고 이야기했어요. 의심한 친구들에게도 상처받은 아이에게 사과하라고도 했고.
아이들과의 관계는 항상 어렵네요. 경험이 저도 아이들도 성장시킬 거라 믿고 있습니다.

선배교사 학생 때 많은 도전 경험과 실수를 해야지요. 성인이 돼서 그러면 돌이키기 어려우니. 이런 일이 선생님과 학생들의 관계를 더 돈독하게 만들어줄 거예요. 오히려 나중에 더 큰 사건을 막아준 예방주사 역할을 할 겁니다.

네이버 카페 〈돌봄치유교실〉에 '신고와 고자질의 차이'라는 글이 있어요. '고자질'로 검색해서 읽어보시고 미리 교육하세요. 신고와 규칙은 민주적 학급을 운영하는 가장 강력한 힘입니다.

학생이 화내면서
주먹으로 유리창을 깼어요

우리 반 학생이 부모님과 통화하다가 갑자기 욕을 하더니 주먹으로 유리창을 깼어요. 커튼 위를 쳐서 크게 다치진 않았는데 혹시 학생이 분노조절장애라도 있는 걸까요? 너무 놀랐습니다.

주먹으로 유리창을 깨거나, 벽을 치다가 손을 다쳐 깁스까지 하는 학생을 매년 보네요. 학교 축제에서 격파 코너라도 열면 손가락 부러지는 일도 흔해서 못 하게 하는 것이 좋습니다. 실내에서 공놀이하다가 실수로 깨기도 합니다. 아이들은 더 많이 운동하며 혈기를 풀어야 뇌도 발달하고 공부도 더 잘하게 될 텐데, 교실에 오래 앉아 있으니 공만 보이면 본능적으로 일단 튀기고 봅니다. 성장기에 행동과 감정 조절을 잘하는 건 쉬운 일이 아니지요. 감정 조절하는 방법을 잘 모르거나, 자신이 화났고 약하지 않다는 걸 주위 사람들에게 과시하고 싶은 마음도 있을 겁니다.

이 상황을 목격하신 선생님은 일단 그 학생이 다치진 않았는지 살피고 보건실에 가게 해야 합니다. 유리가 손에 박히거나 뼈가 부러졌을 수도 있어요. 커튼 위를 쳤다니, 학생이 이성을 완전히 놓지는 않은 상태였나 봅니다. 그리고 유리 파편에 다친 다른 학생이 없는지 살피고 유리를 치워야 합니다. 학생들에게 시키다가는 베일 수도 있으니 선생님이 장갑이라도 끼고 직접 치워야 하는 상황입니다.

감정이 올라올 때는 심호흡을 하거나 속으로 숫자를 세면서 가라앉기를 기다리는 것 같은 감정 조절 훈련을 시킬 필요가 있습니다. 자신이 잘못했다는 것쯤은 대개 알 테니 크게 혼내지는 않는 게 효과적이겠지요. '유리창을 깼다면 혼내지 말고, 유리창이 없는 집에서 자게 하라'는 교육학의 고전적인 명언이 있습니다.

학칙에는 고의적인 학교 기물 훼손으로 인한 벌점 규정이 있을 겁니다. 행정실에서 변상 절차를 알려줄 것이고요. 저희 학교에서는 학교 계좌로 학생이나 학부모가 유리창 대금 2만 원을 입금하도록 했습니다. 학생이 직접 변상하거나, 학생 용돈에서 제외하도록 하는 등의 조치도 교육적이라고 봅니다.

학교에서 학생이 다치면 학교안전공제회에서 치료비를 보상해주기도 하지만, 앞의 사례는 고의에 의한 자해로 볼 수 있어 치료비 지원이 어려울 수도 있습니다. 구체적인 상황에 따라 치료비 지원 여부가 달라지니 문의해보시기 바랍니다. 교사가 안전지도를 하지 않았거나 관리감독을 소홀히 했다는 이유로 국가가 손해배상을 하는 일도 있습니다. 그런데 앞의 사례는 학생이 고의로 일으킨 사고이므로 교사가 책임을 지기보단 학생이 징계를 받을 것입니다. 안전공제회 관련 절차는 보건선생님이나 체육선생님이 잘 알고 계십니다.

순간적으로 욱해서 깼을 수도 있지만, 자신이 화났으며 약하지 않음을 드러내기 위한 행동일 수 있습니다. 학생의 분노에 낚이지 마시고 교칙대로 하시되, 기본적으로 학생의 안전과 성장을 염려하는 교사의 태도를 지키세요.

이후 해당 학생과 상담하여 학생이 그렇게 한 이유를 들어보고, 가능하다면 공감과 위로를 해준 후 올바른 분노 및 감정 처리법을 알려주는 것이 좋습니다.

한 번의 상담으로 완전히 나아지는 일은 드물어요. 꾸준히 지켜보고 지지해준다면 아이의 마음은 계속 좋아질 겁니다.

추천 도서 : 『청소년 감정코칭』 (최성애·조벽, 해냄, 2012)

자살을 암시하는
학생이 있습니다

학생이 가끔 "살기 싫다, 나 없어지면 부모님은 더 편하겠지"라고 말합니다. 그저 관심받고 싶은 엄살인지, 선생님이나 부모님이 자신을 함부로 하지 못하도록 길들이려는 속셈인지 판단이 안 섭니다.

한국은 2005년부터 13년간 OECD에서 자살률 1위였습니다. OECD 통계 사이트에 등록된 한국의 자살률은 2016년 기준 10만 명당 25.6명으로 하루 평균 36명, 연간 13,092명이 생을 마감합니다. 2018년 9월 25일, 25일 국회 교육위원회 소속 자유한국당 곽상도 의원이 교육부로부터 제출받은 자료에 따르면 2013년부터 2017년까지 5년 간 불화, 우울증, 성적비관 등의 이유로 자살한 초중고 학생은 총 556명에 이른다고 합니다. 한해 평균 111.2명, 한 달 평균 9.3명이 자살하는 셈입니다. 5년간 자살한 556명 가운데 고등학생이 392명 (70.5%)으로 가장 많았고, 중학생이 141명(25.4%), 초등학생이 23명 (4.1%)으로 조사됐다고 합니다. 1년 평균으로 따지면 고등학생 78.4명, 중학생 28.2명, 초등학생 4.6명꼴입니다.

교사에게 책임이 있는 것도 아니고, 노력한다고 100% 막을 수 있는 것도 아닙니다. 다만 법령상 교사의 의무를 다하고 교사의 교육 및 상담, Wee클래스의 협조를 구해 예방하시면 자살 위험이 줄어들기도 하고, 불의의 사고 시 교사에게 귀책되는 일도 줄일 수 있습니다.

학생이 상담 중 부모나 특정 선생님과의 불화를 이유로 '○○ 선생님 때문에 학교 오기 싫고, 죽고 싶다' 혹은 비행이나 폭력을 저지르고는 '나 징계하거나 부모님께 알리면 자살하겠다'고 협박하기도 합니다. 심한 경우, 조사를 받다가 창문으로 뛰어내리거나 사무용 칼로 자해도 합니다. "살기 싫다. 한강다리 가려면 어떻게 가요? 학교 옥상 열려 있어요?" 이런 말을 하면, 자살징후로 여기고 신속히 대응하셔야 합니다. 학생이 흥분하면 무엇보다도 먼저 흥분을 가라앉힌 후, 해당 사실을 객관적으로 상세히 기록하시고, 교사가 직접 대응하기보다는 전문 상담 선생님에게 의뢰하셔야 합니다. 그래야 교사 본인의 소진도 예방하고, 전문적인 도움도 줄 수 있습니다.

장난으로라도 자살 관련 언급은 함부로 못 하게 지도해야 하며, 조금이라도 자살 위험이 보이면 신속히 대처해야 합니다. 실제로 발생하면 여러 사람에게 너무나 힘든 일이 됩니다. 자해하거나 자살을 암시하는 경우, 모든 상담 및 관찰 기록을 날짜와 시간이 포함된 내용으로 정확히 적어놓으세요. 그래야 학생이 상담할 때 도움이 될 수 있을 뿐만 아니라, 혹시 있을 교사에게 불리한 상황에도 도움이 될 수 있기 때문입니다.

최근에 칼이나 손톱으로 자기 몸을 긁는 자해가 급속도로 퍼지고 있습니다. 자해하는 학생은 차라리 자살로 이어지는 일은 비교적 적으니 너무 놀라지 마시고 침착하게 대응하셔야 합니다. 스트레스가 외부로 표출되면 문제행동이나 폭력으로 나타나지만, 억지로 틀어막아 놓으면 자해나 자살로 나타납니다. 자해로 인해 해방감이나 쾌감을 느낄 수도 있고, 흐르는 피에서 따뜻함을 느낄 수도 있다고 합니다. 하지만 결코 바른 스트레스 해소 방법은 아니기에 학교의 전문 상담 선생님과 협조하여 지도하시기 바랍니다.

4.
학교폭력으로부터
우리 반을 구하라

폭행 장면을 목격한
긴급한 상황에서

한 학생이 몹시 흥분하여 어떤 학생을 구타하고, 주변의 몇몇 다른 학생들은 구경 중인 긴급한 현장에 있다면 어떻게 대응해야 하나요?

1. 다른 학생에게 말리라고 지시한다.
2. 내가 중간에 끼어서 말린다.
3. 구타를 멈출 때까지 때리지 말라고 소리치고, 112에 신고하여 경찰이 출동할 때까지 현장을 지킨다.

각 선택별로 어떤 결과가 발생할까요?

1. 다른 학생에게 말리라고 지시했다가, 말리던 학생이 다치면 선생님이 그 책임을 지게 될 수 있습니다. 학생에게는 신고의 의무가 있

을 뿐, 직접 말려야 할 의무는 없습니다. 대개 친구들이 잘 말려서 다치지 않으면 다행이지만, 평소에 선생님은 아이들에게 폭력 사건을 보면 신고하라고 할 수 있을 뿐, 말려야 한다고 교육하면 선생님께 귀책될 수 있습니다.

2. 선생님이 거친 학생을 다치지 않게 잘 말리면 다행이지만, 고학년이 될수록 격분한 학생을 말리는 일은 웬만한 무술 고수에게도 어려운 일입니다. 그 과정에서 학생이 다칠 수도, 선생님이 다칠 수도 있어요. 때리던 학생이 말리던 선생님에 의해 다치자, 선생님이 폭행죄로 수백만 원을 배상한 판례가 있다고 합니다. 반면에 선생님이 다치면 충분한 피해보상을 받기 어렵습니다. 후유장애를 입은 심각한 부상이었는데도, 선생님은 공무상 병가로 인정받기도 어려웠다고 합니다.

3. 다른 선생님을 긴급 호출해서 도움을 요청하거나, 경찰이 올 때까지 신고하고 기다리는 방법이 최초목격자 선생님께는 가장 안전한 방법인데, 학생이 폭행당하는 동안 말로만 말리는 교사를 사회의 상식으로는 어떻게 바라볼까요. 여러 선진국에 이런 식으로 법령이 정비돼 있고, 경찰이 학교에 상주하기도 하지만 우리에게는 쉽지 않은 일입니다. 이런 일을 대비해 선수용 호각을 평소에 가지고 다니다가 위급한 순간에 큰 소리가 나도록 불어서 폭행하는 학생의 주위를 분산시키고 흥분을 가라앉힌다든지 하는 방법이 있습니다.

현행법에서는 교사가 학교폭력 사안에 휘말려 공격을 받으면, 변호사를 구하는 것부터가 교사의 몫이 되곤 합니다. 학교장과 주위 교사들은 안타깝다며 도와줄 것 같더니 슬슬 해당 교사를 회피하기도 하고요. 이런 일을 겪은 교사는 멀리서 싸움 같은 것이 보이면 못 본 척 빨리 지나가게 되고 마는 겁니다. 현행법이 얼마나 상식 밖으로 비교육적 상황으로 흐르게 할 수 있는지 아시고 미리 대비해야 합니다. 교사를 보호하지 못하는 사회는 결국 학생도 보호하지 못하고 맙니다. 속 시원할 해결책을 드리지 못하는 현실이 안타깝습니다.

교사가 학생이나 학부모에게 폭언이나 폭행을 당하는 일도 있습니다. 긴급하게 말리고 가해자를 진정시켜야 하는데, 교사부터 흥분하지 않는 것이 쉬운 일은 아닙니다. 스마트폰을 이용해서 녹음이나 녹화하면 진정시키는 데 도움이 될 수도, 흥분을 키울 수도 있어요. 녹음이 법정에서 증거로 채택되려면 편집 없는 원본 파일이면서 녹음하는 분의 목소리가 포함되어야 하는데, 구체적인 상황에 따라 달라질 수 있습니다.

종례 시간 후 저희 교무실에 한 남학생이 찾아와 1년차 여선생님께 욕설과 고함으로 난동을 부리고 있었어요. 선생님은 울먹이며 제대로 대응하지 못하고 있었습니다. 수업 중 스마트폰을 사용해 교칙에 따라 압수했는데, 자기는 수업 끝난 줄 알고 꺼냈던 거라며 돌려달라고 시위하는 것이었습니다.

제가 학생보다 큰 소리로 꾸짖으며 행동을 통제하려고 했다가는 학생이 더 흥분할지 모르는 일이었습니다. 교사가 감정을 조절하지 못해서 학생에게 손이라도 댔다가는 교사 폭행이 됩니다. 학생에게 차분하게 말했어요. "진정해, 진정하고 네가 억울한 게 있는 것 같은데, 선생님이 알아보고 도와줄게. 지금 어떤 것 때문에 네가 화가 났는지 여기 앉아서 일단 종이에 써보자." 학생은 씩씩거리며 분풀이하듯이 쓰기 시작하더니 점차 가라앉고 결국은 그 종이에 스스로 반성문을 썼습니다. 흥분이 가라앉고 자기 행동을 돌아보니 자신이 잘못했음을 인정하게 된 것이지요.

'학교를 엎어버리겠다'며 학부모가 찾아왔을 때도, 일단 진정시키고 공감하며 들어드리고 사실을 설명하니 '우리 애가 잘못해서 죄송하다'라며 돌아가셨습니다. 법규와 공권력은 꼭 필요합니다. 정도가 심하면 학생의 수업 방해도 공무집행방해죄나 업무방해죄, 불손한 언행도 모욕죄와 명예훼손죄로 처벌해야 할 때가 있습니다. 하지만 그러기 전에 지혜롭게 해결할 수 있다면 더 좋겠지요.

과거의 학교는 특별권력기관으로서 학교 바깥 법률의 적용을 엄격하게 받지 않았습니다. 예를 들어, 교사가 학생을 때린다고 폭행죄로 다뤄지지 않았습니다. 하지만 이제는 역전이 일어나서, 교사는 학생을 쉽게 고발하지 못하는데, 교사는 여러 가지 이유로 소송이나 비난에 휘말리기 쉬워졌습니다. 교사가 부당하게 피해받지 않고 올바른 교육이 이루어지며, 학생들이 제대로 보호받을 수 있도록 해야겠습니다. 이를 위해 교사도 기본적인 법률을 익혀 부조리한 부분을 개선하는 데 힘써야 합니다.

학년 초에
학교폭력 사건이 터졌어요

우리 반 친구 한 명이 다른 반 아이와 문제가 생겨서 금요일에 미인정(무단) 결석을 했어요. 월요일에 해당 학생들을 불러 확인서를 쓰게 하려고 하는데 처음이다 보니 확인서는 어떻게 쓰게 하는지 모르겠어요. 피해자 아버님께서 강하게 처벌을 원하는 상황이라 학교폭력 사안으로 처리될 것 같은데 학교폭력으로 이어진다면 이후의 절차는 어떻게 진행해야 할까요? 3월 초부터 터진 학교폭력 때문에 올해 학급 분위기가 나빠질까 걱정이 많이 됩니다.

3월 첫 달은 모든 교사가 가장 긴장하는 시기입니다. 3월을 무사히 보내야 남은 기간이 훨씬 수월할 것이라는 생각에 큰 부담을 갖고 학급운영에 임하게 되지요. 아이들은 다를까요? 아이들도 교사와 같이 선생님과 아이들 사이에서 치열한 탐색전을 벌이며 한 달을 보냅니다. 특히, 고학년으로 갈수록 치열한 세력다툼 혹은 서열정리가 이뤄지면서 3월에 교우 관계의 큰 틀을 형성합니다. 이렇게 교사도 학생도 모두 긴장한 첫 달인 만큼 시행착오는 당연히 많아집니다. 가장 많은 학교폭력 사안이 발생하게 되고 신규라면 더욱 큰 혼란에 빠지게 되죠.

학교폭력 사안을 처리하는 과정에서 교사는 '관계'에 대한 걱정을 많이 합니다. 첫 번째는 '학교폭력 관련 학생과 교사의 관계'에 대한 걱정입니다. 가해자와 피해자가 학교폭력 사안 처리 과정에서 교사를 원망하진 않을까 걱정하며 회복적 생활교육에 대한 고민이 늘어만 갑니다. 두 번째는 '학생들 사이의 관계'에 대한 걱정입니다. 가해학생 조치 정도가 낮게 마무리되었다면 가해자와 피해자는 같은 학교에서 함께 생활하게 됩니다. 교사가 계속 가해자와 피해자 사이의 관계 개선을 지도해야 하는 거죠. 게다가 학교폭력에 직접 연루되진 않았지만 불안해하는 학급의 다른 학생들의 교우 관계도 신경 써야 합니다. 세 번째는 '학부모와 교사의 관계'에 대한 걱정입니다. 자녀가 상처받지 않기를 바라는 학부모를 모두 만족시킬 수 있을지, 담임교사로서의 신뢰를 잃진 않을지 두려워집니다.

'아는 만큼 보인다'는 말이 있습니다. 학교폭력에 대해 자세히 알고 미리 예방할수록, 평화롭고 안전한 교실을 만들 수 있습니다. 학생이 건강한 사람으로 성장하여 평화롭고 안전한 공동체를 만들 수 있도록 노력해야지요. 또 다른 학교폭력을 예방하기 위해서라도 이제 누구라도 몇 가지를 공부할 필요가 있습니다.

학교폭력, 제대로 알기

학교폭력은 관련된 모든 사람에게 큰 상처로 남기 쉽습니다. 그래서 절차를 준수하고 합리적인 조치를 해야 합니다. 현재 학교폭력은 학교폭력의 심각성, 지속성, 고의성, 가해학생의 반성 정도, 화해 정도의 5가지 기본 판단요소를 통해 조치하고 있습니다. 특별한 경우, 부가적 판단요소를 통해 조치를 가중하거나 경감시킬 수 있습니다. 교육부에서 제공한 「학교폭력 사안처리 가이드북」을 참고하여 사안 조사 절차 또는 학교폭력 사안 발생 시 초기대응요령을 익히는 것이 중요합니다.

판단요소에 대해 적절한 판단을 내리는 것도 중요하지만 판단 내용을 객관적으로 끌어내는 것도 중요합니다. 판단 내용의 핵심이 되는 확인서를 진솔하게 작성해야 하는 거죠. 확인서를 쓸 때는 육하원칙에 따라 쓰기 때문에 구체적으로 쓰도록 해야 합니다. 목격자가 있다면 목격자까지 확인서를 쓰고 정해진 양식에 따라 씁니다. 확인서는 설명문 형식의 반성문이 아닙니다. 사실을 정확하게 알기 위해 쓰는 글이므로 학생들에게 구체적인 사실을 서사문 형태로 쓰도록 지도해야 합니다. 예를 들어, 'ㅇㅇ이가 ㅇㅇ을 괴롭혔다' 보다 'ㅇㅇ이 ㅇㅇ이라고 ㅇㅇ에게 몇 차례 말하였다'라고 쓰는 것이 맞습니다. 확인서의 예시를 주고 쓰게 하는 방법도 있는데, 자칫하면 특정 진술을 강요했다는 민원을 받을 수 있으니 주의해야 합니다. 알고 있는 사실을 숨기거나 보태지 않고, 나의 인격과 양심에 따라 있는 그대로 진실하게 밝힐 것을 약속하고 글을 쓰게 한다면 객관적인 확인서를 받을 수 있습니다.

학교폭력, 예방이 답이다

새 학년을 시작할 때부터 평화로운 학급운영을 위해 노력하는 것은 학교폭력을 예방할 수 있는 좋은 방법입니다. 다양한 방법이 있지만 평화로운 교실을 만들기 위해 『학교폭력으로부터 학교를 구하라』(왕건환 외)의 〈학급 단위 실천 프로그램〉과 〈학교 문제 해결 시스템〉을 활용할 것을 추천합니다. 처음에는 초등학교를 대상으로 설계됐지만, 중등에서도 참고할 만합니다. 특히, 학생들이 소속감을 느낄 수 있는 다양한 공동체 놀이, 팀 빌딩 교실 놀이를 활용한다면 학생들은 학급 속에서 안정감을 느낄 수 있습니다. 또한, 〈학생 문제 해결 절차〉에 대한 반복적인 지도가 학급과 학교, 넓게는 가정에서도 적용된다면 학교폭력을 예방할 수 있는 좋은 방법이 될 것입니다.

돌봄치유교실 카페에서 학교폭력 예방퀴즈(https://cafe.naver.com/ket21/11501)를 검색해 학년 초에 반드시 교육하세요. 학교폭력 사안이 절반 이상 줄어듭니다. 학교폭력은 재미로나 욱해서 일어나기도 합니다. 그런데 '그것이 학교폭력인지 모르는 개념 문제'인 경우가 가장 많아요.

시간이 지날수록 사실은 기억에서 왜곡됩니다. 사실을 정확하게 알고 싶다고 하면서 가급적 빨리 구체적 사실을 서사문 형태로 쓰게 하는 거지요. 예를 들어 '욕을 했다'고 개념어로 설명하면, 무슨 욕을 했는지 대화체로 쓰게 합니다.

"욕을 했어요. '와 씨팔 뭐? 졸라 빡치네 좆까고 있네 니미 씨발이다.' 그래서 내가 주먹으로 ○○얼굴을 한 번 날렸어요."

"얼굴 어디?"

"턱이요."

"오른쪽 턱이네?"

"네."

"그럼 그렇게 써봐."

뭐 이런 식으로 씁니다. 두 아이가 이렇게 쓰다 보면 어디서 왜 이렇게 감정이 올라가기 시작했는지, 어디서 참았어야 했는지 알게 됩니다.

두 아이 글이 완성되면 선생님이 객관적인 입장에서 사안 조사서를 작성합니다. 흥분해서 한 욕을 복기하는 것이 교육적으로 옳은지에 대해서는 이견이 있습니다. 하지만 아이들의 언어 습관이 평소에 잘못 형성된 결과일 수 있으며, 아무리 화가 나도 그렇게 말하면 안 된다는 재발 방지 차원에서 돌아볼 필요가 있다고 생각합니다. 실제 나타난 구체적인 용어들이 지도와 조치의 근거가 됩니다.

목격한 아이들도 빨리 본 대로 글을 쓰도록 합니다. 사건의 중심이 된 아이들과 접촉하면서 의견이나 생각이 덧붙여지며 기억이 왜곡될 수 있기 때문입니다. 아이들끼리 말을 맞출 수도 있어서 신속히 분리해서 확인서를 받는 것이 좋습니다.

이때 학생에 대한 지도가 체벌이나 인격 모욕이 되지 않게 해야 합니다. 이 과정이 절차상 하자로 지적될 수 있으므로 상당히 조심해서 실시해야 합니다. 학기 초에 이렇게 한두 번 하고 나면 학급 내 싸움이 잘 안 나고 싸움이 나도 일정 수준을 넘어서지 않더군요.

물론 이런 방법은 두 학생이 대등한 힘의 관계에서 출혈이나 골절이 없는 가벼운 주먹다짐의 경우에나 주의를 기울여 적용할 수 있습니다. 경미한 사안에 대해서 학교폭력대책심의위원회(학폭위)를 열지 않는 것은 교육청에서도 묵인하는 정도이지, 은폐축소라며 시비가 일어나면, 애써서 지도하신 선생님이 곤란한 지경에 빠질 수 있어요. 이렇게 지도 가능한 상황이면 학교폭력 전담기구에 보고하되, 전담기구에서 이렇게 하는 것이 위험하다고 한다면, 전담기구의 의견을 존중하여 학폭위를 진행해야 선생님이 징계받는 위험을 피할 수 있어요.

SNS 대화방에 욕설이 난무하고
실제 폭력으로 이어져요

우리 반의 몇몇 아이들이 주도하여 제가 속해 있는 대화방 외에 자기들끼리만 있는 '반톡'을 만들었습니다. 그런데 그 반톡에서 자꾸 문제가 생깁니다. 지난주에도 반에서 싸움이 일어나, 진상을 확인해보니 그 전날 반톡에서의 말다툼이 실제 싸움으로 이어진 것이었습니다. 반 아이들 전체를 대상으로 조사를 해보았더니 남학생 몇 명이 욕설이나 일베 용어, 부모님 욕, 성적인 말을 스스럼없이 해서 기분이 나빴다거나, 말다툼이 일어났다거나 하는 경우가 많았습니다. 그 학생들을 다 따로 불러 면담하고, 심한 학생은 부모님과도 면담했습니다. 반 아이들에게도 주기적으로 그 부분에 대해서 언급하고 있는데요. 오늘 또 반톡에서 욕설로 싸움이 일어났다고 하네요. 아이들의 사생활이기도 하고, 제가 하지 말라고 한다고 과연 안 할까 싶기도 해서 어떻게 해결해야 할지 모르겠습니다.

〈돌봄치유교실〉 카페에서 '사이버폭력'으로 검색해보세요. SNS 대화 내역은 언어폭력 증거로써 가장 확실합니다. 교사는 관련하여 교육한 내역만 있으면 됩니다. 그런데도 개선되지 않은 부분에 대해서는 SNS 대화 내용 캡처 입수 후 학폭위에서 처리하면 됩니다. 학생들이 지도를 거부하면 학교전담 경찰과 연계하여 사이버폭력 수사로 넘어가셔요.

제가 첫 담임 때 종업식 무렵, 제가 1년 중 가장 무서웠을 때가 언젠지 얘기를 들어보니, 반톡에서 친구 몇 명 놀렸다가, 담임 선생님이 전부 학폭위로 넘기겠다고 확인서 받을 때였다고 하더군요. 그 이후로 말끔히 없어졌습니다. 그 이후로는 반톡에서 다툼이 일어날 것 같으면 아이들이 바로 캡처해서 저한테 보내더군요.

"학교전담 경찰한테 넘겨서 사이버수사대랑 조사하면 명예훼손이랑 모욕죄로 재판까지 갈 수도 있는데, 그렇게 할까? 선생님하고 교육적으로 사과하고 앞으로 그런 말 안 하기로 약속하고 끝낼까?" 이러면서 학폭위까지도 안 갔습니다. 저도 그렇게까지 가면 힘들어요. 물론 관련 학생 중 한 명이라도 계속 피해를 받거나 요청하면 모두 다 학폭위로 갈 수 있음을 확인시키고, 관련 지도를 했음을 반성문과 서약서 등으로 반드시 기록으로 남기셔야 합니다. 이렇게 선생님이 애썼는데도 불구하고 '은폐·축소'라며 민원을 당할 때 필요합니다.

남의 부모님 욕한 것 등, 도를 넘은 내용을 캡처해서 부모님한테 보낸다고 하면 대부분 납작 엎드릴 텐데, 그런데도 개선되지 않으면 전문상담 이상, 학폭위까지 예상하고 진행해야 합니다.

상식적으로는 한번 혼나고 나면 아이가 다시 안 그럴 거라 생각합니다. 하지만 혼내려고 하는 순간, 아이들은 무서워서 숨어요. 감춰요. 남 탓을 해요. 반성하지 않아요. 자기가 정말 뭘 원하는지 찾지 않아요. 선생님을 미워해요. 혼나기만 해요. 그러다 더 나빠져요. 몰래 해요.

이런 악순환을 선순환으로 바꾸는 것이 교사의 실천적 전문성이 아닐까 합니다. 어떤 분은 그런 것은 학교폭력 담당 교사가 하는 것 아니냐 하시지만, 사실 이 부분은 인간에 대한 깊은 이해가 필요한 것입니다. 이 정도만 아셔도 나중에 학부모 상담하실 때나 아이들과 관계 맺기 하실 때, 수업의 질을 높일 때에도 도움이 많이 된답니다.

[아래 키워드로 검색해 보세요]
관련내용 : 비폭력대화, 회복적 정의, 긍정의 훈육, 현실치료, 해결중심상담

서로 화해했는데도
학폭위를 열어야 하나요?

양측 부모님 간의 합의가 있고 양쪽 부모가 원치 않는데도, 학교 측이 추후 항의 발생 예방을 명목으로 학폭위(학교폭력대책심의위원회)를 강제로 열 수도 있는 건가요?

저희 반 두 남학생의 장난이 싸움으로 번졌는데, 한 명은 이가 흔들리는 것 같다고 말하고, 다른 한 명은 얼굴에 피가 났습니다. 결국 병원에 가서 진료를 받았고 두 학생 다 그리 큰 문제는 없다는 진단을 받았어요. 두 학생 어머니들께서도 통화하시고 서로 걱정해주며 좋게 대화로 마무리되었다고 합니다.

그런데 교감 선생님과 생활지도부장 선생님은 조금이라도 신체적 상해가 있었다면 이는 나중에라도 갑자기 어느 쪽 부모님이든지 마음이 바뀌어서 항의를 할 수도 있다고 우려하시면서 반드시 학폭위를 열어야 한다고 말씀하십니다. 양측 부모님, 학생들 모두 원치 않는데도 학폭위 개최가 가능한가요?

상대 학생이 먼저 장난으로 건드려서 맞대항했던 아이는 공부욕심도 많고 평소 성실하며, 특목고를 준비하는 학생입니다. 담임으로서 이 아이에게 불리한 기록이 남지 않게 해줄 수 있는 조치가 더 이상 없다는 게 너무 속상합니다.

단순히 장난치다가 다치거나 축구 같은 운동 중에 일어난 몸싸움이 아니라, 피가 날 정도의 싸움이면 현행법상 학폭위를 개최해야 할 가능성이 높습니다. 학폭위를 거치지 않았다가는 나중에 학부모가 변심하여 학교를 '은폐·축소'로 민원 소송하는 사례가 적지 않기 때문입니다. 이런 법규의 문제점을 인식하고, 꾸준히 법 개정이 이루어지고 있지요.

학교폭력예방 및 대책에 관한 법률(약칭: 학교폭력예방법)[2019.8.20., 일부개정] 이후로 학교의 장의 자체해결(제13조의2)이라는 조항이 생겼습니다. 피해학생 및 그 보호자가 심의위원회의 개최를 원하지 아니하는 다음 각 호에 모두 해당하는 경미한 학교폭력의 경우, 학교의 장은 학교폭력사건을 자체적으로 해결할 수 있습니다.

학교폭력예방법 제13조의2(학교의 장의 자체해결)

1. 2주 이상의 신체적·정신적 치료를 요하는 진단서를 발급받지 않은 경우
2. 재산상 피해가 없거나 즉각 복구된 경우
3. 학교폭력이 지속적이지 않은 경우

4. 학교폭력에 대한 신고, 진술, 자료제공 등에 대한 보복행위가 아닌 경우

※ 위의 경우에도 학생(학부모)이 심의위원회 개최를 요청할 경우 반드시 심의위원회를 개최하여 처리해야 함(법률 제13조 제2항 제3호에 의하면 피해학생 또는 그 보호자가 요청하는 경우 반드시 심의위원회를 개최하여야 하며, 개최하지 않을 시 법률 위반이 되고 이에 따른 책임을 지게 될 수 있음).

※ 단, 심의위원회에서 '학교폭력 아님'으로 결정할 경우 '조치 없음'으로 처리할 수 있음.

이럴 때 담임으로서 할 수 있는 건, 학교폭력 전담기구에 의견서 제출 등으로 학생들의 상황에 대해 충분히 의견을 드리는 겁니다. 교사 개인의 의견은 미흡할 수도 있으므로, 전담기구를 통해 집단지성으로 최선을 찾는 것이고, 그 결과를 존중해야 합니다. 학폭 조치가 있었어도 충분히 반성하고 개선된 모습을 보이면 입시에 지장 받지 않을 수도 있습니다. 어떤 경우에도 폭력은 안 된다는 것을 인식시킬 필요가 있어요.

담임으로서 해줄 수 있는 조치가 더 없다며 속상해하시다니, 정말 좋은 선생님이십니다. 다만 학폭위는 강제로 연다고 생각하지 않으셨으면 좋겠습니다. 학폭위 자체가 개최되는 목적은 학교에서 학생들에게 교육적인 처분을 내리고자 함이지, 학생을 벌주기 위한 목적이 아닙니다. 더구나 아직 어린 나이에 일어난 사안이기에 학생이 개선될 여지가 충분히 있어서 학폭위라는 교육적인 시스템에 맡기는 것도 좋

다고 봅니다.

게다가 이번 사안은 담임 반 학생들끼리 일어난 사안이기에 선생님이 중재하게 된다면, 신체적인 외상도 있는 사안에서 특목고 가는 학생을 편애한 처사라고 오해받을 수 있습니다. 그리하여 남은 기간 지도에 큰 어려움을 겪을 수 있습니다. 제가 좋아하는 말 중에 '사람의 마음을 우리는 알 수 없기에 그 사람의 말과 행동으로써 마음을 짐작한다'는 말이 있습니다. 선생님의 학생에 대한 순수하고 열정적인 마음이 뜻하지 않게 학생, 학부모의 오해를 살 수 있습니다.

다만 법 개정으로 교육지원청에 심의위원회가 설치되면서, 심각한 사안이 아니라면 학교장 자체종결을 권장하고 있습니다. 피가 났더라도 2주 이상의 진단서가 제출되지 않으면, 학폭위를 열지 않고도 교육적으로 해결할 수 있습니다. 이때는 제13조의 2(학교의 장의 자체해결)에 따라 피해학생과 그 보호자의 심의위원회 개최 요구 의사의 서면 확인과 학교폭력의 경중에 대한 전담기구의 서면 확인 및 심의 절차를 모두 거쳐야 합니다.

심의 위원회는 결과가 나오기까지 한 달 이상 소요될 수 있으며 법규적 절차도 복잡하고 소송까지 번지다가 허무하게 끝나는 일이 많습니다. 따라서 법 개정 이후로는 무조건 학폭위부터 열고 보는 일은 줄어들고 있습니다. 그럼에도 불구하고 전담기구에서 심의위원회 개최를 결정한 사정이 있다면, 기구의 의견을 존중할 필요가 있습니다.

『학교폭력예방및대책에관한법률』(시행 2004.7.30.)은 대구 중학생 자살사건 (2011.12)을 계기로 일진회 등 중고생 폭력조직을 소탕하려는 목적으로 강화되었으나, 교육에 대한 깊은 이해 없는 관계자들에 의해 성급히 강화되어 교육적으로 큰 문제가 되고 있습니다. 학폭법은 심각한 소년범죄에는 거의 실효성이 없고, 비교적 경미한 사안의 해결에는 방해가 되는 경우가 너무 많아 단계적으로 개정이 되고 있습니다.

학폭위는 실질적으로는 어떤 처분을 내리고 생활기록부에 어떻게 기록하느냐로 귀결되는 일이 많습니다. 그런데 특목고·자사고, 대입 학생부종합전형 등 일부 입시 이외에는 거의 영향이 없는 생활기록부 기록을 막기 위해서, 혹은 관련 학생이나 학부모 사이의 풀리지 않는 감정 문제로 수백만 원의 변호사 수임이나 법조브로커를 동원하는 일로 학교가 마비될 지경입니다. 이 과정에서 학교폭력 담당자나 담임 선생님이 소송위협의 표적이 되기도 합니다. 이런 현실을 무사히 견뎌내는 건 베테랑 교사들도 어려운 일입니다.

따라서 학교폭력이 발생하면 학년부장, 생활지도부 담당 선생님과 상의하고 이분들과 협조하며 진행해야 합니다. 학생의 심정에 공감과 위로를 하되, 특정 학생만 편든다는 인상을 주지 않도록 공정한 태도를 보이시고 객관적 사실을 정확히 인지하여 보고하셔야 합니다.

학교폭력에 대한 논의는 『학교폭력으로부터 학교를 구하라(왕건환 외 지음, 에듀니티, 2018)』 등을 참고할 수 있습니다.

지나친 장난과 괴롭힘,
어디까지 개입해야 할까요?

학생들끼리 다툴 때 교사가 어느 정도 개입을 하는 게 맞는 건
지 판단하기 어려울 때가 많습니다. 예를 들어 저희 반 아이에
게 '다른 반 친구가 자꾸 와서 우리 반 친구를 놀리면서 넥타
이를 당기고 가요'라는 이야기를 들었을 때 담임교사로서 어떻
게 대처해야 할까요?

평소에 학생들 관계를 면밀하게 관찰하고 기록해요

학교폭력의 의미가 상당히 넓기 때문에 평소에 학생들의 교우관계
를 잘 파악할 필요가 있어요. 남학생의 경우 평소에 장난을 잘 치는
사이인지, 힘의 우열이 나뉘지는 않았는지 관찰하시는 게 좋습니다.
여학생의 경우 평소에 누구랑 같이 다니는지 밥은 누구랑 먹는지 관
찰하시되, 미묘한 관계 변화가 감지된다면 섬세하게 접근하셔야 해요.

특히 홀수로 다니는 여학생들이 있다면 한 명이 고립될 가능성이 높으니 잘 관찰하세요.

만약 선후배나 힘의 우열이 뚜렷한 경우 등 대등하지 않은 관계의 다툼이거나 집단 간의 싸움이라면 꼭 학년부장, 생활지도부장에게 보고하여 도움을 구해야 합니다. 그리고 위의 사례에서 말한 '놀리는' 행동이나 '넥타이를 잡아당기는 행동'이 선생님의 지도에도 불구하고 지속적으로 일어난다면 학교폭력으로 보아 생활지도부에 보고해야 합니다.

학교폭력 예방 교육은 필수

조회·종례시간을 활용하여 학교폭력 예방 자료로 계속 교육을 해야 합니다. 신규교사에게 학교폭력 사안은 한 번 터지면 감당하기 어려운 대형사고거든요. 만약 자신이 맡은 학급에서 지금까지 학교폭력 사안이 없었다면, 아무리 평온해 보여도 곧 생길지도 모른다는 마음으로 대비해야 해요. 사소한 괴롭힘, 학생들이 장난이라고 여기는 행위도 학교폭력이 될 수 있음을 학생들이 인식할 수 있도록 분명하게 가르쳐야 합니다.

〈돌봄치유교실〉에 있는 '학교폭력 예방퀴즈' 등을 활용해보세요. 학교 상황이나 분위기에 따라 구체적인 방법이 다를 수 있으니 주위 선생님께 정중히 여짧고 방법을 상의하는 것이 좋습니다. 또한 담임교사로서 학교폭력 예방을 위해 선생님이 노력한 내용들을 다 근거 자료로 남겨놓으세요. 교육한 내용과 교육 자료를 육하원칙에 의거 누가 기록하시고, 문제가 될 만한 학생이 있으면 그 아이에 대한 상담 기록과 사실보고서, 반성문 등을 파일철에 누적해두세요. 선생님의 포트폴리오가 될 수도 있고, 이렇게 노력하면 큰 사고는 상당히 예방됩니다.

패드립으로 친구를
모욕하는 아이가 있어요

오늘 수업시간에 어떤 남자아이가 여자아이한테 '에미 없는 자식'이라고 욕을 했습니다. 즉각적으로 되묻고 사과를 요구했지만, 남자애가 화가 많이 났는지 "얘, 에미 없는 거 맞아요!"라면서 계속 큰소리쳤고요. 처음 있는 일이라 너무 당황해서 경직된 채로 수업을 마무리했네요. 수업 후에 두 학생 따로 불러서 얘기했고 서로 사과했습니다. 여자아이는 실제 엄마가 안 계시는 아이인 것 같았어요. 표정을 보니 너무 슬퍼 보였어요. 그 아이가 눈에 아른거리고 마음이 너무 아프네요.

요즘 물리적 폭력은 많이 줄었는데 몸으로 풀지 못하니 가능하면 자극적인 언어폭력으로 풀려는 일이 많습니다. 폭력적이고 자극적인 언어 습관이 형성됐을 수도 있고요. 우선 아이의 흥분을 가라앉힌 후,

아이의 분노 원인을 찾고 해결해야 합니다. 사실을 말했다 해도 명백한 모욕이므로 기억이 희미해지기 전에 자신의 언행과 그렇게 한 이유를 기록하게 하고 차분히 반성하고 사과하게 해야 합니다. 여자아이도 남자아이를 화나게 한 측면이 있을지 모릅니다. 지도는 양쪽 아이들 모두에게 이루어져야 하지요. 이건 벌주려는 것이 아니라, 자신의 행동을 돌아보고 개선하기 위한 목적임을 상기시켜주시고요. 물론 이런 행동이 계속되면 학폭위에 제출할 근거 자료가 됩니다.

만약 작성을 거부하면 바로 녹음하기도 합니다. 그럼 가해 아이의 흥분 정도가 기록으로 남지요. 이후 이를 지도 근거로 삼습니다. 이럴 땐 선생님도 차분하고 따뜻하되 정확한 말투를 유지할 수 있어야 합니다. 선생님도 아이의 태도에 흥분해서 감정 조절에 실패하면, 녹음이나 녹화 자료가 오히려 선생님의 잘못을 공격하는 근거가 될 수도 있어요. 확인서는 대개 작성자의 신원과 작성날짜, 서명만 있으면 법규적 효력이 있고, 꼭 법규적으로 가지 않더라도 학생을 지도한 증거 자료로 누적해두실 수 있어요. 학생이 반성하기 위한 효과적인 소재가 되기도 합니다.

기본적인 가정교육의 문제도 있을 것입니다. 학부모에게 함께 지도해주십사 요청할 수도 있는데, 학부모가 만능키는 절대 아닙니다. 학생의 언행은 가정 밖의 영향도 크겠지만, 기본적으로 학부모에게 은연중에 배웠을 가능성이 적지 않아요. 게다가 학부모에 대한 도움 요청을 아이나 자신에 대한 비난으로 받아들인다면 관계와 해결은 더욱 어려워지기도 합니다.

학생들 버릇을 하루아침에 고치긴 어렵습니다. 그 학생은 크고 작은 욕설을 계속할 겁니다. 따라서 학생의 언행을 계속 기록하고 반성하게 해야 빈도가 줄어들 수 있어요. 확인서를 쓰면서 상당한 반성적 자아성찰과 치유 효과를 경험할 수도 있습니다. 확인서 쓰는 과정 자체가 자신을 돌아보는, 사실상 반성의 효과도 있기 때문이지요.

이유 있는 따돌림,
어떻게 지도할까요?

학생 한 명이 교우 관계에서 피해의식을 가지고 아이들을 대하여 소외를 당하고 있습니다. 아이들이 같이 무리지어 있기만 해도 '내 욕하지 마라'고 하고, 친구들이 자신과 함께하지 않는다고 생각이 되면 '너희, 나 버린 거야?'라고 말하고, 단체 대화방에서 다른 친구들을 험담하기도 합니다. 원인은 그 학생이 지금까지 친구가 없었기 때문인 것 같습니다. 더 근본적인 원인은 가정에 있는 듯합니다. 아버지가 투병 중이신데 '너 때문에 이렇다'라고 말씀하시는 등의 이유로 아버지를 극도로 싫어합니다. 현재 상담 선생님과 상담을 하고 있지만, 아이가 하루아침에 변할 수도 없고, 반 아이들 사이에서는 조금씩 따돌림의 형태로 문제가 드러나고 있습니다. 이렇게 소위 '이유 있는 따돌림'을 당하는 아이, 어떻게 해야 할까요? 반 아이들은 어떻게 지도하면 좋을까요?

선생님, 저도 비슷한 경험을 한 적이 꽤 있습니다. 다른 선생님들께서도 교직생활을 하며 한 번쯤은 겪어본 문제일 것입니다. 따돌림을 시키는 아이들에게 물론 잘못이 있지만 가끔은 따돌림을 당하는 아이가 원인을 제공하는 경우도 있죠. 제가 겪었던 일화를 선생님께 들려드릴게요.

따돌림을 조장하는 아이들 이야기를 우선 들어주었습니다. 그리고 따돌림을 당하는 아이의 부모님과 상담한 뒤 부모님께 동의를 구하고는, 하루는 그 아이를 먼저 집에 보냈습니다. 그 후 반 아이들에게 '이 아이의 어떤 점이 싫은지'를 허심탄회하게 말하게 해서 칠판에 다 적었습니다. 하나하나 자세히 이야기를 하면서 아이들 잘못인 것들, 따돌림을 당하는 아이의 잘못인 것, 환경 탓이거나 우리 힘으로 어쩔 수 없는 것들로 다 나누었습니다. 그런데 놀랍게도 아이들이 아주 협조적으로 대화에 잘 임해주었습니다. 자신들의 잘못까지 적었는데도 말입니다. 그래서 왜 이렇게 진지하게 대화에 잘 참여해주는지 물었더니, "다른 선생님들은 모두 우리에게 참고 그 애를 감싸주라고만 말씀하시는데 선생님은 우리가 왜 그 애를 미워하는지 물어주셔서요"라고 대답했습니다.

따돌림을 조장하는 아이들이 잘못한 부분에 대해서는 아이들끼리 이야기했는데, 어떤 것은 아이들이 오해한 것도 있었고, 어떤 부분은 아이들이 지나치게 행동한 것도 있었습니다. 이것도 아이들이 서로 이야기를 나누면서 스스로 해결했습니다. 따돌림을 시키는 아이들의 이야기를 먼저 들어주고, 양쪽에서 고칠 점이 다 있음을 인정해주자 아이들은 자신의 잘못도 바로 인정해주었습니다. 여기서 강요가 있어서는 안 됩니다.

서로 다르다는 점을 인정해야 한다는 이야기로 회의를 정리했어요. 사람은 모두 다르다는 것, 친형제나 쌍둥이조차도 서로 다르다는 점을 이야기했습니다. 서로 싫은 점이 있는 것이 당연함을 인정했습니다. 그리고 싫은 점을 억지로 좋아하거나 이해하려고 하는 것까지는 바라지 않을 테니, '저 아이는 나와 다르구나'라고만 생각하고 '달라서 싫고 재수 없어'라고 생각하지 않도록 노력해줄 수 있느냐고 부탁했더니 아이들은 노력해보겠다고 대답했습니다.

두 시간 가까이 걸린 회의 끝에 아이들은 따돌림당하는 아이가 학급에 잘 녹아들 수 있도록 일거리를 주면 어떻겠냐는 제안까지 했습니다. 그 제안은 회의를 통해 구체화되었습니다. 자리를 배치할 때도, 그 아이의 어떤 점을 심하게 견디기 힘들어하는 아이는 그 아이의 자리에서 좀 먼 곳으로 배치했습니다. 회장과 저만 알고 있겠다고 아이들에게 허락을 받고요. 아이를 조퇴시킨 후 교실 전체 회의로 진행하기 어렵다면, 일부 아이들만 불러서 상담을 진행해도 됩니다.

그 한 해 동안 아이들이 이 아이와 매우 친해지지는 않았습니다. 그러나 대놓고 따돌리는 일은 크게 줄어들었고, 이 아이는 조금 더 밝아졌습니다. 그리고 여태까지 학교생활 중 이번 해가 그래도 제일 낫다고 말했습니다.

어쩌면 원인까지 뿌리 뽑는 일은 우리 교사들의 영역이 아닌지도 모릅니다. 하지만 조금씩 나아지게 할 수는 있는 것 같습니다. 지금도 학생들에게 조금씩 이야기합니다. 억지로 좋아하고 억지로 이해하기보다 다름을 인정해주자고요. 저의 이야기가 선생님께 도움이 되었으면 좋겠습니다.

학교폭력예방법 제2조(정의) 1의2. '따돌림'이란 학교 내외에서 2명 이상의 학생들이 특정인이나 특정집단의 학생들을 대상으로 지속적이거나 반복적으로 신체적 또는 심리적 공격을 가하여 상대방이 고통을 느끼도록 하는 일체의 행위를 말한다.

앞의 사례는 학폭법에서 정의하는 따돌림으로 처리하기 어려운 면이 많습니다. 지금 선생님이 겪고 있는 이 상황은 그 어떤 교사에게도 아주 힘든 상황일 것입니다. 이 문제를 근본적으로 해결하려고 하기보다는 아이들이 상대방을 대놓고 배척하지 않고, 따돌림을 당하는 아이가 조금이라도 학교생활을 행복하게 할 수 있게 노력한다면 아이들은 조금씩 달라질 겁니다. 이 어려운 상황에서 무리하기 보다는 전문가의 도움을 받으면서 아이들과 많이 대화하시고, 아이들이 좀 더 긍정적인 마음을 가지고 살 수 있도록 하는 것이 교사의 가장 중요한 임무 중 하나라고 생각합니다.

교권이 추락하고 아이들이 옛날 같지는 않지만, 그래도 함께 고민할 수 있는 선생님들이 있다는 건 참 감사한 일인 것 같습니다. 선생님, 힘내세요!

교직 2년차인데
생활지도부장을 맡으랍니다

교직 2년차에 18학급 생활지도부장을 맡게 됐습니다. 지금까지 11건째 학교폭력 사안을 처리 중인데 원래 긍정적으로 살고 열심히 하는 편이라 한두 달은 별문제 없었습니다. 최근 학폭 처리하는 중에 터지고 또 터지고 일부 선생님들은 생활지도부 행사에 협조를 안 해주고, 별일 아닌데 학생을 감당 못 해서 내려보내는 등의 일들이 반복되자 뇌가 터질듯합니다. 집에 오면 일 생각을 안 해야 하는데, 잘 때 빼고는 머릿속에서 생각이 나가질 않네요. 오랜 경험과 지혜를 가지신 선배님들께 조언을 구합니다.

시스템과 소통의 힘에 기대자

2년차면 1정 연수도 못 받았을 텐데 부장을 하다니 정말 힘드실 거라고 생각됩니다. 학교에 어떤 사연이 있었던 걸까요? 2년차에 한 학교의 생활지도부장을 한다고 해서 다른 선생님들이 도와주실 것 같지만 오히려 그렇지 않을 수도 있습니다. 잘 이겨나가시면 다른 분들도 진심을 아실 수도 있겠지만, 2년차에게 생활지도부장을 맡길 정도의 학교라면 크게 기대하기 어렵다고 봅니다. 그래도 선배들의 도움을 최대한 구할 수밖에 없습니다. 선생님 나름의 스트레스 해소 방안을 찾으셔서 주말마다 꼭 정신적인 휴식을 취하셔야 합니다.

저 또한 2년차에 생활지도부장을 맡았던 경험이 있습니다. 먼저 심심한 위로를 전합니다. 3년차에 접어드는 교사가 주제넘게 조언하는 것이지만 선생님과 같은 시각과 입장에서 경험하고 느껴보았던 일들을 말씀드리고자 합니다. 우선 우리 학교는 작년에 학폭위 사안이 단 4건에 선도 사안은 0건일 정도로 학생들이 착하고 선하여 사안이 적은 편이었고 교사 간의 협의가 잘 이루어지는 편이었어요.

생활지도부장을 시작하며 우리 학교 상벌점 제도가 유명무실하다는 점을 느꼈습니다. 그래서 상벌점 목록을 정리한 것을 크게 플로터로 뽑아 각 복도에 부착하고, A4 사이즈로 출력하여 코팅한 뒤 각 학급 게시판에 부착하도록 하였습니다. 상벌점 항목이 무엇인지 알아야 지키니까요. 또한 상벌점을 받으면 즉시 학생, 학부모, 담임에게 문자가 갈 수 있도록 하였습니다. 학교 상벌점시스템에 그런 기능이 있더군요. (문자발송 비용은 한 해 40만 원 정도 발생했습니다.) 상벌점 상황이 실시간으로 확인되니 학생들이 상당히 신경을 쓰기 시작했습니다.

상벌점 합계가 얼마인지 알 수도 있으니 학생 스스로 관리하게 됩니다. 무엇보다 생활지도에는 학부모의 역할이 중요한데 학부모가 상벌점 내용을 즉각적으로 알게 되니 학생들이 벌점 받는 것을 무서워하고 생활규칙을 지키려 하더군요. 물론 요즘은 상점 위주로 운영하는 것이 대세이니 생각해볼 문제이기는 합니다. 일부 교육청에서는 현실적 대안 없이 상벌점을 폐지하라고도 합니다. 경미한 사안의 지도를 포기하게 되고 심각한 사안이 발생할 환경이 조성되는 등, 벌점 남발 못지않게 점점 큰 문제가 발생하고 있어요.

학년부장님들과의 소통이 중요합니다. 저는 작년에 이 부분이 많이 부족했습니다. 우리 학교 학년부장님들께서 올해 저에게 조언해주시더군요. 생활지도부에서 메신저로 생활지도부 관련 행사를 갑자기 말하고 협조를 구하는데 무슨 이야기인지 몰라 당황하는 경우가 많았다고요. 저는 올해에서야 알았습니다. 각 학년부장님들과 끊임없이 소통해야 했는데 그렇지 못했다는 것을요. 사실 작년에 담임 선생님들과 학년부장님들이 저를 이해해주시고 많이 도와주셨던 것이지요.

생활지도부 행사를 시작하시기 전에 학년부장님들께 그 취지와 진행 과정을 충분히 설명하십시오. 그러면 학년부장님들도 각 반 담임 선생님들에게 협조를 구하게 되어 생활지도부 행사가 잘 진행될 수 있을 겁니다. 사안 처리에서도 마찬가지로 학년부장님들과 긴밀히 협조하셔야 합니다. 사안 처리의 첫 번째와 마지막은 담임 선생님이며 이분들을 이끌어주시는 분이 학년부장님이라는 것을 생각하셔야 합니다.

사안 처리에는 일관성이 있어야 합니다. 제가 막 부임하였을 때 학생들이 저에게 자주 하던 말이 있습니다. "어떤 것은 학폭위에 올라가면서 이번 일은 더 심한 일인데 왜 학폭위에 올라가지 않는 거죠?" 한마디로 사안 처리에 일관성이 없었다는 이야기입니다. 사회에서도 법의 집행을 일관성이 있게 처리하기 어려운데, 교사가 사안 처리를 일관성 있게 한다는 것은 정말 어려운 일이지요. 그래도 노력해야 합니다. 그래야 학생들과 학부모들이 학교를 신뢰합니다.

모든 선생님에게 학폭 사건이 발생했을 때 해야 할 일과, 하지 말아야 할 일을 인지할 수 있도록 끊임없이 알려주시고, 메신저나 내부 결재 문서 등의 흔적을 남기셔야 합니다. 우리 학교는 학교폭력 전담 기구를 회의 형태로 열어 교감, 생활지도부장, 담임, 사안 담당 교사, 보건교사, 상담교사가 사안에 대한 정보를 공유하고 각 교사가 가진 전문성에 따라 자신의 의견을 이야기합니다. 그리하여 생활지도부장이나 학폭위의 위원장으로 있는 교감 선생님이 사안 처리를 일관성 있게 결정하는 데 도움을 주지요.

학생의, 학생에 의한, 학생을 위한 생활안전도우미 운영

선생님, 파이팅입니다. 우리 학교도 27학급에 접수된 학폭이 35건이 넘습니다. 아이들이 유별나네요. 힘든 아이들만 상대하다 보면 회의감이 들기도 하고 쉽게 지칩니다. 더욱이 선생님들의 도움은 참 기대하기 쉽지 않습니다.

우선 생활안전도우미를 뽑아 운영해보세요. 학교를 위해 헌신할 수 있는 보석 같은 아이들이 곳곳에 있을 겁니다. 처음 생활안전도우미를 뽑을 때는 아이들에게 다양한 역할을 부여하고 가까이 끌어안아 관리한다는 느낌으로 불량스러운 아이들을 몇 포함시키는 것도 방법입니다. 이렇게 생활지도부 선생님을 도와주고 같은 목표를 위해 함께 노력하는 아이들을 보는 것으로 큰 힘을 얻을 수 있습니다. 점차 생활안전도우미의 위상이 높아지면 하고 싶어 하는 아이들이 늘어날 것입니다. 보상도 잊지 마시고, 많이 먹여주세요. 담배를 피우고 힘센 아이들도 가까이 데리고 있으면서 인간적으로 관리하면 특별한 역할에 대한 자부심이 생겨 좋은 분위기를 만들 수 있습니다. 실수하게 되더라도 한 번 더 기회를 주고 신뢰를 보이면 남학생들은 '의리'를 지키기 위해 노력합니다.

학급 내 폭력 예방, 친구 도와주기, 교내 금연하기, 선생님 말씀 잘 따르고 문제 상황에서 도와드리기 등등 할 일이 많습니다. 혼자가 아니라는 생각, 동료가 있다는 생각이 중요합니다.

생활안전도우미 관리

교내 금연을 위한 노력을 스스로 증명하고 선생님과 학생들에게 홍보하기 위해, 초기 도우미들의 흡연 측정기 일산화탄소 측정수치를 촬영해서 생활지도부 게시판에 부착합니다. 처음에는 낯선 정책에 적응하는 단계가 필요하나 일단 안착하면 선생님, 학생, 학부모 모두 도우미의 존재와 활동을 인정하고 받아들입니다. 그때까지는 생활안전도우미가 공격당할 수도 있습니다. 그걸 보호해서 뿌리가 잘 내리도록 생활지도부 선생님들이 함께 노력하셔야 합니다. 교장, 교감 선생님의 지지도 정말 필요한 것이죠. 임명장을 주고 생활안전도우미 활동에 대한 내부결재를 받으면 그것으로 학교의 공식적인 인정조직이 되고 역할규정도 됩니다.

학부모님 중에는 흡연 측정 기계에 대한 신뢰성에 대해 의심하시는 분이 있을 수 있으니 잘 확인하시고 대응하셔야 합니다. 그래도 연기 자욱한 화장실에서 많은 학생 중 흡연자를 가리거나, 사후적발을 통해 흡연을 단속하는 경우 시비를 가리는 데 유용합니다.

생활안전도우미 운영 시 주의사항

많은 지역의 학교에서는 생활안전도우미 운영을 못 하고 있습니다. 생활안전도우미는 자칫하면 학생들에게 완장 채워주기 혹은 폭력의 명분 주기가 되어 또다른 〈우리들의 일그러진 영웅〉 내지 〈우상의 눈물〉을 만들 위험이 크므로 1년 내내 주의 깊게 관찰하셔야 합니다. 기존의 '선도부'란 이름을 없애고 교통부, 생활안전부 등으로 명칭을 바꾸기는 했지만 자칫 아이들 사이에 특권의식이나 위화감이 생길 수 있어 조심스러운 것도 사실입니다. 어떤 지역에서는 선도부 운영, 특히 학생이 학생을 지도하는 것을 교육청 차원에서 금지하고 있습니다. 대신에 학생회의 캠페인 등의 활동과 학급자치 강화, 그리고 수업에서 소외되는 학생을 수업에 참여시키기 위한 교사들의 집단적 논의와 실천이 더욱 강력히 요청되고 있습니다.

어려운 학생들이 많은 우리 학교에서는 회복적 생활교육, 등교맞이 행사, 학교 기네스대회, 함박웃음사진전, 금연마라톤, 점심축구리그, 프로야구, 연극관람, 선생님과 캠핑활동 등 교육에 도움되는 다양한 활동을 기획, 실천하고 있습니다. 행사가 부담될 것 같지만, 매일 전쟁 같은 생활지도부에서 교사로서 학생을 사랑하는 평정심을 유지하고 지치지 않기 위해서는 어쩔 수 없는 선택이었던 것 같습니다. 아름다운 선생님들의 협조와 아름다운 학생들의 미소가 눈물나게 그리울 뿐입니다. 허허벌판의 눈보라 속에서 서로 몸을 맞대고 허들링으로 체온을 유지하는 펭귄과 같이 생활안전도우미와 생활지도부 선생님들만이라도 협동해야 합니다. 간간이 숨어있는 보석 같은 학생들의 교육권을 지키는 일은 선생님 몇 분의 노력으로는 정말 어려운 일입니다. 힘든 역할을 맡으신 용기에 박수를 보내드리며 훌륭히 임무를 완수하실 것이라 믿습니다. 힘내세요!

5.
교사는
수업으로
말한다는데

하루 내내 자는 학생을
질문하는 학생으로 이끌려면

교사도 온갖 업무에 시달려서 여유가 없는데, 어떤 방법으로
도 깨우기 어려워 보이는 학생들을 보면, 교사도 무기력해지기
쉽죠. 몇 년 전, 학교에서 잠만 자다가 졸업한 학생이 있었습니
다. 이 아이를 어떻게 수업에 참여시킬까? 내내 고민했지만 지
금도 답을 잘 모르겠습니다.

그런 학생들이 정말 아무것도 하기 싫어하는 학생들일까요? 송형
호 선생님의 어느 걸그룹 블로그 운영 학생 이야기는 이미 유명하지
요. 매일 학교에서 무기력하게 자는 학생이 알고 보니 하루 방문객 수
천 명, 누적 백만 명이 넘는 팬 블로그 운영자였다는 일화입니다. 이
정도 재주와 기획력이면 졸업해서 뭐라도 하면서 살겠죠. 다만 그 기
획력을 바람직한 곳에 쓰도록 하는 것이 교사의 임무일 겁니다. 그런

학생이 '불법 성인 사이트' 운영자가 될지, '부가가치와 공익성 높은 사이트' 관리자가 될지는 교사의 가르침에 적지 않은 영향을 받습니다. 당시 그 학생은 담임 선생님과 친구들로부터 인정을 받고 자존감을 회복하자, 이내 블로그 운영을 중단하고 공부해서 전문대 컴퓨터학과에 갔다고 합니다. 고1 내내 전교 꼴등이었는데 말이죠.

발명왕 에디슨이 ADHD 증상을 보였는데 선생님들에 대한 기발한 질문과 반항으로 인해 문제아로 낙인찍히고 자퇴했다는 얘기도 유명한데요. 이를 극복하고 훌륭한 발명가가 되어 성공했다는 이야기만 알려져 있지, 그로 인한 부작용에 대한 이야기는 비교적 덜 알려졌습니다. '에디슨의 악행'이라고 검색만 해도 수많은 비화가 나옵니다. 예를 들어, 사형 집행 전기의자는 에디슨이 경쟁 회사의 송전 방식이 위험하다는 여론 조성을 위해 발명한 것이라죠. 그래서 에디슨이 노벨상을 못 탔다고 합니다. 이외에도 기업의 이익을 위해 수많은 비윤리적인 일을 저질렀다는데 만약 에디슨이 바른 인성을 갖도록 교육받았다면 인류를 위해 훨씬 많은 공헌을 하지 않았을까요?

우리 교실에도 그런 아이들은 얼마든지 있습니다. 예를 들어 공부 안 하고 그림만 그리는 아이는 '멍청한 아이'가 아니라 '그림에 재능이 있는 아이'가 아닐까요. 〈질문이 있는 교실〉 정책에 따라 수업 방법을 개선하니 아이들 한 명 한 명에게 신경 써줄 여력이 예전보다 늘어났습니다. 강의식 수업이면 교사가 진도 나가느라 바쁠 텐데, 아이들에게 과제 부여하고 모둠별로 서로 협동해서 가르쳐주게 하거나 스마트폰 검색해서 답을 찾아가는 방식도 활용할 수 있게 되었습니다. 공부 잘하는 친구가 못하는 친구에게 알려주면서 함께 성장하고, 교사는 아이들이 잘하고 있는지 살피며 격려해줍니다. 아이들끼리 해결하기 어려운 문제가 있으면 교사가 살짝 발판을 제공해주는 이런 수업방식이 정착되자, 이전에는 수업 방해 말고 잠이나 잤으면 좋겠다 싶었던 아이들까지도 충분히 관심 가져줄 수 있었습니다.

저는 원래 수업시간에 자는 학생들을 깨우지 않았는데 어느 날 교장 선생님께서 수업 중에 들어오셔서 자는 학생을 지목해 깨우라고 하셔서, 그 학생을 혼낸 적이 있었습니다. 나중에 알고 보니 그 아이는 부모 이혼 후 어머니와 떨어져 살게 되었는데 아버지는 새벽시장을 나가시고, 학생은 아침에 못 일어나니까 학교 지각 안 하려고 필사적으로 밤을 새우고 학교 와서는 잠을 못 이겨 계속 자는 딱한 처지였습니다. 그 후로 저는 자는 아이들을 함부로 깨우지 않게 되었습니다.

그러다 교과서도 펼쳐놓지 않고 매일 자는 녀석에게 말을 붙여봤습니다. '너, 자면 안 돼'라며 이유를 가르치는 것이 아니라, 계속 질문을 던지면서 스스로 생각하게 하는 방식을 썼습니다. 임용 교육학 시험에 늘 나오던 소크라테스 질문법과 산파술이, 요즘 〈질문이 있는 교실〉로 재조명되고 있지요. 아래는 그 당시에 대화를 기록해둔 것입니다.

교사 : 어제 잘 못 잤어?

학생 : 네.

교사 : 교과서는 어디 있어?

학생 : 옆에 친구가 책 없어졌다고 해서 빌려줬는데요. 저는 어차피 수업 안 들으니까요.

교사 : 뭐하다 늦게 잤어?

학생 : 밤새 그림 그렸어요. 웹툰 그림 연재하거든요. 학교에선 못 그리게 하니까 잠자고, 그릴 시간이 모자라서 밤새도록 그려요.

교사 : 그림 보여줄래?

학생 : 제가 가지고 있던 탭 뺏겨서 못 보여드리는데요.

교사 : 탭은 어쩌다 뺏겼어?

학생 : 새벽 3시에 일어나서 그리려고 알람 맞췄는데, 오후 3시에 울린 거예요. 수업 중에 알람이 울려서 그 수업 선생님께 일주일간 압수당했어요.

교사 : 아. 정말 아깝네. 시간 잘 맞춰놓지. 타격이 크겠다?

학생 : 집에 가서 그리면 돼요.

교사 : 컴퓨터로 그림 그려? 그럼 샘 폰 빌려줄 테니까 보여줄래?

학생 : 네. 여기요.

교사 : 이거 무슨 그림이야?

학생 : 에반게리온이라는 일본 애니에 아스카라는 캐릭터예요.

교사 : 와~! 샘도 네 나이 때 이거 되게 좋아했었는데, 잘 그리는데? 이거 하면 돈도 받냐?

학생 : 한 장에 3만 원 정도 받아요. 웹툰에 들어갈 그림 그리는 거예요.

교사 : 헐. 대박. 잘 그리는데? (다시 학생과 대화) 그럼 자퇴하고 집에서 편히 그림만 그릴 수도 있을 텐데, 학교에서는 매일 자면서 무엇 때문

에 오는 거야?

학생 : 그래도 졸업장은 필요하다고들 해서요.

교사 : 졸업장에는 무슨 의미가 있는데? 그래도 고등학교 교육은 받았다
는 걸 말해주는 거 아니야? 그런데 수업 안 듣고 잠만 자는 학생한
테 학교에서 졸업장을 줘야 할까?

학생 : 음….

교사 : 부모님은 네가 이렇게 학교생활 하는 거 인정해주시니? 대학 갈 생
각은 있어?

학생 : 부모님도 인정해주시고요. 미술 관련된 곳으로 가고 싶긴 한데, 공
부를 전혀 안 하니까 힘들 것 같아요. 그래도 고등학교 졸업장은
있어야 할 것 같아요.

교사 : 웹툰에 어울리는 좋은 그림을 그리려면 시나리오나 작품 관련된
배경지식에 대해서도 이해가 있어야 할 텐데?

학생 : 그래서 시나리오 따로 공부하고 있어요.

교사 : 다른 시간에도 다 자? 미술시간에도 자니?

학생 : 미술시간에는 안 자고 그래도 좀 그려요.

교사 : 학교에 힘들게 와서 7교시 내내 자면 참 힘들겠다. 그래도 졸업장
을 받았다는 건 뭐라도 배웠다는 걸 의미하는 게 아닐까?

학생 : 네.

교사 : (문학 교과서를 펼치며) 이런 그림들도 그려볼 수 있겠어? 나중에 그
림으로 돈 벌고 먹고살려면 이런 것들도 할 줄 알아야 할 텐데? 혹
시 선생님이 교재 만들려고 하는데 거기 그림 그려줄 수 있겠어?

그러면 생활기록부에도 좋게 써주고 대학이나 취직할 때도 유리할 텐데?

학생 : (미소와 함께) 네. 그러면 좋죠.

교사 : 시나리오 따로 배울 것 없이 선생님 시간에 수업 들으면 이게 시나리오 배우는 건데. ○○이랑 가장 연관성 높은 과목이 미술 다음에 문학인 것 같은데?

학생 : 네.

교사 : 게다가 좋은 그림 그리려면 작품과 관련된 배경지식이 많아야 하잖아. 예를 들면 역사 만화 그리려면 역사를 알아야 하고. 고등학교에서는 최소한의 필수지식만 가르쳐주는 거거든. 이 정도 기본은 배웠다는 걸 증명해주는 게 졸업장이고. 선생님 얘기 알겠어? ○○이가 좋은 재주를 가졌는데, 제대로 준비하지 못하고 있는 게 아까워서 그래. 샘 얘기가 좀 들을 만했니?

학생 : 네. 정말 감사합니다.

교사 : 수업시간에 너무 피곤하면 엎드려 있어도 되는데, 그래도 귀는 열고 있었으면 좋겠다. 알았지?

학생 : 네.

담임 선생님께 여쭤보니 부모님이 두분 다 노래방을 경영하셔서 밤늦게 집에 들어오고, 게다가 외동아들이라 집에서 외톨이로 그림만 그리는 학생이었습니다. 그나마 다행인 건 아이 심성이 착하고 그림을 좋아해서 비행의 길로 가진 않았다는 것 정도였고요. 이렇게 대화를 나누고 보니 이 녀석 어떻게 지내나 지나가면서 한마디씩 물어봐주며 신경 좀 써주게 되었습니다.

이런 일이 있었던 이후로 학습 내용을 전체 학생들과 정리하는데, 매일 자던 이 학생이 끝까지 깨어서 수업을 듣고 있었습니다. 예를 들어, 한 수업 내용은 '공방전(전기 양식을 빌려 돈을 의인화해서 교훈을 주는 고려시대 작품)'이었는데, 한숨도 자지 않고 수업을 모두 들은 거죠. 교술문학의 특징을 수업하면서 이 학생이 의식되니까 괜히 예를 들 때도 '그림, 화가, 만화' 관련 예들이 튀어나왔죠. 그러고는 수업 끝나고 기억에 남는 게 뭐냐고 물어봤습니다.

"교훈을 주려는데 직접 가르쳐주면 재미가 없고 효과가 떨어지니까 가전이라는 방식을 썼어요. 흥미나 재미랑 교훈성을 동시에 갖춰야 좋은 작품으로 인정받을 수 있어요." 본질을 잘 이해한 대답이었습니다. 학생이 부담 느낄까 봐 다른 아이들에게도 말 걸고 얘기하다가 다시 애 근처까지 오니까, 학습활동 1번을 아주 그럴듯하게 잘 써놓았습니다. "와! 정확히 찾아냈는데? 2번은 본문에 어떻게 나와 있는지 일단 밑줄 쳐보고 그거 정리해서 써보면 돼"라고 알려주고 한 바퀴 돌고 다시 와보니 학습활동 2번까지 풀고 있었습니다.

1번 답도 제대로 찾았기에 내용 설명 좀 해보라 하고 이야기를 더 나눴습니다. 수업 끝나고 나가기 전에 또 뭐가 기억 나느냐고 물어보니 기가 막힌 대답을 합니다.

"좋은 작품을 만들려면 작가의 인간성이 좋아야 돼요. 작가의 인간성이 좋아야 좋은 작품을 만들 수 있어요. 나쁜 생각 가진 작가가 그린 그림은 안 좋아요."

학습목표가 바로 '작가의 가치관이 작품에 어떻게 반영되었는지 말할 수 있다'였습니다. 신기한 경험이라서 주위 선생님들과 나눠보았죠. 이 일화가 아이에게 어느 정도 영향을 끼쳤는지는 잘 알 수 없으나, 이후로 지각이 눈에 띄게 줄어들고, 표정도 한층 밝아졌습니다.

1년 후 고3이 되어 위탁교육생으로 직업전문학교에 가서 나름 자기가 하고 싶은 대로 그림을 원 없이 그릴 수 있게 되었습니다. 이후 수도권의 예술대학에 진학했으며 지금은 학업과 애니메이션 회사 일을 병행하고 있습니다. 다들 어떻게든 자기 밥벌이는 하게 마련이니, 좋은 인성을 갖도록 격려와 따뜻한 관심으로 씨앗을 뿌려놓으면, 어느새 잘 성장해 있으리라 믿게 되었습니다. 예전에 이 학생 이야기를 나누었을 때, 다른 선생님이 해주신 말씀을 아래에 정리해보았습니다.

댓글

↳ 매일매일 일상에 치이더라도 정말 이건 놓치고 싶지 않네요. 아이들 각자에게 세심하게 관심을 기울인다는 것! 왕국어 선생님 글 덕에 새삼 또 깨닫고 갑니다.

↳ 얼마 전에 '공방전' 수업하며 아이들을 숙면시켰던 저에게 귀감이 되는 수업이네요. 감사합니다.

↳ 학원 강사로만 일하다 올해 임용된 신규입니다. 보름 만에 슬럼프가 왔었어요. 학원에는 공부할 아이들만 오는데 학교에는 무기력하고 국

어에 관심 없는 아이들이 많아서 가르치는 재미가 없더군요. 더 많은 아이를 만나고 싶어서 들어선 길이고 어렵게 통과한 시험인데, 보름 만에 '사표 쓸까?'를 심각하게 고민했었어요.

 선생님 글 읽으니 저도 모르게 눈물이 책상 위로 후두둑 떨어지네요. 교무실인데 옆에 선생님이 보실까 걱정되네요. 감사합니다. 좋은 선배가 있어서 나약한 마음 다잡고 갑니다.

TIP!

학생들이 수업시간에 많이 잔다고 자책하지 마세요. 깨어 있는 단 한 명을 위해서라도 고맙게 여기고 수업하시기 바랍니다. 그리고 가끔 깨어 있을 때라도 관심을 가져주고 이야기를 나누며 이해하려는 노력을 보이면 다른 학생들도 조금씩 수업에 참여하기 시작할 거예요.

섬 학교에서 고립감 속에
수업도 늘 불만족스러워요

선생님 안녕하세요. 방학 막바지에 쉬고 계실 텐데 연락드려서 죄송합니다. 올해 신규교사입니다. 수업에 늘 불만족스럽고 발전하고자 하는 욕심은 있는데 잘 안 돼서 스트레스가 큽니다. 섬에서 근무하다 보니 모임에서 교류하기가 쉽지 않습니다. 선생님들이 많이 참고하시는 다른 사이트도 있을까요?

그리고 선생님처럼 능숙하려면 어떤 방식으로 자료를 찾고 적용을 할 수 있을지 좀 알 수 있을까요? 학교 내 다른 선생님과도 의견 교환이 잘 안 돼서 이렇게라도 여쭙습니다.

단톡방에서 여쭙기는 눈치가 보여서 무례함을 무릅썼습니다. 바쁘신 줄 알지만 시간되실 때 짧은 답장이라도 좀 부탁드려도 될까요?

선생님, 대부분의 신규교사가 도시의 아름답고 여유로운 학교생활을 꿈꿀 거예요. 그러다가 전국의 많은 도서 산간지역으로 발령 나게 되면 당황합니다. 그리고 낯선 공간, 즐기지 못하는 문화생활, 거주의 불편함, 외로움 등 여러 고민을 하시게 될 텐데요. 대개 이런 부분은 환경에 대한 적응의 문제라서 일정 시간이 지나면 어느 정도는 해소되곤 합니다.

하지만 시간이 지나도 해소되지 않는 공통적인 어려움이 있어요. 바로 선생님처럼 신규교사로서 수업 전문성을 높이고 싶지만 도움받을 주변의 같은 교과 선생님이 안 계시거나 적은 경우지요. 또 연수를 받으려고 해도 먼 거리에 좌절하게 되죠. 선생님께서는 도서, 산간지역에 계신 선생님들의 어려움을 개선해가는 데 앞장서고 계신 겁니다.

요즘 담임하기가 무척 힘이 듭니다. 저도 힘들고요. 여기저기, 전후좌우를 둘러봐도 안 힘들다는 교사가 없습니다. 심지어는 교직을 그만두시거나, 휴직, 병가 등을 내며 견디는 분들도 계시지요. 얼마 전에는 식당에서 밥을 먹는데 우연히 옆 좌석에 앉아 계시던 분이 말하는 것을 주워들었는데요. "내 친척은 학부모가 하도 못살게 해서 10여 년간 계속한 교사직을 때려 치웠다"라고 하더군요. 이런 말을 종종 듣는 세상이 되었습니다. 저는 사랑하는 제 후배들에게 이렇게 말하곤 합니다.

"네가 아이들을 사랑하는 건 좋지만, 그 사랑이 지나쳐 아이들을 미워하는 상황이 펼쳐져서는 안 된다. 그렇게 되면 아이들을 사랑하지 않느니만 못하다. 다시 말해 아이들을 미워하지 않을 만큼의 한도 내에서 관심을 주고, 애정을 쏟고, 훈육해라. 네가 건재해야만 아이들도 있고, 학교도 있고, 대한민국 교육도 있다. 네가 행복해야 아이들도 행복하다."

혼자 이 어려움을 타개하려는 것보다 여럿이서 공유하고 함께 고민하며 해결책을 찾는 것이 중요합니다. 우선 학교 내에서 함께 고민할 분을 찾아보시고요. 그것이 어려우면, 각종 연구회와 접촉하여 교류와 소통을 시도해보세요. 혼자 해결책을 찾는 것보다 훨씬 덜 힘들 것입니다. 분명 해결책이 있습니다. 또 그 과정에서, 다시 말해 여러 선후배교사들과 여러 가지 방법을 찾는 과정에서 또 다른 힘을 얻게 될 것입니다. 저는 지금 그 힘으로 삽니다.

예를 들어, 저는 〈전국국어교사모임〉에서 큰 도움을 받았고 집행부로도 활동했습니다. 이 모임의 가장 큰 장점은 수업 고민을 나눌 수 있는 공동체라는 점입니다. 오프라인 모임 또는 지속적인 멘토링을 받을 수 있어 좋은데, 선생님이 근무하는 섬 지역에 누가 계신지 제가 확실히 파악하기 어렵지만 해당 지역 국어교사모임에 연락하여 도움을 구하실 수 있겠습니다. 대부분의 교사모임에서는 신입 회원을 애타게 기다리고 있어요. 학교에서 가장 힘든 건 학교 내 다른 선생님들과 의견 교환이 잘 안 된다는 것입니다. 고질적인 문제지요. 그래서 덕분에 저도 학교 밖의 모임에 관심을 두게 되었습니다.

나름대로 수업을 열심히 준비하시는데, 아이들이 떠들거나 수업에 무관심해서 스트레스를 받고 계시겠네요. 제가 처음 신규교사가 되어서 아이들을 가르칠 당시가 떠오르는군요. 하지만 저도 늘 그런 고민 속에서 살고 있습니다. 어떻게 하면 하나를 가르쳐도 재밌고 유익하게 잘 알려줄 수 있을까, 동료교사와는 어떻게 하면 잘 지낼 수 있을까….

처음 수업할 때는 저도 강독식이었고 파워포인트나 동영상 등은 전혀 쓰지 않았어요. 나름 재밌게 하려고 했지만 잠자는 아이들, 서서히 무관심해지는 아이들에게 미안했습니다. 저의 해결방안은 수업을 잘하는 선생님들 연수를 찾아 듣는 것이었습니다. EBS 수업도 참고하며 수업을 어떻게 진행할지 머릿속에서 그렸습니다. 분야별로 뛰어난 선생님들이 있습니다. EBS, 에듀니티, 유튜브 등에도 수업 관련 영상이 상당히 많아요.

훌륭한 선생님들 강의를 들으면서 자기에게 적합한 수업모형을 개발하는 것이 중요해요. 막연하지만 찾다 보면 분명 본인이 무엇을 잘하고 무엇을 더 잘하길 바라는지 알 수 있을 거예요. 활동 수업, 강의식, 시청각자료 수업 등 무엇을 더 하고 싶은지 자연스럽게 알게 될 거예요.

또 동료교사와의 소통부재는 사실 여러 학교가 비슷하게 겪는 어려움이죠. 우리 학교에서도 어떤 선생님께서 소설을 연극으로 만들어서 UCC 동영상을 만드는 수행평가를 하려고 했는데 파트너 선생님들의 반대로 못하게 된 일이 있습니다.

지금 선생님의 고민은 모든 교사가 늘 하는 고민이에요. 시간이 지나면 수업 능력도 어느 정도 높아지고, 경력이 쌓이면 수업이나 생활지도, 학생 상담을 더 연구하지 않고 제자리걸음하는 경우도 있어요. 때론 귀를 닫고 마음을 닫게 되는 일도 경험할 거예요. 하지만 신규 시절의 고민을 생각하며 다시 힘을 내고 즐겁게 생활하게 되실 거예요. 좋은 마음을 갖고 계시니 일은 잘 해결될 것이라고 봅니다 .

선생님께서 이렇게 질문하신 용기로, 우리 세상이 조금씩 더 좋아질 거예요. 얼마간 노력하다 지쳐버리지 마시고, 힘을 합치려 노력하는 사람들이 많다는 걸 기억해주세요. 전국의 수많은 교사모임에서 새로운 선생님들이 오시길 간절히 기다리고 있어요. 안목을 넓히는 기회로 삼고, 만약 모임이 실망스럽거나 바쁘면 그만 나가도 되니 부담 없이 문의하세요.

교사의 목 관리법

3일 전부터 목소리가 개미 소리처럼 점점 이상해지더니 이제는 목이 아프고 열이 납니다. 전에 이런 증상이 오면 나중에는 목소리가 안 나오던데 후두염이나 성대 결절일까요? 저처럼 목이 안 좋으신 분 계시면 목 관리 비법 좀 알려주시겠어요?

교사는 가수, 상담원 등과 함께 목을 많이 쓰는 대표적인 직업군이라서 목소리가 갈라진다든지 쉰 소리가 난다든지 성대에 무리가 와서 고생하기 쉬운 직업군입니다. 2011년 한국교원단체총연합회의 조사에 의하면, 교사의 직업병으로 목소리 이상(성대 결절)이 44.5%로 가장 많았습니다. 또 2018년 카톨릭대 서울성모병원 직업환경의학과 김형렬 교수팀의 조사에 따르면 여교사는 남교사에 비해 목소리 이상을 경험하는 경우가 2.8배 많다고 합니다. 이는 성대의 구조상 소리의 진동수가 여성이 더 많기 때문에 성대의 운동량도 많아지기 때문입니다.

끊임없는 수업과 학생 상담으로 이루어지는 교사의 하루를 생각해볼 때 교사들이 목소리 관련 질환을 많이 앓는 것도 무리는 아니죠. 가장 손쉬운 방법은 당분간 목을 쓰지 않는 것인데 이는 교사에게는 불가능에 가까운 일일 겁니다. 따라서 평소에 목 관리 노하우를 알아두고 꾸준히 실천하는 것이 행복한 교단생활을 위해서 중요하답니다.

우선 미지근한 물을 많이 마셔야 목 충혈을 방지할 수 있어요. 커피나 술, 탄산음료는 최대한 자제하셔요. 또 목이 아프다고 작게 속삭이는 건 더 안 좋다고 해요. 물론 우렁차게 지르는 것도 안 좋지만요. 도라지, 수세미, 배 등을 즙 내서 꾸준히 드시고 마이크도 쓰셔요.

물을 마시면 그게 흡수돼서 성대까지 전달되는데 두세 시간이 걸린대요. 그냥 물리적으로 목구멍이 젖는 것 말고요. 그래서 아침에 일어나자마자 맹물을 마셔요. 그러면 1교시 수업할 때 목이 편하답니다. 그리고 잘 때는 항상 작은 스카프 두르고 자요. 주변에 성대결절로 고생하시는 선생님들 너무 많이 봤어요. 목 관리 잘하셔요!

1. 물병 갖고 다니며 수업시간에 수시로 물(녹차, 도라지 차, 생강차도 추천) 마시기

2. 먼지가 없도록 교실 청결 유지

3. 1인1역 환기팀장을 두거나 겨울철에는 물 뿌리기, 대걸레질을 수시로 하여 습도 유지

4. 마이크 장비 이용 : 옆 교실에 소음으로 방해가 되지 않는지 주의 필요

5. 금연, 절주

6. 복식호흡, 두성 발성법 배워서 습관화

7. 죽염으로 가글

8. 충분한 수면과 스트레스 해소로 체력 유지

9. 비염 있는 사람들은 코 세척 기구 사용

10. 학생 발표나 토론 위주 수업으로 교사가 말하는 양 줄이기

11. 이비인후과 발성 훈련법: 입에 물 넣고 '아…ㄹ…' 소리를 내어 가글하면서 그때의 발성법을 보통 때에도 실천해본다. 가글하면서 음의 높낮이나 길이 조절 등 다양한 방법으로 발성 훈련을 한다. 하루에 10분 이상씩 하는 게 좋다. '가글-허밍-목소리 내기'를 왔다 갔다 하면서 훈련하다가 가끔 목구멍의 모양을 토하는 것처럼 만들어 그것을 기억하여 '공기 반 소리 반'의 목소리를 유지하도록 노력한다. 또 평소에 말을 할 때에 목소리를 10cm 정도 입 앞 허공에 던지는 느낌으로 발성을 하면 목의 피로를 훨씬 줄일 수 있다.

악필인데 판서 연습을
어떻게 할까요?

단순 반복적인 백 번의 스윙보다 의미와 중요성을 이해하며 휘
두르는 열 번의 스윙이 더 효과적이다.

-『파워포인트 리부트』(노기태, 예문사, 2017)

무슨 일이든 하면 할수록 점점 실력이 향상됩니다. 글씨도 마찬가
지지요. 글씨는 자꾸 쓰면 쓸수록 느는 것 같습니다. 다만, 그냥 쓰는
것이 아니라 수업에 필요한 판서를 생각하고 고민하면서 쓰는 거죠.
수업에 들어가기 전 미리 노트에 판서 연습을 해보면서 자신만의 판
서 노트를 만들어보시면 어떨까요? 경력이 쌓일수록 달라지는 자신
의 모습을 보실 수 있을 거라고 생각합니다. 좋은 교사는 처음부터 잘
하는 사람이 아니라, 노력해서 방법을 찾고 조금씩 나아지는 사람입
니다.

판서 연습을 할 때 이렇게 해보세요.

1. 모눈종이를 활용해보세요.
   - 사용하는 칠판의 모눈을 세고, 모눈 개수 맞게 모눈종이의 칸을 맞춰서 연습하세요.
   - 2x2 사이즈에 글씨가 꽉 차게 쓰고, 띄어쓰기나 줄 간격은 1칸을 씁니다.
2. 칠판을 어떻게 배분할지 생각합니다. 보통은 크게 3등분해서 판서합니다.
3. 어떤 색으로 표현할 것인지에 대해 고민하고 연습합니다.
4. 나만의 기호표시와 구조화에 대해 고민하고 연습합니다.
   - 필요하다면 사각형 틀처럼 판서에 도움이 되는 물건들을 활용해보세요.
5. 칠판에 직접 판서를 할 때는 그어진 줄을 기준으로 행과 열을 맞춰 씁니다.
6. 학생 하교 후에 교실에서 직접 연습해볼 수 있어요.
7. 수업이 끝나면 본인의 판서를 사진으로 찍고 누적시켜 어떻게 향상되고 있는지 확인하세요. 한 시간 수업 전체가 한 면의 판서로 기록되면, 자기 수업에 대한 포트폴리오가 됩니다.

TIP!

그래도 잘 고쳐지지 않는 판서 때문에 스트레스를 받으신다면, 파워포인트로 강의자료를 간단히 만들거나, 학생들이 강의하고 설명하도록 수업을 설계하시는 것도 추천합니다. 보통 칠판을 3등분으로 판서하며 가장 중요한 내용을 왼쪽 상단에 적도록 강조합니다만, 키가 작은 교사의 경우 이마저 쉽지 않지요. 이때 파워포인트는 유용한 강의자료가 될 수 있습니다.

날씨가 좋아지니
야외수업을 해보고 싶은데

날씨가 좋아져서 야외수업을 해보고 싶은데, 막상 구상하다 보니 엄두가 안 나요. 아이들이 그냥 의미 없이 시간을 보낼까 걱정도 되고요. 자서전 쓰기 수업의 사전작업으로 친구와 산책하며 대화록을 써보고 싶습니다. 혹시 교실을 벗어나 수업을 할 때 주의해야 할 사항이 있을까요?

교실을 벗어나 더 나은 수업을 고민하시는 모습이 참 좋아요. 그런데 교내라면 운동장이나 근처에서 떠드는 게 다 들리니까 다른 반 수업에 방해가 되지 않도록 해야 합니다. 특히 체육수업에 방해되지 않도록 체육 선생님과도 미리 협의가 된다면 좋겠지요. 운동장은 체육 선생님들께는 교실이나 마찬가지입니다. 또 안전 문제도 있기 때문에 교감 선생님의 허락도 받아두는 것이 좋겠습니다.

아이들이 머물러야 하는 공간과 과제를 정해주는 것도 좋은 방법입니다. 남자아이들의 경우 시를 쓰라고 하면 10분도 안 되어 작성하고, 공놀이를 하려고 합니다. 그렇기 때문에 있어야 할 공간을 정해주고, 수업 시간이 끝날 때는 과제를 검사해야 합니다. 금세 마무리할 수 있는 과제보다는 모둠 구성원과 함께 단계적으로 참여해야 해결될 수 있는 과제를 주는 것이 좋습니다.

학교 분위기에 대해 주위 선생님들과 미리 말씀 나누셔요. 야외수업을 한다면 다음 수업에 지장이 없도록 이동 거리와 활동 시간을 모두 고려하셔야 합니다. 아이들에게도 미리 안내하고, 활동을 준비해오게 해야 시간 안에 마무리할 수 있을 것입니다.

수업 모둠 구성을
어떻게 할까요?

모두가 참여하는 수업을 생각하고 모둠을 조직하려고 했어요. 단순히 앉은 자리에서 번호별로 모으거나 모둠원 제비뽑기 등 생각은 해보지만 막상 어떻게 해야 할지 잘 모르겠고, 한 학기 동안 계속 이어나갈 수 있을지도 막연합니다.

토론 수업이나 협동 학습에서는 모둠을 잘 구성하는 것이 수업의 성패를 좌우할 수도 있습니다. 일반적으로 교사가 인위적으로 지정해주는 모둠보다는, 계획성 있게 하되 학생들의 선택권을 존중해주는 방향이 좋다고 생각합니다. 적어도 제비뽑기 등의 형태를 통해서 최소한의 선택권이라도 보장해주면 반발이 덜할 수 있습니다.

하지만 아무리 이런저런 이론과 지식을 가지고 있더라도, 남녀 구성, 학급별 특성, 학생 개인 성향 등 현장의 상황에 따라 융통성 있게 접근해야 하는 경우가 많습니다. 기본적인 방향성을 가지고 계시되, 처음 시작하실 때는 용기를 가지고 실제 부딪쳐보면서 만들어나가는 자세가 중요합니다. 어떤 방법이든 확신을 가지고 진행하시면 됩니다.

저는 개인적으로는 앉은 자리에서 최대한 간단히 모둠을 구성합니다. 그렇게 되면 자연스럽게 모둠원들이 바뀌거든요. 한 달에 한 번은 자리를 바꾸니까요. 긴 프로젝트로 수업을 하신다면 프로젝트에 속한 학생들을 계속 한 모둠으로 하셔야겠지요. 반 아이들이 다양한 친구들을 만나서 협력하는 태도를 기르기를 원하신다면 정기적으로 재배치하실 수도 있습니다. 내가 왜 이렇게 모둠편성을 하는지 고민하고 이를 학생들과 나눠보세요. 그리고 아이들의 의견도 들으시고요. 수업은 이미 완성된 것을 펼치는 게 아니라 학생들과 만들어가는 것입니다. 왜 모둠학습을 생각하는지, 모둠을 어떻게 짜면 될지 고민하세요.

실수 없이 완벽한 수업만 하려고 하지 마세요. 저도 학습지를 만들면서 오타를 냈어요. 아이들이 뭐라고 지적하길래 "이럴 때는 어떻게 하는 게 좋을까? 선생님이 실수한 것을?"하고 물었어요. 그러자 한 아이가 이렇게 말하더군요. "포용하고 이해해줘야 해요."

아이들과 수업을 함께 만든다고 생각하시면 마음이 좀 편해지실까요? 신규니까 선배에게 많이 묻고 자료도 달라고 하세요. 처음에는 다른 선생님들의 수업을 그대로 따라 해보세요. 그러고 나서 자신만의 수업을 찾아보세요. 수업에 답은 없어요. 저도 부족하지만 이렇게 좋은 수업자료와 팁이 넘쳐나는 때에 오히려 제가 어떤 수업을 하고 싶은지, 아이들을 어떻게 변화시키고 싶은지에 대해 집중하는 게 더 중요하다는 생각이 듭니다.

그리고 일단은 아이들이 수업에 호기심을 갖도록 해보세요. 선생님이 주시려는 것이 과연 아이들에게 맞을까 생각해보아야 할 것 같아요. 저도 이번에 새 학교에 와서 아이들을 알아가는 시간을 좀 오래 가지려고 해요. 아이들을 존재로 만나보려고요. 그러면 아이들도 저의 진심을 알지 않을까 싶어서요.

모둠 구성 방식

구성원은 최대 4인으로 이끔이, 기록이, 칭찬이, 지킴이로 역할을 나눕니다. 이질 구성을 해야 활동이 더 잘된다는 걸 강조하면서 사전 조사를 합니다. 어느 음악과 수석 교사님의 경우는 음표 읽을 줄 아는지부터 컴퓨터 활용능력까지 두루 설문한 뒤 성적까지 고려해서 모둠 구성을 하고 한 학기 내내 그 모둠으로 하신대요.

우리 반은 30명 남녀합반(중학교)인데 모둠 구성을 위해 과목에 대한 호감도, 작년 성적, 작년 읽은 책 권수, 좋아하는 책 분야, 모둠 활동 경험 횟수, 희망하는 모둠 역할을 설문했어요. 그 과목 공부가 필요한 이유와 공부를 잘할 수 있는 방법도 마지막에 묻고요. 그리고 성적이 좀 높은 여덟 명만 제가 뽑습니다. 앞으로 불러 이끔이라고 소개한 뒤 이끔이에게 자기를 칭찬해줄 칭찬이를 섭외해오라 합니다. 그러면 친분이 있는 아이를 섭외해 옵니다. 자리에 남아 있는 아이들에게는 이제 너희에게 선택권이 있다고 들어가고 싶은 모둠으로 가라고 합니다. 선택권을 줬기 때문에 남아있던 애들의 불만도 적고, 먼저 나온 두 명도 부담을 덜 느끼는 방법입니다.

이런 절차가 복잡하다면 그대로 의자를 돌려서 실시해도 됩니다. 간편하다는 장점이 있는 반면에 자기랑 친하지 않은 학생들과 모둠학습을 해야 한다는 것 때문에 불만이 생기기도 하였습니다. 어떤 부작용이 있든, 시도조차 하지 않는 것보다는 낫습니다. 일부 모둠의 태도가 아주 나쁘거나 학습 능력이 낮다면, 좀 더 쉬운 별도 과제를 내주거나, 그 모둠에 대해서는 기대 수준을 낮출 수도 있습니다. 조금이라도 노력하는 모습을 보였다면, 다른 모둠만큼 잘하지 않아도 발전한 만큼 격려하며 진행해도 됩니다. 모둠 수업 시도 초기에는, 모든 모둠이 이상적으로 잘하지 않더라도 포기하지 마세요.

모둠 활동 초반에 역할별로 보상을 자주 하면 역할에 적응하고 협동심도 잘 생긴다고 합니다. 전 이끔이가 붙임쪽지 붙이러 나와서 가지런히 잘 붙이면 모둠에게 칭찬도장, 붙임쪽지 가득 글씨 크게 쓰면 기록이를 칭찬하며 모둠에게 도장을 찍어주는 식으로 초반 보상을 했습니다.

모둠 놀이를 통해 협동심과 단합력 기르는 내용도 연수에 있었는데 저는 아직 못 해봤어요. 모둠 활동이 오랜만이라 좀 겁먹었었는데 연수에서 배운 형식을 적극적으로 활용하니, 모둠 수업을 구성하는 데 도움이 되었습니다.

모둠 활동을 통해 경쟁이 아닌 상호 간의 협력을 경험할 수 있도록 하며, 모둠이라는 소속감을 통해 서로를 신뢰하고 관용의 정신을 함양할 수 있도록 하는 것을 목표로 합니다. 이러한 모둠별 활동을 통해 서로를 공감하며 타인의 의견을 적극적으로 경청하는 문화를 형성할 수 있도록 합니다.

협동 학습 관련 연수가 꽤 많습니다. 다양한 모임의 연수를 받으시며 자신에 맞는 방법을 찾으세요. 처음부터 완벽할 순 없습니다. 모둠원이 잘못해서 자신의 점수가 깎인다든지, 다른 반 선생님은 강의를 많이 하시는데 자신들은 정기고사 시험문제 관련 내용을 적게 배운다든지, 원치 않는 아이와 같은 모둠이 되어 기분 나빠진다든지 하는 상황을 불평할 수 있습니다. 불평하는 아이의 말을 경청하고, 꾸준히 보완하세요. 이전보다 1%씩만 더 좋아지고 있다면 선생님은 충분히 발전하고 계신 겁니다.

몇 명을 야단치니, 다른 학생들까지
수업 활동에 비협조적입니다

수업 중 두세 명의 학생을 야단치고 벌점을 주었는데 그 학급의 다른 학생들도 그 학생들 편에 서서 점점 대화도 안 되고 수업도 원활히 진행되지 않고 있습니다. 더군다나 수업방식에 대해서도 실험 또는 활동식 수업보다는 강의식 수업을 요구하는 실정입니다. 이럴 때 어떻게 하면 될까요?

학생들의 마음을 잘 다독여주세요

단순히 혼내는 건 옛날 방식이고 단기적으로 행동의 빈도를 떨어뜨릴 뿐, 장기적으로 역효과가 납니다. 인간의 신경은 좋은 기분보다 나쁜 기분을 3배 이상 더 잘 처리합니다. 야생에서 먹이를 얻는 것보다 자신이 먹잇감이 되는 걸 피하는 게 더 생존에 유리했기 때문이지요. 좋은 감정을 가지면 그쪽 신경이 발달해서 좋게 해석할 확률이 높아지고, 나쁜 감정을 가지면 역시 나쁘게 해석하는 신경이 발달해서 나쁘게 해석할 확률이 높아집니다.

학생들도 선생님이 가르쳐주신 내용보다는 선생님의 감정을 더 잘 기억합니다. 특히 나쁜 감정을 잘 기억해요. 그래서 나쁜 자극을 1개 주려면 좋은 자극을 4배 이상 줘야 하는데, 수많은 아이가 있는 교실에서는 참 어려운 일입니다. 그래도 작은 행동에 칭찬, 격려 등 좋은 감정 표현을 평소에 많이 해두셔야 합니다. 나쁜 감정에서는 나쁜 논리를 구축하고, 좋은 감정에서는 좋은 논리를 구축하기 마련이니까요. 결국 교사에 대한 감정이 수업의 질에 관한 판단을 만듭니다.

혼난 학생뿐만 아니라 다른 학생들도 그 학생 편이라면, 왜 자신이 혼났는지에 대해서 납득할 수 있게 설명해주어야 합니다. 학생들이 교사의 지도방식이나 평소 언행, 심지어는 옷차림까지 비난하며 뒷말을 하다가 학부모에게 전달하기도 합니다. 그래서 어이없는 민원이 발생해 어려움을 겪기도 합니다. 그런데 근본적인 원인은 학생들과 교사가 소통이 잘 안 되거나, 학생이 나쁜 감정을 품었기 때문인 경우가 많습니다. 학생들이 이상하다고 탓하기만 할 것이 아니라 교사가 학생을 이해하고, 학생을 이해시킬 방법을 고민하고 노력해야 합니다.

학생들을 일대일로 만나서 마음을 잘 다독여주세요. 사춘기 학생들이라 꾸준히 대화하면 금방 돌아올 겁니다. 또한, 평소 수업에 적극적인 학생들을 불러 칭찬해주고, 사탕이나 간단한 과자로 열심히 하는 학생들에게 상을 주는 것도 도움이 됩니다.

학생들과 꾸준히 소통해주세요

강의식 수업에서 탐구식 수업으로 바꿀 때 반발하는 학생들이 꼭 있습니다. 하지만 수업이 본인들 중심으로 이루어진다는 느낌을 받으면 그러한 의견은 점점 줄어들지요. 그래서 활동 중 선생님과 학생의 비중이 어떠한지 짚어보는 것이 도움이 됩니다. 물론 학생들과 꾸준히 소통하는 과정이 무척 중요합니다.

활동과 실험이 이미 알고 있는 지식을 확인하기 위한 활동이나 흥미 위주로만 짜인 건 아닌지 생각해보는 것도 도움이 됐습니다. 활동을 통해서 새로 얻는 지식이 없다면, 공부 잘하는 학생들은 반발심을 품기도 하기 때문입니다.

모둠별 학습이나 활동 중심 수업보다 강의식 수업을 편하게 느끼는 건 많은 학생의 공통점인 것 같습니다. 오랜 시간 동안 익숙해진 교육방식에서 벗어나 새로운 수업 형태를 받아들이는 것은 교사만큼이나 학생들에게도 힘든 일인 것 같아요.

학년이 올라갈수록 모둠학습에 대한 불편함, 입시에 대한 걱정도 늘어나기 쉽습니다. 교사가 확신하지 못할수록 흔들림이 커지는 것 같습니다. 학생들의 불안을 이해해주고, 더불어 학생들을 꾸준히 설득해야 하는 것 같아요. 큰 틀에서 벗어나지 않는다면 학생들의 요구를 일정 부분은 수용해주시고요. 활동 수업을 좋아하는 학생들도 많습니다. 수업으로 행복해하는 학생들을 보시면서 힘을 얻으시기 바랍니다.

사교육과 강의식 수업에 익숙한 지역의 학교에서 전면 모둠 수업을 계획하자, 위 사례의 학생들과 유사한 반응을 보였습니다. 그래서 우선 한 달은 진행해보고 다시 이야기하자고 했습니다. 지속적으로 학생들의 불만을 들어줬습니다. 대신 중단원에 한 번씩 강의식으로 정리하는 수업을 병행하고 있습니다. 학부모님들도 강의식 수업에 익숙해서 정리를 안 해주면 교사가 제대로 수업하지 않는다고 오해하기도 합니다. 따라서 수업을 계획하실 때 한 가지 방식으로만 하지 마시고, 적절히 섞어서 효과적인 수업을 해보시길 추천합니다.

모둠 수업하는 이유를 설명하고 동의를 구해보세요

전면 모둠 수업을 시행하기 전에 왜 모둠 수업을 해야 하는지 학생들에게 설명하고 설득하며 학생들에게 동의를 구하는 시간을 가져보세요. 제 경우 이러한 과정을 통해서 모둠 수업을 진행했을 때, 학생들이 크게 불평하지 않았습니다.

학교 전체가 모둠 활동을 하는데, 학생과 학부모에게 이런 수업 방식에 대한 취지를 이해시키는 데만 2~3년 걸린 것 같습니다. 학교 전체가 움직이는데도 이렇게 오래 걸리는데 선생님 혼자만의 힘으로 이해시키는 것이 얼마나 힘이 드실지 충분히 짐작됩니다. 먼저 선생님 자신을 돌아보시면서 주변 선생님과 함께하시면 큰 힘이 되실 겁니다. 학생들의 입장도 많이 이해해주시기 바랍니다. 수업을 시작하면서 오늘 진행될 수업방식과 그 의미를 미리 설명해주면 학생들이 좀 더 열심히 수업에 참여하는 것 같습니다. 모둠 활동 중심의 수업을 4년째

하고 있는데 이제는 아이들이 강의식 수업을 하면 모둠 활동하자고 먼저 말합니다. 흔들리면서도 포기하지 않은 보람을 느낍니다. 선생님도 힘내시기 바랍니다.

TIP!

학생이 나쁜 감정을 가지면 교사의 중립적인 행동도 나쁘게 해석하고 부모한테 부정적인 의견을 전하게 됩니다. 이런 것이 누적되어, 심지어 교사가 아동학대 가해자로 신고당하는 일도 있습니다. 체벌 금지에 이어 혼내는 것조차 조심해야 합니다. 여전히 후배교사를 혼내는 선배교사나 관리자도 있다는 걸 생각하면, 입장 바꿔서 학생들에게 어떻게 대해야 할지도 성찰할 수 있다고 봅니다.

자기도 모르게 언성이 높아지거나 신경이 날카로워지진 않는지, 맥락과 상관없이 일부분이라도 오해를 일으킬만한 언행을 하지 않는지 교사 스스로 평소에 살피고 가다듬어야 합니다. 스트레스를 관리하고 늘 평온한 상태를 유지하는 것이 결코 쉬운 일은 아닙니다. 하지만 학생들이나 동료 사이에 잠재적으로 악영향을 끼치거나 왜곡된 소문이 불거질 수도 있고, 무엇보다도 교사 자신의 행복한 삶을 위해서도 꼭 필요한 일입니다.

수업 중에 학생이
욕하고 대들어요

수업을 거부하고 욕하는 학생이 있어서 점심시간에 교무실로 오라고 했습니다. 다른 선생님들께 그 아이에 대해 여쭤보니 작년에도 종종 폭력성을 보였다고 하네요. 가정문제도 있고요. 폭력적인 행동을 보이면서 자기의 존재감을 드러내려는 학생이라고 합니다. 교무실에 부르기는 했는데 뭐라고 해야 할지 모르겠습니다. 도움 말씀 부탁드립니다.

모든 학생이 내 말을 잘 들어주면 얼마나 좋을까요? 수업을 열심히 준비해도 수업 중에 욕하고 대드는 학생이 있거나, 욕을 해놓고도 욕하지 않았다고 우기는 학생이 있으면 좀처럼 침착하게 대응하기 어렵습니다. 학생이 한 말을 육하원칙에 따라 정확히 기록하고 목격한 학생의 확인서도 받으며 선도위원회를 진행할 수도 있으나, 내 수업도 제대로 통제하지 못해서 이런 일이 생겼나 하고 자괴감을 느끼며 포기하기 쉽지요. 진행 과정에서 선생님이나 아이가 큰 상처를 받을 수도 있으니, 좀 더 좋은 교육방법이 없을지 고민도 되고요.

그 아이의 작년 담임 선생님과 한번 이야기해보셔도 좋고요, 학생이 왜 그렇게 되었는지부터 일단 파악하셔야 합니다. 그리고 선생님도 가르치려는 자세에서 벗어나 먼저 이야기를 들어보려는 자세가 필요해요. 하지만 학생이 이야기하려 하지 않을 테니 일단 먹을 것이라도 주면서 잘해보자는 메시지만 보내는 것도 좋을 것 같습니다. 수업시간에 도와달라고 부탁하는 것도 효과가 있는데, 이건 제 방법이고 선생님의 방법을 찾는 것이 필요하겠죠.

특히 그 학생과 친한 학생하고 이야기하며 그 학생이 왜 그러는지 한번 알아보는 것이 좋을 것 같습니다. 하지만 선생님께서 그런 네트워크를 활용할 때까지는 시간이 좀 필요할 듯해요.

그 학생, 사실 센 척하는 것이거든요. 그것을 이해하셔야 해요. 약간의 열등감의 발현인데 그렇게 선생님에게 도전해서 다른 학생들에게 '내가 이런 사람이야' 하는 자의식의 발현이랄까요. 당황하지 마시고 원칙은 원칙대로 이야기하시되 그 학생의 마음을 알아주셔서 그 학생의 체면도 살리는 원윈전략을 구사하는 것이 어떨까 싶습니다.

가능하면 아이들과 부딪칠 상황을 만들지 마시고 최대한 공감적 이해, 인간주의 상담으로 달래셔요. 어차피 아이들 버릇을 선생님이 고치기 어려우니 적당한 협상이 필요할 수도 있어요. 혼내는 게 통하는 학생도 있지만, 규칙을 협의해서 정하고 그것에 따르게 하는 것이 더 잘 먹히기도 해요. 후자가 권장 사항이긴 합니다. 혼내는 것은 자칫 아이가 악감정을 갖고 부모님께 왜곡된 정보를 전해서 학부모가 민원 소송 등 대재앙을 몰고 오기도 합니다.

한번은 껌 씹고 공책 안 챙겨오고 자리 바꾼 아이가 있었는데, 바로 지적했더니 "삼킬게요" 하며 껌을 쏙 삼키고 반항적인 눈빛을 하더라고요. 그래서 나오라고 해서 선생님들에게 배운 대로 계속 세워두고, 프린트물 나눠주는 일을 부탁했어요. 마지막에 들여보내기 전에 반 아이들에게 말했어요. "선생님이 교육학을 배웠는데 이런 경우 관심과 애정이 부족해서 그렇단다. 사랑받고 싶어서 우리 ○○가 그런 거다. 다같이 '○○아 사랑해'라고 해주자." 반 아이들은 웃고 아이는 고개도 못 들고 쑥스러워하며 잘못했다고 다신 안 그런다고 하고 들어갔습니다. 반 아이들이 '사랑해'를 너무 작게 말해서 세 번 더 말하게 하고, 박수를 더 크게 쳐주고 "○○가 도와주니 참 좋다"라고 했습니다.

고학년의 경우는 좀 더 엄격히 하는데요, 문제행동을 할 때 그냥 넘어가지 않고 바로 꼭 지적하기, 한번 적용한 원칙은 이후에 꼭 확인하기. 이 정도면 되겠더라고요. 이전 시간에 공책 안 가져온 사람은 잘 체크해두었다가 다음 시간엔 가져왔는지 반드시 확인하고요. 간단한 규칙인데, 당연하다는 듯이 정하고 원칙과 약속을 지키자고 하면 듣긴 하더라고요.

대부분 대드는 아이의 욕은 선생님의 인격을 향한 것이 아닙니다. 부모님이나 다른 일로 화가 나있어서 폭발 직전일 때, 선생님이 자기 앞에서 자극하니 그 화가 선생님께 폭발하는 것이지요. 아이가 단순히 '씨발'하고 욕하는 것을 교권 침해로 보아야 하는지에 대해서는 논란이 있습니다. 상황에 따라 스스로 습관적으로 나오는 감탄사일 수 있고요. 그렇다면 언어 습관 개선의 관점으로 다루셔야 합니다. 선생님이 아이와 같이 흥분하면, 선생님도 상처받고 몸싸움으로 번지기도 해서 오히려 교사가 아동 폭행으로 입건될 수도 있어요.

학년에 따라 다르겠지만, 저는 이렇게 고쳤습니다

수업 약속 : 1. 교과서, 공책 준비 2.선생님보다 먼저 자리에 앉아 있기 3. 수업 시간에 먹지 않기

벌칙도 같이 정하기 : 청소하기, 빽빽이 쓰기, 스스로 알아서 뒤로 나가서 3분 명상 등. 교실 뒤에 의자가 준비돼 있으면 좋습니다. 세워놓기만 해도 체벌이라 주장하기도 합니다. 하지만 이는 법령상 근거 없는 주장입니다. 초등 저학년 이상이라면 20분 정도 세워놓았다고 고통을 느끼지는 않는 게 일반적이지요. 빽빽이도 마찬가지입니다. 하지만 소모적인 민원은 피하는 것이 나을 수도 있으니 학교 동료들과 상의해보세요.

참조

초·중등교육법시행령 31조 ⑧ … 도구, 신체 등을 이용하여 학생의 신체에 고통을 가하는 방법을 사용해서는 아니 된다.

좀 더 자세한 대처법을 알고 싶으시면 '123매직'을 검색해보셔요.

낯선 행동으로 사고 친 학생을
지혜롭게 다루는 법은?

네이버 카페를 만들어 미술 교과수업에 활용하고 있습니다. 그런데 누군가 똑같은 이름의 카페를 만들어 학생들이 그곳에다 과제물을 올렸습니다. 학생의 장난으로 추정되는데 그 실력이 보통이 아닌 것 같아요. 어떻게 잡아야 하나? 어떤 벌을 줘야 하나? 뭐하는 학생인가? 네이버에 신고할 수 있나? 등 여러 가지 생각이 다 듭니다. 선배님들의 조언을 얻고 싶습니다.

장난이지만 분명히 자신의 능력을 드러내고 인정받고 싶은 생각이 그 학생의 마음속 어딘가에 있었을 겁니다. 마치 숨은 보석을 찾은 것처럼 다른 학생들 앞에서 말씀해주세요. 스스로 선생님을 찾아와 장난친 부분에 대해서 사과하고, 벌을 받는 대신에 카페 관리 등 자신의 재능을 기부할 수 있게 해주시면 좋을 것 같습니다. 이러한 지도방식이 아마 벌을 주시는 것보다 더 큰 효과가 있을 거라고 확신합니다. 벌을 줄 수 있는 상황에 오히려 자신의 재능을 발견하고 인정해주는 선생님을 만난 학생은 아마 스스로 잘못을 인정하고 반성하는 귀한 시간을 갖게 될 것입니다.

삶의 태도가 미지근한 학생들이 오히려 문제가 많을 수 있습니다. 오히려 뜨겁거나 차가운 학생들을 자세히 살펴보면 뭔가 변화의 낌새를 볼 수 있습니다. 이때 교사의 칭찬과 진심 어린 코칭이 들어가면 큰 인물이 될 수 있지요. 범인 찾기와 벌주기에 온통 정신을 쏟기보다는 학생의 장점을 발견해 인정해준다면 선생님을 평생 은사로 기억하지 않을까요?

학생들이 일으키는 낯선 행동을 비롯해 학교 안에서 이루어지는 모든 것은 배움의 과정일 뿐입니다. 우리는 배움이 일어나도록 연출하는 역할이면 충분합니다. 벌 대신 자신의 능력을 발휘할 기회를 얻은 학생은 훗날 성인이 되면 자신과 비슷한 상황에 놓인 자녀나 타인에게 선생님이 하셨듯이 그 사람의 마음을 읽고, 잘못을 통해 성장할 기회를 주겠지요.

실내에서 공놀이하다가 유리창을 깬 아이

오늘 우리 반 녀석이 점심시간에 체육관 가면서 농구공을 천장에 던지자마자 형광등이 맞아서 깨졌다고 절 찾아왔어요. 어떻게 했을까요? "말해줘서 고맙다. 도망갈 수도 있었는데…. 다친 애는 없냐?" 그러고 내려가 봤는데, 이놈이 대단한 게, 깨졌을 때 바로 오지 않고 정리를 어느 정도는 하고 왔더라고요. 내려가서 보니까 거의 다 치운 상태였고요. 3학년 복도였는데 3학년 학생들이 치우는 걸 도와줬다고 하더라고요. 위험한 행동을 인정하여 다음 날은 종일 교실에 감금되다시피 했죠. 화장실, 점심식사, 이동 수업을 제외하고는 밖에 못 나와요. 친구들 4명이 그 아이를 지키게 해요. 그러면서 형광등 깬 아이한테는 "친구들한테 미안한 줄 알아, 너 때문에 쟤들 놀지도 못하잖아" 하며 엄청 생색을 냈지요. 지키는 친구들에게는 "너희가 짱이다" 해주고요. 모든 상황은 그저 교육의 기회일 뿐입니다. 사고 속에서도 잘한 점을 찾아서 격려해주고, 잘못한 것은 거기에 맞는 책임을 지게 할 뿐, 교사가 그것으로 인해 화내거나 흥분하면 안 됩니다.

 후기

네, 선생님 감사합니다. 대응 방법이 너무너무 좋아요. 당장 교실에 가서 말했어요. "이 카페 만든 사람 나와라. 카페 운영이 얼마나 힘든 건데 이 사칭 카페를 만든 아이는 이를 도맡아서 해주겠다고 하니 참으로 고마운 아이다. 그리고 이 아이는 머리가 좀 비상한 것 같다. 혼란을 준 건 당연히 벌을 받아야겠지만 카페 운영진을 시킬 생각이다. 혹시 여기 있으면 선생님한테 솔직하게 이야기 해라."

아직은 안 나왔어요. 아이들이 막 웃더라고요! 나왔으면 좋겠어요. 진짜 칭찬받겠다는 믿음이 생기면 나오겠지요. 안 나오면 말고.

6.
불편하지만
덮어둘 순 없는

여학생들 사이의 미묘한 신경전,
어떻게 개입할까요?

우리 반 아이들은 제가 있을 때는 말을 잘 듣고 바르게 생활하지만 제가 교실을 떠나기만 하면, 그러니까 감시의 영역을 벗어나게 되면 굉장히 교칙도 안 지키고 엉망인 반으로 변합니다. 그런 일이 일어날 때마다 제가 '매번 안 보이는 곳에서도 잘해야 한다, 담임이 없어도 잘해야 한다'는 말을 하지만 제 말이 아이들에게 크게 영향력을 끼치는 것 같지 않습니다. 그저 아이들은 혼나지 않기 위해 제 앞에서만 얌전히 잘 행동하는 것일 뿐, 제가 없는 곳에서는 규칙도, 해야 할 일도 모두 무시하는 학생들이 됩니다. 이런 반은 어떻게 지도해야 할까요?

하나의 문제가 더 있다면 우리 반이 여학생 반인데 아이들이 크게 두 패(?)로 갈립니다. 얌전하고 조용하며 학교규칙을 잘 지키는 아이들과, 활발하고 조금은 시끄러우며 화장을 많이 하고 자유롭길 원하는 아이들입니다. 후자인 친구들이 좀 더 많고 거의 교실 분위기를 장악하는 것 같습니다. 그 친구들이 담임이 없을 때 분위기를 흐리는 것인데, 어느 날 얌전한 친구들 중 한 명이 제게 우리 반 아이들이 무섭다며 한 사건을 들려주었습니다.

학교폭력 비디오를 시청하는 시간에 제가 회의를 들어가게 되는 바람에 아이들끼리 교실에 남게 되었는데 학교폭력 비디오를 시청하지 않고 인터넷을 검색하여 뮤직비디오를 보았다는 군요. 그래서 그 얌전한 친구들 중 한 친구가 선생님이 틀어주신 비디오를 봐야 한다고 몇 번이나 말했는데 꿈쩍도 하지 않고 오히려 그 친구의 말투를 흉내 내며 조롱했다고 합니다.

문제는 제 앞에서는 잘 웃고 순하고 그저 장난스럽기만 한 아이들이라는 겁니다. 무작정 그 상황을 들어 혼을 내거나 지적하기에는 그 얌전한 친구에게 화가 돌아갈 것 같아 조심스럽기도 하고 어떻게 이러한 풍토를 고쳐야 할지 모르겠습니다. 제 앞에서는 귀여운 아이들이거든요. 저런 모습 본 적이 없습니다. 제 눈앞에서 벌어지지 않은 우리 반 사이의 일, 어떻게 바로잡아야 할까요?

아이들이 어떤 생각을 하고 있는지 생각보다 겉으로 잘 드러나지 않기도 하는 것 같고 아이들을 바른 사람으로 이끌어가는 것이 어렵네요. 필요할 때는 아이들을 휘어잡을 수 있는 능력도 있어야 할 것 같은데 그것도 전혀 안 되는 것 같아요.

올 한 해 학급경영에 대하여 많은 고민을 하시고, 또 시련도 닥쳐서 너무나 힘드셨을 것 같습니다. '내 앞에서는 이렇게 예쁜 아이들이, 이런 면이 있었나?' 싶기도 하고 성선설과 성악설을 생각해보는 등 다양한 생각으로 만감이 교차하실 것 같아요. 학기가 벌써 중반으로 향하고 있다고 이야기하셨는데, 훈육에 늦은 때는 없어요. 학기말이라도 완전히 포기하진 않으시면 좋겠습니다.

우선, 선생님이 회의로 인하여 자리를 비우시고 난 후 약간의 싸움이 발생한 거 같아요. 학생도 선생님도 많이 당황하셨을 것 같습니다. 일단은 반 아이들에게 선생님이 자리를 비워 이런 일이 생기게 된 것 같다고 솔직하게 말씀하셔서 서로에게 불만을 느끼지 않도록 해주시는 것이 우선이라고 생각됩니다. 오히려 아이들도 '선생님이 우리에게 먼저 자리에 없어 미안하다고 사과하셨는데, 우리가 일을 더 크게 만들 필요 있나?'라고 생각할 것 같네요.

학급 규칙 만들기

학교 규칙을 정확히 확인하고, 우리 반의 학급 규칙을 함께 정해보는 것을 추천합니다. 예를 들어 정규 수업시간 중 화장을 하고 있으면 교내 특별 구역 청소, 교사에 지시에 불응하면 벌점 등 규칙을 지키지 않았을 때는 어떤 벌을 받게 되는지 함께 토론하여 정하신다면 학생들도 규칙 지키기를 생활화할 것이며, 선생님이 지도하는 데도 도움이 됩니다.

자기표현 훈련 돕기

『소녀들의 심리학』(레이첼 시먼스 지음, 정연희 옮김, 양철북, 2011)에는 소녀들에게 자기표현 훈련을 시켜야 한다는 이야기가 나옵니다. '말을 잘 듣는다, 조용하다' 등 여학생들에게 붙여주는 그 표현들이 여학생들을 숨 막히게 하고 '뒷담화'를 은근히 조장한다고 합니다. 조용한 그룹의 친구들이 활발한 그룹의 친구들에게 자기표현을 할 수 있도록 돕는 분위기를 만들어준다면 어떨까요?

서로를 공감하고 소통할 수 있는 프로그램

〈모험상담〉이나 〈회복적 서클〉 등을 검색해서 모임이나 책, 동영상, 원격연수 등을 통해서라도 배워보시지요. 물론 한 번만에 모든 문제가 완전히 해결되진 않아요. 당장은 효과가 없는 것 같아도 선생님께서 그런 시도를 해보는 것만으로도 선생님의 경험과 능력이 향상될 것이고, 아이들이 조금이라도 좋아지는 계기가 될 것입니다. 무작위로 짝을 정한 후 서로 인터뷰를 하고, 함께 산책이나 운동해보기, 친구와 시간을 보낸 후 생각을 글로 써보기 등을 통해서 갈등을 해소하고 따돌림을 예방할 수 있는 활동이 많이 있습니다. 인터넷 검색으로도 관련 정보를 얻고, 각종 연구모임에 참여할 수 있습니다.

우울한 아이들의 특징

내 감정을 남 탓으로 돌리기 위해서 남을 공격하던 사람은, 남이 없어지면 자신의 그룹에서 공격대상을 찾게 됩니다. 원래 그룹이 우울하면 떨어져나온 학생에게는 더 잘된 것인데, 그때 우울한 아이들의 특징을 설명하고 '너는 어떻게 하고 싶니?'라고 해서 긍정적으로 살도록 도와주는 것도 한 방법입니다. 우울한 아이들은 그 그룹이 해체될 때까지 그것을 깨닫지 못해서 선생님이 섣불리 도우려다가는 늪에 빠집니다. 그래서 교사가 긍정성을 쌓는 연습을 평소에 하는 것이 중요합니다.

특히 따돌림이 발생하거나 패를 이루어 신경전으로 번지는 경우, 관련 학생들은 상당한 스트레스를 받을 수 있어요. 신체적 행동이나 '○○ 재수 없지 않냐? 쟤랑 놀지 마'와 같이 뚜렷한 언행으로 괴롭힌다면 차라리 학교폭력 사안으로 처리하여 개입하기가 비교적 쉽지만, 은밀한 신경전일 경우 지도가 어렵습니다. 이런 경우는 괴로움을 느끼는 학생을 전문상담 선생님께 의뢰해야 합니다. 그 전에 담임이 아이에게 어떤 부분에서 괴로움을 느끼는지 구체적으로 기록해보게 할 수 있어요. 그 기록 중에서 학생이 과민 반응하는 부분에 대해서는 의연하게 넘어가도록 지도할 수 있습니다. 반면에 괴로움을 느낄 만하다고 객관적으로 충분히 인정할 만한 행동에 대해서는 관련 학생들에게 이와 비슷한 행동을 하지 않도록 확실히 주의시켜야 합니다. 중요한 것은, 이 과정이 은폐·축소로 오인되지 않게 해야 한다는 겁니다. 피해학생이 원할 경우 학폭위로 진행할 수 있으며, 이 경우 쌍방 가해로 몰아가거나 변호사를 수임하는 등 장기화하여 더욱 어려운 상황에 놓일 수도 있음을 차분히 설명해줄 수도 있습니다.

선생님 혼자 감당하기 어려운 수준이면 반드시 동료교사, 학년부장, 상담 선생님, 생활지도부 등과 상의하며 진행하세요. 서로가 스트레스받을 만한 언행을 삼가도록 주의 후, 다음 학년에 다른 반이 되도록 연말쯤엔 학년부장께 말씀드려야 합니다. 이 과정에서도 문제행동이 표면적으로 심각하게 드러난다면 그동안 지도를 근거로 학폭위에서 위원들의 판단에 따라 처리해야 합니다.

특정 성별에 국한된 문제라고 단정 짓긴 어렵지만, 어느 정도의 경향성은 있습니다. 사람 사이의 미묘한 신경전과 암투는 교무실, 친인척 사이, 사회에서 광범위하게 나타납니다. 학창시절에 제대로 해결하지 못한 상처가 평생의 관계에 악영향을 끼칠 수도 있지요. 한 번에 모든 문제를 해결할 수 없습니다. 직접적 언행이 도를 넘으면 학폭위로 처리할 준비를 해야겠지요. 다만 대단치 않은 문제는 의연히 넘어갈 수 있는 건강한 마음을 길러주어 아이가 단단하게 성장할 수 있도록 선생님이 지지자가 되어주시면 좋겠습니다.

거친 남학생을 어떻게 달래고 부드럽게 만들 수 있을까요?

제가 여중-여고에다 여학생이 훨씬 많은 대학을 나와서인지 남학생들 이해하기가 정말 어렵네요. 거친 행동이 폭력인지 장난인지 구별도 안 되고, 시키면 안 듣고 대들거나 도망가요. 그래서 혼냈더니 토라졌나 봐요. 어떻게 달래나요? 오늘 칭찬해주고 "어제 마음 상했지? 선생님이 너만 그런 게 아니고 원칙이라 그랬다"라며 달랬는데 안 풀린 것 같네요. 속상했던 거 알고 선생님도 마음이 쓰였다고 설명했는데요.

남녀 학생들에게 고전 이야기에서 인상 깊은 장면을 자유롭게 그려보라고 했습니다. 여학생들은 주로 남녀 주인공이 행복한 결말에 이르는 장면을 예쁘게 묘사했습니다. 반면 남학생들은 적장의 목을 베고 피가 솟구치거나 죽어서 뒹구는 모습을 많이 그렸습니다. 여학생들은 모범적이고, 남학생들은 문제가 있는 것으로 보이시나요? 남녀의 차이에 관한 문제는 나이에 상관없이 늘 화젯거리입니다.

남교사에게 여학생 대하기 어려운 면이 있듯이, 여교사도 남학생 대하기 어려운 면이 있어요. 기본적인 남녀 차이, 발달 단계에 따른 이해가 필요합니다. 여교사 비율이 높아 학교 체제나 교육과정이 여학생들에게 유리한 면이 있다는 연구들도 있지요. 이 사회에서 젠더 문제는 자칫 소모적인 논쟁을 불러일으킬 수 있어서 논의가 조심스럽지만, 무시하고 넘어갈 순 없어요.

대개 기본적으로 남학생은 육식동물, 여학생은 초식동물의 성향이 조금 더 있어요. 원시시대 이전부터 남자는 사냥, 여자는 채집과 육아에 적합해야 살아남기 쉬웠습니다. 집단을 이루어 사냥감을 공격하고 죽이며, 사냥감의 고통에는 무감각한 것이 조직 생존을 위해 당연한 행동으로 각인되어 살아온 것입니다. 맹수들끼리도 센 척을 해서 우위를 점해야 살아남기 더 유리합니다. 하지만 이제는 사냥이 보편적인 시대가 아니기 때문에 이런 동물적 본능을 이해하면서도 현 시대에 맞는 사회화가 필요합니다. 다른 성별의 학생에 대한 이해가 높아지면 사회생활이나 가족 관계에도 큰 도움이 되실 거예요.

남학생들은 센 척하느라 안 풀린 척하고 있을 거예요. 동물들 사이에서는 직접 싸우면 이기더라도 손해가 크니까, 싸우지 않고 우위를 점하기 위해 센척 과시하는 습성이 있습니다. 사람도 동물의 속성이 남아있는 것이지요. 자기가 잘못한 줄은 알지만 당장 굴복하고 다른 사람들 앞에서 잘못을 인정하는 게 싫어서 그러는 것 같아요. 속상해하지 마시고, 잘할 때마다 칭찬이나 강화물을 사용해보세요. 행동주의가 수준 낮은 것처럼 인식되어도, 인간 행동의 기본을 이해하는 데는 도움이 됩니다.

학생들을 지도할 때 강요하거나 명령조로 말하다 보면 오히려 반발심을 유발해 수동적이고 공격적인 성향을 드러내는 경우가 있습니다. 그래서 편안하고 부드러운 말투로 질문을 하며 소통하는 것이 더 효과적입니다. 예를 들어, 선생님이 청소시간에 청소하지 않고 놀고 있는 학생에게 '야, 청소해!' 혹은 '야, 저 쓰레기 주워!'라고 다그치고 명령하기보다는 '○○아, 바닥 좀 닦아줄래?'라고 질문을 던지며 부탁하는 것입니다. 선생님의 부탁을 들은 학생들은 자신의 행동을 스스로 결정하고 선택할 기회를 얻게 되어 약간 쑥스러워하면서도 기분 좋게 받아들일 것입니다. 남학생의 경우 소요 시간이나 완료 시간을 정해주면 지시이행률이 훨씬 높아집니다.

그런데 학생들이 선생님이 제시한 과제나 일을 주어진 시간 안에 끝내지 않고 가만히 있을 수도 있습니다. 학생들도 자신이 생각하는 일의 순서가 있어서 바로 움직이지 않을 수도 있기 때문입니다. 이런 학생들은 잘못된 행동으로 여러 선생님으로부터 야단을 맞는 일이 잦아지고 성격도 공격적이고 반항적으로 형성될 수 있습니다. 그럴 때는 학생에게 무시당했다고 기분 나쁘게 생각하지 말고, 일의 완료 시간을 다시 정해주세요. '지금 하는 거 끝나고 이거 할 수 있지?', '이 일 잊지 말고 점심시간까지 해줄래?'라고 말해보세요. 만약 잊고 안 했다고 해도, '잊어버렸어?' 하고 물으면 매우 미안해하면서 '지금 당장 할

게요'라고 합니다. 학생들이 스스로 약속하고 지키며, 자기 주도적으로 행동할 기회를 많이 제공하는 것이 좋습니다.

만약 학생이 지속적으로 거친 행동을 하거나 문제행동을 한다면 학생이나 학부모와 상담한 모든 내용을 교무수첩에 날짜별, 시간별로 꼼꼼하게 기록해두어야 나중에 문제가 발생했을 때 선생님 자신을 지킬 수 있습니다. 그리고 이런 문제에 대해 담당 부장 선생님이나 교감 선생님께 조언을 구하고, 지시하신 내용이 있다면 그런 것들도 잘 기록해두어야 도움을 받을 수 있습니다.

개 훈련법으로 남편을 길들인다?

맞벌이 아내들의 가사분담에 관한 스트레스는 비단 한국만의 문제가 아닌 모양입니다. 심지어 영국 BBC 방송국에서는 개 훈련가 애니 클레이튼이 개를 훈련하는 방법으로 남편을 가사에 끌어들이는 방송프로그램이 선풍적일 정도였습니다. 제작팀은 평소에 가사로 스트레스를 심하게 받아 위기에 몰린 맞벌이 부부 아내들에게 가트맨 방식으로 남편을 변화시키도록 했어요. 부부관계 클리닉 전문가인 최성애 박사에게 교육받은 대로 가트맨 방식을 남편에게 적용한 지 2주 후, 남편은 어느새 새사람이 되어 있었습니다. 어떤 방법이 적용된 것일까요.

http://cafe.naver.com/ket21/702

학생이 콘돔을 가지고
장난을 치는데

저희 반 남학생이 화장실과 교실 내에서 피임 도구인 콘돔에 물을 넣고 장난을 쳤습니다. 이를 본 여학생이 제게 말해주어 알게 되었는데요. 남학생 성교육, 어떻게 해야 할지 걱정이 이만 저만이 아니에요.

요즘 아이들은 자극적이고 다양한 성 이미지에 쉽게 노출되고 있습니다. 문제는 이뿐만이 아닙니다. 2013년부터 2015년까지 진행된 삼성서울병원 산부인과 교수 연구팀이 '청소년 건강 행태 온라인조사'를 분석한 결과, 성관계 경험이 있는 미성년자의 성관계 시작 연령이 남녀 평균 12.8세와 13.2세로 나타났습니다. 학교 교육과정에 성교육이 포함되어 있지만 부족한 점이 많습니다. 청소년들이 성을 존중하는 태도를 배우고 건강한 성 의식을 가질 수 있도록 현실을 반영한 지도가 필요합니다.

성교육은 성행위를 가르치는 교육이 아니라 건강하고 안전한 성을 위해 서로의 성을 배려하고 존중하는 삶에 대한 교육입니다. 즉, 성적 자기결정권과 주체성을 확보하면서도 책임감 있는 행동과 타인을 배려하는 관계가 올바르다고 가르치는 것입니다.

학교폭력에서 정의하는 성폭력의 의미

아이들이 가장 흔히 하는 실수는 장난과 성폭력을 구분하기 어려워한다는 것입니다. 어떤 행동에 대해 서로 기분 좋게 이해할 수 있는 게 장난이라면, 성폭력은 성적으로 불쾌한 감정을 일으키는 행동입니다. 서울특별시교육청의 2017년도 학교 성폭력 예방 및 근절 종합대책에 따르면 「학교폭력예방법」의 적용을 받는 성폭력 개념은 성희롱, 성추행, 성폭행(강간) 등 상대방의 의사에 반하여 성을 매개로 가해지는 신체적, 언어적, 정신적 폭력을 모두 포괄하는 것입니다.

또, 참고 사항으로 협의의 성폭력과 광의의 성폭력의 범위를 설명하고 있습니다. 협의의 성폭력은 형법에서 규정하고 있는 강간·강제추행 등이 주가 되며, 광의의 성폭력은 상대방의 의사에 반하여 가해지는 성적인 언어나 행동으로 굴욕적인 감정이나 신체적 손상, 정신적

258 교사119 이럴 땐 이렇게

고통을 느끼게 하는 신체적·정신적·언어적 성폭력까지 포함하는 것입니다.(「성폭력범죄의 대응방안 연구」, 장방용, 2013.)

즉, 성폭력이 단순히 신체적 성폭력을 의미하는 것이 아닌, 광의의 성폭력 개념이 적용될 수 있음을 교사가 인지해야 합니다. 위 사례의 경우, 피임 도구를 가지고 장난친 행위를 성적인 행동으로 판단할 것인지, 성적인 행동이라면 굴욕적인 감정을 느끼게 했는지를 가려 엄격히 지도해야 합니다. 또한, 평상시에도 학생들이 장난과 성폭력의 개념을 구분할 수 있도록 스토리텔링 혹은 연극 수업을 통해 지도하는 심층적인 성교육이 필요합니다.

피임도구의 올바른 사용방법을 가르치자

콘돔은 청소년도 사용할 수 있도록 허가받은 '의료기기'입니다. 청소년이 콘돔을 소지하고 있더라도 불법행위를 저지른 것이 아니라는 거죠. 그러나 사회적 인식으로 콘돔을 구매하지 못해 '랩'을 가지고 피임 도구를 만들어 성관계를 맺었다는 한 학생의 이야기를 들으면서, 피임 도구의 올바른 사용법을 가르치고 피임 도구에 대한 청소년의 접근성을 높이는 인식 개선이 필요하다고 느낍니다. 특히, 청소년들은 주기법, 질외사정법 등의 안전하지 않은 방법으로 피임을 하는 경우도 적지 않기 때문에, 안전을 위해서도 피임 교육이 필요합니다. 콘돔이 장난의 도구가 아닌, 피임을 위한 도구임을 알려주시고 올바른 사용법을 가르쳐주세요.

가정과 함께하는 성교육

학교에서의 성교육과 함께 가정에서도 자녀의 성에 관심을 가지고 가르쳐야 합니다. 성관계, 피임뿐만 아니라 2차 성징, 자위, 음란물 등 학생들이 성장하면서 겪는 성에 대해 부모님이 미리 알고 알려주어야 합니다.

아이들이 성에 대해 던지는 고민과 이에 대한 해결방법을 원한다면 『아우성 빨간책』(사단법인 푸른아우성 지음, 올리브엠비), 주체성과 젠더감수성에 집중한 청소년의 성교육 방법을 원한다면, 『당황하지 않고 웃으면서 아들 성교육 하는 법』, 『움츠러들지 않고 용기 있게 딸 성교육 하는 법』(손경이 지음, 다산에듀, 2018)을 참고할 수 있습니다. 성교육에는 시비가 많습니다. 견해가 다르고 비판받는 내용도 있으니 가르치려면 심사숙고해야 합니다.

요즘은 초등학생 때부터 많은 음란물에 노출됩니다. 음란물에 등장하는 성관계는 자극을 강화하여 금전적 이득을 얻을 목적으로 훈련된 배우의 과장된 몸짓과 소리인데, 아이들은 이를 일상적인 것으로 인식합니다. 또 자신의 성적인 행동이 사회적으로 어떤 의미인지 개념 없는 상태에서 과잉 행동으로 표출되기 쉽습니다. 그 행동이 주변 이성 학생이나 교사에게 향할 수도 있어요. 개념 없는 학생에게 개념을 가르쳐주는 것이 교사의 일입니다. 그런데 지속적이고 수위가 높아지면 학폭위나 교권침해로 다루고, 더 심해지면 성범죄로 고발해야 합니다.

주위 여학생을 껴안고, 소리를 지르면 재미있어하는 초등학교 남학생이 있었습니다. 처음에는 여학생들에게 핀잔을 들으면 잠깐 수그러드는 정도였지만 또 반복하곤 했습니다. 어떻게 지도할지 참 난감합니다. 그런데 그 행동의 수위가 점점 심해지더니 중학교에 가서 폭발하고 말았습니다. 여학생 옷 속에 손을 넣는 등 그 행동이 점점 심해지고 다른 학생들도 따라 하더니 결국 학교 성폭력으로 가해학생 여러 명이 한꺼번에 강제전학 당했습니다. 가해학생 부모님의 수치심도 이루 말할 수 없었습니다.

성교육을 제대로 하긴 어렵습니다. 하지만 교육하지 않으면 행동은 점점 교묘하고 심해질 수 있습니다. 남학생끼리 장난으로 취급하던 것들도 방치되면 군대 내 동성 간 성폭력으로까지 이어질 수 있습니다.

성행위 동작을
자주 흉내 냅니다

수업시간에 평소에도 자주 저에게 지적당하던 학생이 다른 친구 뒤에 서서 성행위를 묘사하는 듯한 행동을 하더라고요. 너무 당황스러워서 처음에는 "뭐 하는 거야?" 그냥 이렇게 말하고 자리에 앉혔는데, 계속 기분이 안 좋아서 "너, 아까 뭐 한 거야?" 이렇게 다시 물어보니 친구 엉덩이 때린 거라고 하더라고요. 다른 아이들은 "그럴 수도 있죠"라고 하더군요. 그러고는 수업시간에 핸드폰 활용해서 수업하는데 야동 찾고 있더라고요. 앞으로 또 이런 일이 있다면 어떻게 대처해야 할지 걱정입니다.

선생님과 비슷한 상황이었는데, 자유롭게 떠드는 분위기에서 '섹스'라는 말을 하며 남자애들끼리 놀리고 있었어요. 그냥 무심코 넘어갔다가 계속 불편해서 몇 분 뒤에 결국 말을 꺼냈어요.

"방금 섹스 어쩌고 하면서 친구 놀린 거야?" 하고 교탁에 서서 물으니, 순식간에 조용해지고 학생들이 저와 그 아이에게 집중해요. 아이는 맞다면서 살짝 부끄러운 기색이지만 잘못한 기색은 없어요. 그럼 이제 차분하고 진지하게 설교합니다.

"여기는 많은 사람이 있는 장소이고 성별이 다른 사람들이 모여 있으니 큰소리로 섹스를 들먹이며 농담하는 것은 옳지 않아. 누군가는 기분이 언짢을 수도 있고 나 또한 불쾌해. 다음부터는 조심하길 바란다."

너무 무겁진 않지만 가볍지도 않게 이야기하면 아이들도 바로 수긍하더라고요. 이런 식으로 잘못된 말과 행동을 하면 그때그때 바로바로 지적해요. 본인들은 그게 언어폭력인지 모르고 계속하는데, 심한 장난칠 때 바로바로 지적해야 해요. 꼭 그때가 아니어도 계속 불편하면 저는 이야기해요. "그때 그런 일이 있었는데 기억하니? 그날 이후 자꾸 불편하고 맘에 걸려 이야기하는 거야. 나는 그 상황에 (…)한 걸 느꼈어."

여중에서는 보기 힘든 광경이겠지만, 남학생 교실에서 자주 목격하는 장면 중 하나가 '성행위 묘사'입니다. 초등학교 고학년부터 고등학생까지도 나타납니다. 보통 남학생이 다른 남학생을 뒤에서 안고 서로 장난을 칩니다. 수컷 강아지를 키우는 분들이라면 어떤 행동인 줄 아시겠지요. 강제라면 바로 학교폭력 신고가 들어올 텐데, 대개는 암묵적으로 서로 합의된 장난입니다. 동성 간에 심한 굴욕감을 느끼기도 하는

데, 그럴 때는 학교폭력 중 성폭력 사안으로 처리될 수 있습니다.

물론 해당 학생들에게 장난이라고 하더라도 그런 행동은 지켜보는 사람들에게도 성폭력이 될 수 있음을 안내하고 잘못된 행동이라고 지속적으로 지도합니다. 하지만 성교육의 문제인지, 어디서부터 잘못됐는지, 본능을 조절하기 어려운 건지, 잠시만 눈을 돌리면 어김없이 같은 행동을 하는 남학생들을 목격하게 됩니다.

하루는 수업이 끝나고 질문이 있는 학생과 대화를 하고 있었지요. 그때 평소에 편하게 지내던 남학생 한 명이 가만히 뒤로 오더니 살포시 백허그를 하면서 말을 건넵니다. "선생님, 사랑해요."

지진이 난 것도 아닌데, 갑자기 제 몸이 두 번 정도 격하게 흔들렸습니다. 깜짝 놀라 뒤를 돌아보니, 이 녀석도 당황해서 어쩔 줄 모르는 표정이에요. 평소에 친구들끼리 하던 장난이 만성적 습관이 되다 보니, 자기도 모르게 저를 뒤에서 안자마자 허리가 자동반사로 움직인 것이었습니다. 오 마이 갓.

고개를 돌리는 짧은 찰나에 이 녀석을 어떻게 해야 하나 수많은 생각이 지나갔지요. "야, 이거 선생님에 대한 성폭력이야. 경찰을 불러야 하는 일 같은데?" 녀석의 얼굴빛이 노랗게 질립니다.

"경찰이 싫으면 내가 너에게 세 번의 기회를 줄 테니까 그중에서 골라봐. 알겠지?"

녀석의 얼굴에 잠시 안도의 빛이 지나갑니다.

"첫째는, 부모님께 지금 전화할게. 그래서 너희 부모님께서 '아이고. ○○이가 그럴 수도 있죠' 이렇게 말씀하시면 아무 일도 없었던 것으로 할게. 어때?"

녀석의 얼굴은 도화지처럼 하얗게 질리기 시작합니다.

"싫은가 보구나. 알았어. 그러면 두 번째 방법인데, 생활지도부장님께 가서 이거 선도위원회로 갈지 말지를 여쭤보고, 하지 말자고 하면 봐줄게. 괜찮지?"

녀석은 생활지도부장님을 떠올리면서 격렬하게 고개를 가로젓습니다.

"흠. 알았어. 그러면 마지막 기회를 줄게. 반 친구들이 다 목격자니까, 내일 수업 시간에 너의 행동을 용서해야 하는지 아닌지 물어볼 테니 친구들을 잘 설득해봐. 안녕."

그러고는 망연자실한 그 녀석을 뒤로 하고 교무실로 총총 내려왔지요.

다음 날, 일부러 사뭇 진지한 표정을 하고 교실에 들어섰습니다. 그 녀석에게 자신이 어제 했던 행동을 설명하라고 하니, 당연히 설명하지 못합니다. 사실 반 학생 모두가 목격자였으니 설명은 필요 없었지요. 다만 선생님에게 혼나서가 아니라, 스스로 자신의 행동이 정당했는지 고민을 해봤으면 했어요. 웃으면서 로마 원형경기장 검투사의 이야기를 한 뒤, 모두 엄지손가락을 들게 하고 유무죄 투표를 거행했습니다. 화기애애한 분위기였지만 학생들의 손가락이 향한 방향은 모두 아래.

그 녀석도, 반 학생들도 그 행동이 잘못된 행동이라는 것은 이미 모두 알고 있었습니다. 학생들에게 왜 이런 행동이 나쁜지 설명하고,

다시는 이런 장난을 하지 않았으면 좋겠다고 당부했습니다. 그리고 수업이 끝난 뒤, 녀석을 불러 자신이 한 행동을 차분하게 글로 쓰게 했어요. 그 밑에는 저도 진심을 담아 학부모님께 드리는 글을 썼습니다. 제 수업을 참 좋아하고 열심히 하는 학생이라고, 그리고 이번의 실수를 통해서 더 성장할 수 있을 것 같다고.

녀석에게 맛있는 것을 먹이면서 잘 다독인 다음, 부모님께 보여드리고 확인을 받아오라고 했어요. 다음날 학생이 가져온 확인서에는 학부모님이 써주신 긴 메모가 남겨져 있었습니다. 함께 노력해주시겠다는 마음이 감사했어요. 이렇게 학교의 시간은 사소하지만 사소하지 않은 일에 울고 웃으며 그렇게 지나가고, 학생들과 교사는 그 사이에서 함께 성장합니다. 그 소소함이 저를 행복하게 합니다.

> **TIP!**
>
> 학생이 성장하며 성욕과 호기심은 폭발적으로 증가하고, 음란물에는 무분별하게 노출되는 현실에 비해 성교육은 턱없이 모자랍니다. 무언가 성교육을 시도하다가 자칫하면 학생들은 일부 이야기에만 집중하여 전체적인 맥락을 놓치고 왜곡되게 이해한 내용을 밖으로 전달하기 쉽습니다. "그 선생님이 이렇게 얘기하던데요?" 학생들의 호기심에 대답한 것도 성희롱으로 신고당하거나 구설수에 들기 쉬운 것이 현실입니다. 교과 지식과 직접 관련되지 않은 이야기를 언급하는 것조차 교사 잘못으로 치부되기 쉬우니까요. 29명의 학생이 진지하게 선생님께 감사해하더라도 단 한 명이 '선생님 변태'라고 소문을 낸다면 그

선생님은 교직원 사이에서까지 그저 변태로 낙인찍힐 수 있습니다. 이런 일을 겪은 교사는 관계에 실망하고 더욱 위축되어 소통을 단절하게 됩니다.

위의 사례는 선생님이 평정심을 잃지 않고 침착하게 대처하며 평소에 신뢰가 잘 형성되어 있고 상당히 노련해야 가능한 방법입니다. 학부모에게 처벌 통보가 아닌, 진정성 있는 협조를 요청했기 때문에 교육적으로 마무리되었습니다. 모범답안이라고 하기 어려운, 대단한 대처 사례라고 할 수 있어요. 저 선생님이 대단하게 대처하신 것이지, 저렇게 대처하지 못한다고 교사가 부족한 것이 아닙니다.

대개 위의 사례는 교권침해 성추행 사안으로 교사 폭행보다 심각하게 처리할 수 있습니다. 아이들이 빗자루로 기간제 교사를 때리는 장면을 촬영, 유포해서 충격을 준 일이 있는데 그보다 훨씬 심하다고 할 수 있는 상황입니다. 당했을 때 제대로 대처하기는 상당히 어려운 일입니다. 과거에 남학생이 자신을 성추행하자 여교사가 반사적으로 따귀를 2대 때리고 학생의 전학을 요구한 일이 있습니다. 교원지위법이 강화되어 학급 교체와 전학이 가능하지만 명확한 증거로 교보위를 거쳐야 합니다. 그런데 학부모는 아동복지법상 아동학대로 교사의 해임을 주장하여 결국 선생님이 다른 학교로 옮겨야 했습니다. 부모가 자기 자식을 보호해야겠다는 생각을 하면, 상식을 초월하는 일이 일어나곤 합니다. 학생들이 많은 음란, 폭력물에 오래 노출되고 제대로 된 교육을 받지 못하면 언제든 일어날 수 있는 일이지요. 어떻게 대처하는 것이 정답이라 하긴 어렵지만 참고할 만한 사례들이 계속 공유되어 국민이 합의할 수 있는 성교육 및 성폭력 대처 표준안이 제대로 마련되면 좋겠습니다.

자신이 레즈비언인 것 같다고
상담을 요청해왔어요

보건교사 미배치 중학교에 근무하는 신규 여교사입니다. 중3 여자아이가 담임 선생님께는 하지 못할 말이라면서 갑작스럽게 상담을 요청해왔습니다. 자신이 성소수자-레즈비언인 것 같다는 말이었습니다. 남자랑 손을 잡거나 벗은 남자 몸을 봐도 별로 흥분되지 않으며 설레는 경험이 없는데, 여자랑 손을 잡거나 벗은 몸을 보면 기분이 좋아진다고 했습니다. 또, 좋아하는 선배 언니가 있다고도 했고요. 자신이 동성애인 것 같은데 이걸 어떻게 해야 할지 모르겠다며 괴로워했습니다. 여자를 보면 심장이 두근거리고 마구마구 뛴다는 말도 했고요. 부모님께 털어놓아야 하는지도 걱정이라고 했습니다.

아직은 성 정체성이 확립되기보다는 혼란스러운 시기라 자연스러운 일일지도 모른다고 안심시켰고, 산간벽지 학교라 좋아하는 남자가 생기기 어려운 환경이라서 그런 것일 수도 있으니 부모님께 알리기 전에 한 번 더 스스로 질문을 해보라는 말로 상담을 마쳤습니다. 제대로 한 건지 개운치 않네요.

학생이 학교에 알려지는 걸 원치 않아서 주변에는 도움을 청하기가 어려워 도움을 요청합니다. 관련 도서나 좋은 상담의 말이나, 어떤 조언이든 좋습니다. 도와주세요.

인권의식이 높아지면서 사회적으로뿐만 아니라 학교 내에서도 성소수자 학생과 관련된 사안이 종종 발생하고 있습니다. 언급하기 불편할 수도 있지만 언제 내 교실 속 아이가 해당할 수 있어, 무시할 수 없지요. 여학생끼리 동성애 감정으로 삼각관계가 일어나면 머리채를 잡으며 심하게 싸우고, 깊은 상처가 생겨 성인이 되어서까지 벗어나지 못하기도 합니다. 스스로 수치심과 괴로움에 빠지고, 자신을 이상하게 보는 세상에 마음을 닫기도 합니다.

선생님을 믿고 이야기했다는 것만으로도 선생님에 대한 학생의 신뢰가 느껴집니다. 고3 때 레즈비언으로 커밍아웃한 여학생이 있었습니다. 그때 주위의 반응은 더러운 것 보는 듯한 반응과 '그렇구나, 그럴 수도 있어' 하는 반응이 있었습니다. 선생님의 느낌이나 생각은 어느 쪽이었는지요? 일단은 그 학생이 겪었을 당혹감과 고민에, '그동안 많이 힘들었겠구나' 하고 위로해주는 게 우선일 듯하고, 어떤 답을 미리 내려서는 안 될 듯합니다.

우선 그동안 아이가 얼마나 속앓이했을지 헤아리고, 아이를 보듬어야 한다고 생각해요. 그 어떤 판단도 중지한 상태로요. 그것만 해주셔도 아이에게는 큰 힘이 될 것 같습니다. 함부로 틀렸다고 말할 수 없고, 다른 것이니까요. 이미 아이에게 말씀하셨으니 되돌릴 수는 없겠지만, 아이가 걱정하는 바를 사춘기 시기나 학교 환경과 관련짓는 것이 과연 맞는지 의문이 듭니다. 아이가 걱정하는 바에 다양한 경우의 수를 두어 원인을 밝혀내려 한다면 오히려 아이에게 뭔가 잘못하고 있는 듯한 느낌을 줄 수도 있을 것 같아요.

성장기라 그렇다거나, 동성애자가 시간이 지나면 이성애자가 되는 경우가 많다거나 청소년기에는 자신을 동성애자로 '잘못' 착각한다거나 하는 얘기는 동성애에 대한 잘못된 정보이거나 왜곡된 지식을 전할 위험이 있다고 봅니다. 그 학생이 굉장히 심적으로 힘든 가운데 선생님에게 개인적인 커밍아웃을 한 것인데, 절대 비밀 유지해주시고요, 친한 동료 선생님에게도 말씀하시면 안 됩니다.

청소년기나 환경 문제로 얘기하는 것은 자칫 동성애자가 잘못된 존재라는 인식을 전달할 수 있는데, 그건 학생에게 자신의 존재가 잘못된 것이라는 느낌을 줄 수 있다는 점에서 위험한 접근이라고 생각합니다.

학생 본인이 현재 자신을 레즈비언이라고 느낀다면 그건 그 느낌 자체로 인정되어야 할 뿐, 변화를 기대해야 할 부정적인 상태라고 단정하기 어렵습니다. 누구를 사랑하느냐와 상관없이 학생 본인은 소중한 존재라는 것을 확인시켜주는 것이 학생의 고민과 불안을 조금이나마 덜어주는 길이 아닐까요?

실제로 어떤 교사든 직면할 수 있는 상황이지만, 말할 때 어떻게 말하면 좋을지 고민되는 경우도 많아요. 말로 풀어 이야기하는 것과 아는 것은 다른 문제이고, 생각과 다른 말이 나오는 경우가 많더라고요. 먼저 선생님의 생각을 적어보시고 한번 읽어보세요. 어디까지나 저라면 이렇게 하겠다는 전제입니다. 몇 번의 상담으로 아이가 마음속 이야기를 털어놓고 교사에게 수용됐다는 기분이 들어 마음이 진정되면 이렇게 말할 수 있을 것 같아요.

"선생님은 옳고 그르다는 가치 판단을 내리고 싶지는 않아. 동성에게 편안함을 느끼거나 같이 있고 싶은 감정을 사랑이라고 느낄 수도 있어. 10% 정도는 동성에게 사랑을 느낀다는 연구결과도 있지만, 조사 방식이나 문화권에 따라 상당히 다른 결과가 나와. 청소년기에는 혼란스러운 것들이 많아서 본인이 동성애자라고 생각하고 그렇게 행동하기도 한다고 하는데 그렇지 않은 경우도 있다고 해. 많이 힘들고 당황스럽겠지만 아직 단정하지 말고 조금 더 시간을 두고 지켜보았으면 좋겠어. 무엇보다 나를 믿고 이야기해줘서 고마워. ○○가 어떤 취향을 가졌건 간에 현재 모습 그대로 소중하고 존중받을 존재라고 생각해. 그렇지만 선생님은 이 분야의 전문가는 아니어서 전문적인 상담을 위해서 외부상담과 연결하는 것이 어떨까 하는데, 너의 생각은 어떠니? 아니면 마음의 준비가 되었을 때 해줄 수도 있으니까 천천히 생각해봐."

쓰고 보니 동성애에 대해서 가치중립적이지 않은 듯 보이지만 '너는 다른 취향을 가졌고 나는 그것을 존중해'라고 처음부터 단정 지어서 너는 이렇다고 이야기하는 것보다는, 학생이 스스로 혼동하고 있는 것인지, 아니면 확실하다고 판단하는 것인지 상황을 나누어볼 수 있습니다. 확실하다고 단정하면 그대로 존중해주고, 혼동하는 것이라면 위와 같이 이야기를 하는 것도 괜찮겠지요.

지금 상황에서 저 아이에게 필요한 건 무조건적 수용이 아닐까요? 동성애자가 느끼는 가장 큰 공포 중 하나가 주변인에게 털어놓았을 때 수용되지 못하면 어쩌나 하는 점이랍니다. 그런데 교사가 불편하다고 하는 순간 그 아이는 마지막 보루같이 느껴졌던 선생님에게서도 배척당했다는 느낌이 들 수 있습니다. 그 친구에게는 그동안 가졌을 여러 두려움과 걱정 등을 최대한 수용해주고 공감적 듣기를 해주는 게 필요하겠지요. 그리고 동성애자든 아니든 너는 잘못되거나 틀린 게 아니라고 얘기해주는 게 중요하고요.

여기서 담임이 섣불리 지식적(이성적, 과학적, 논리적) 측면으로 접근하거나 해결방법 같은 걸 던져주려 하면 안 될 것 같아요. 그저 마음의 위로와 전문가에게 대한 연계, 어떤 상황에서도 '나는 네 편'이라는 교사의 믿음으로 학생을 안심시키는 것이 제일 중요한 역할 같습니다.

 후기

처음에 학생에게 상담 요청을 받고 너무 당황스러웠는데 선생님들의 조언을 듣고 정말 큰 도움이 되었어요. 저는 일단 판단을 유보했습니다. 학생들은 아직 미성숙한 상태로 언제든 변화의 가능성이 존재하기 때문에 자신의 성 정체성을 지금 단계에서 결정하는 것은 이르다고 이야기했습니다. 그리고 정말 동성 애자인지 아닌지에 대해서 성급하게 결정하고 이성을 멀리하는 행동은 지양 하자고 설득했죠. 이성과도 스스럼없이 대화를 해보고 부대껴봐야만 건강한 이성관이 성립될 것 같았습니다.

좋아하는 선배 언니의 경우 여자라서 좋은 것인지, 멋있는 사람이라서 좋은 것 인지에 대해 다시 고민해보자고 했습니다. 저 역시도 멋있는 여자들을 보면서 가슴 설렌 적이 있다고 말했습니다. 이러한 감정은 이성을 볼 때 느끼는 감정과 는 확연한 차이가 있음에도 아직 어린 학생들의 경우 그 감정을 구분하지 못하 고 혼동하는 경우들이 종종 발생한다는, 책에서 읽은 내용도 들려주었습니다. 학생은 알겠다고, 자신도 더 많은 사람을 만나보면서 새로운 환경에 노출되어 보는 게 좋겠다고 하더군요. 그게 처음이자 마지막 상담이었습니다. 그 이후로 학생은 졸업을 하여 고등학교에 진학했고, 저는 그 학생과의 개인적인 연락 없 이 지내왔습니다.

그러다 올해 그 학생이 저에게 문자를 보내왔습니다. 자신은 잘 지낸다고 선생 님은 어떻게 지내냐는 글이었죠. 그 이야기 끝에 자신은 이제 동성과 이성을 대 하는 감정의 다름을 확실하게 구분할 수 있게 되었다고 했습니다. 상급학교에 진학한 후 다양한 이성과의 만남에 노출되다 보니 사랑의 감정과 동경의 감정 이 확실히 다르다는 것을 알게 되었다고요. 저에게 고맙다는 말도 남겼습니다. 사실 그때는 특별한 해결책을 받지 못해 괜히 상담했다는 생각도 했고, 오히려 더 혼란스러워져서 짜증도 났었는데 그 당시 선생님이 '너는 동성애자야, 이성 애자야'라고 판단을 내려줬다면 오히려 지금에 와서 더욱 혼란스럽고 괴로웠 을 것 같다는 이야기였습니다. '나는 동성애자인데 왜 이성을 보면서 이런 감정이 들지?'와 같은 사고의 혼란 말입니다.

교사는 혼란을 겪고 있는 아이들에게 판단을 내려주는 재판관의 역할이 아닌, 현재의 그런 혼란은 자연스러운 것이라는 걸 안내하고 안심시켜주는 존재인 것 같습니다. 이 글이 소소하게나마 선생님들께 보탬이 되었으면 좋겠네요.

이 책에 실을지 말지 가장 고민되었던 질문입니다. 신경정신과와 심리상담센터에서 동성애를 정신질환에서 제외했고, 유엔 인권이사회와 국가인권위도 동성애 차별 금지, 편견 개선의 입장을 취하고 있습니다. 하지만 종교나 문화에 따라서 동성애에 대한 입장은 첨예하게 나뉩니다. 퀴어 축제 영상을 보여주는 등의 동성애 관련 수업을 한 초등교사에게 학부모들이 격렬한 민원을 제기한 사례도 있습니다. 따라서 동성애는 학생들의 질문이 많지만 언급하기 꺼려지는 주제입니다. 하지만 너무 궁금해하며 고민 속에 고통받는 학생들을 위해서라도, 선생님들이 논의한 사례를 참고로 이해해주시면 감사하겠습니다.

아래 사이트나 서적을 통해 동성애 관련 정보를 알아볼 수 있습니다. 학생에게 섣불리 권하기 이전에, 교사가 충분히 내용을 파악하는 것이 필수입니다.

- http://www.ddingdong.kr : 청소년 성 소수자 위기지원센터 '띵동'
- http://lsangdam.org : 한국 레즈비언 상담소
- 웹툰 : 「모두에게 완자가」, 「어서오세요 305호에」
- 단행본 : 『무지개성상담소』(동성애자인권연대 외 지음, 양철북, 2014)

학생의 임신 사실을
알게 되었어요

우리 반 학생 중 남학생이 오늘 저에게 와서 여자친구가 임신을 했고, 이번 주 안에 중절수술을 받게 되었다고 얘기했습니다. 여자 쪽은 언니(22세)가 그 사실을 알고 있고 언니와 함께 수술을 받을 계획이라고 합니다. 양쪽 다 부모님은 이 사실을 모르십니다.

이 상태에서 저는 이 사실을 남학생 부모님께 알려야 할까요? 여학생은 우리 학교 학생이 아닙니다. 남학생은 부모님께서 굉장히 엄하셔서 이 사실을 말하면 자기는 학교를 자퇴해야 할 거랍니다. 중절 비용은 우선 여학생의 언니가 내고 남학생이 아르바이트해서 나중에 갚겠다고 구두 약속을 해놓은 상태라고 합니다.

오늘 오후에 이 소식을 들었습니다. 저 혼자서는 올바른 판단이 무엇인지 알 수가 없어 소중한 조언을 구하려고 합니다.

경력이 많든 적든 이런 상황에 처하면 매우 막막할 것입니다. 그래도 다른 선생님들의 경험을 참고하셔서, 그 학생의 마음을 헤아려주시면서 슬기롭게 대처하시면 좋겠습니다. 당황스럽고 막막한 학생에게는 선생님의 따뜻한 말 한마디가 아주 큰 힘이 될 겁니다.

나중에 어떤 일이 발생할지 모르고, 나중에 선생님께서 매우 힘들어지실 수도 있습니다. 부모님께는 무조건 알려야 하겠지만 설득을 통해 동의를 끌어내야 합니다. 전문 상담교사의 도움을 받을 수 있겠지요. 학생이 직접 말씀드리는 방법, 선생님께서 알려드리는 방법 등 다양한 방법이 있을 겁니다. 낙태 과정에서 과다출혈 등으로 사망할 수도 있으며, 수술 후 몸조리를 제대로 하지 못하면 큰 후유증을 앓게 됨을 알려줍니다. 부모님께 혼나더라도 맞아 죽진 않는데, 수술하다가는 죽을 수도 있다고 하면 대부분은 동의합니다. 이때 당황하실 부모님과도 상담이 필요합니다. 학생이 끝내 동의하지 않는다면 학교에서 직접 연락해서 알려드려야 합니다.

남학생이 아르바이트해서 갚으려는 수술비용은 나중에 감당하기 어려워져서 절도나 금품갈취로 빠져들 위험이 있으니 반드시 남학생 측 부모님께 알려야 합니다. 남학생이 자신을 버리지 않고 돌봐줬다는 사실에 고마워하며, 수술 이후에도 다시 성관계를 허락해서 또 임신하는 안타까운 상황도 생깁니다. 자궁내막이 깨끗해져서 임신이 잘되는 상태이기 때문입니다. 2019년 4월, 낙태죄가 헌법 불합치 판정을 받아서 처벌이 어려워졌습니다. 하지만 이에 대한 우려도 적지 않은 게 현실입니다.

저는 7년 전 똑같은 상황에서 우리 반 남학생을 설득한 뒤에 다른 학교의 여자친구를 설득했어요. 그 이후에 여자친구 부모님께 말씀드려 양가 동의하에 혼인신고 후 출산했어요. 그 여학생은 자퇴했고, 우리 반 남학생은 학부모님이 부모의 동의하에 혼인신고를 했으므로 자퇴 사유가 되지 않는다고 항의하셔서 졸업까지 했어요. 여학생은 2년 후 검정고시 합격 후 방송대에 진학했습니다. 고통스러운 과정이었지만 나름 해피엔딩이었어요. 그땐 매일 밤 뜬눈으로 고민했었어요. 지금은 그 학생이 스승의 날마다 감사의 손편지를 보내옵니다. 힘내세요! 해피엔딩이 기다리고 있을 거예요. 저와 같은 사례도 있다고 전해주세요.

TIP!

이제 학교에서 이성 교제나 임신 사실을 이유로 징계할 수 없습니다. 공학 내에서 사귀는 학생끼리 진한 스킨십을 자주 한다면, 면학분위기와 예의, 혹시 모를 성관계와 임신 위험을 지도하며 접근해야지, 예전처럼 풍기문란이라며 징계하기엔 시대가 이미 달라졌습니다.

학생이 처음에는 임신중절수술을 대수롭지 않게 생각할 수 있으나, 그로 인한 신체적, 정신적 후유증을 자세히 알려주셔야겠습니다. 출산 못지않게 심한 신체적 부담을 주게 되므로, 수술 이후 건강관리가 매우 중요합니다. 또한 죄책감도 상당하고, 이후로도 이런 상황이 반복될 수 있으므로 심리적 지원과 교육이 필요합니다.

학생이 갑자기 저를 껴안고
사랑을 고백했습니다

제 수업을 열심히 듣고 자신의 진로와 가까운 과목으로 생각하여 저를 잘 따르는 학생이었어요. 저한테 평소에 질문도 자주 하고 슬슬 고민 얘기도 해서 교과교실에서 상담도 종종 해왔습니다. 그러다가 이런 일이 생겼네요. 고민이 깊어집니다.

많은 학생이 교사를 신뢰하지 않고, 심지어 적으로 여기기도 하는데 만감이 교차하시겠네요. 인간관계를 배워가고 이성에 대한 감정과 충동이 생기는 때이니 행동조절이 어려울 수 있지요. 교사에 대한 존경심, 인간적인 호감과 본능적인 애정 욕구가 혼재되어 감정의 열병을 앓고 있을지도 모릅니다. 드라마나 영화의 비현실적으로 낭만적이고 감성적인 장면을 올바로 이해하지 못하고 모방해서 그런 행동이 나온 것으로 생각해볼 수 있어요. 사제 간이 남녀 애정 사이가 되는 이야기는 드라마나 영화에서 잊힐 만하면 한 번씩 나오는 흔한 소재입니다. 현실에서도 발생하곤 하지요. 하지만 어느 선을 넘으면 이성적으로 행동하기 어렵고, 상당히 위험해질 수 있는 관계입니다.

교사로서 학생을 대하기도, 그저 나와 다른 성별의 사람을 대하기도 쉽지 않은 일인데 두 가지가 겹치면 더욱 어렵겠지요. 우선 학생과 밀폐된 장소에서 만나는 건 되도록 피할 일입니다. 교실이라면 최소한 출입문이라도 개방해둬야 합니다. 다만 선생님께 호의를 가진 학생을 바른길로 인도하는 건 훨씬 수월한 일이고, 수년이 지나면 더욱 고마운 선생님과 제자로 기억되지 않을까요?

이성을 어떻게 대하는 것이 상대를 부담스럽지 않게 하는지, 사람은 어떤 식으로 가까워지고 어떻게 관계를 조절해가야 하는지 차분히 의연하게 가르쳐야 한다고 봅니다. 학생이 무례하게 나오면 예의를 가르치되, 선을 넘어오면 단호히 대처해야 합니다.

유치원이나 초등학교 저학년에서는 선생님에게 안기고 다리를 붙잡고 늘어지며 교사의 가슴을 만지는 것 같은 일들이 종종 일어나곤 합니다. 천진난만한 표정으로 '우리 엄마 것보다 크네요?' 하는데, 미혼 교사들은 이런 일이 일어날 것이라 미리 알지 못한 상태에서 당한 일에 공황 상태에 빠지곤 합니다. 주위에 믿음직한 선배교사라도 있으면 나중에라도 수습되겠지만, 안 그래도 힘든 시기에 처음엔 상당히 충격받기도 하지요.

그래서 이렇게 다루기 힘든 소재를 이 책에 담은 것입니다. 선생님에 대한 호감의 표시이거나, 본능에 따른 행동일 수 있지요. 이럴 때 학생과의 관계를 매몰차게 단절하여 죄책감과 수치심을 느끼게 하는 방법은 좋지 않겠지요. 그러면 학생에게 트라우마가 되어 당장 선생님과의 관계가 나빠지는 것은 물론이고, 성인이 되어서까지 자아개념이나 이성 관계에 어려움을 겪을 수 있습니다. 선생님은 학생이 자기 행동을 조절할 수 있도록 도와주는 자리에 서 계셔야 합니다.

교사가 느끼기에 부담스러운 상황이라면 상처를 주지 않으면서도 나중에 스스로 애정과 호감을 분리하여 이해할 수 있게, 적절히 거리를 두고 지도해야 합니다. 학생이 자주 찾아와 상담을 요구할 수 있으므로 부드럽게 돌려 말합니다. 다른 교사가 함께 있는 교무실을 이용하시거나 다른 선생님의 도움을 구할 수도 있어요. 오해를 일으킬 수 있는 신체 접촉은 못 하도록 단호하게 막으셔야 합니다. 즉 학생이 명확히 느낄 수 있는 선을 긋는 것이죠.

만일 필요하다면 학생의 생각을 충분히 경청해 알아보신 후, '선생님으로 좋아하고 의지하는 마음이 생각보다 큰 것 같구나. 네가 좋게 생각해주는 것은 고맙지만 지나치면 선생님도 부담스럽고 서로 불편한 관계가 될 텐데 그렇게 되고 싶지는 않아'라며 이해를 구하시되, 학생이 못 받아들인다면 더 단호하게 말할 수도 있을 것입니다.

학생이 지나가다가 혹은 학급의 어수선한 틈을 타서 교사에게 부적절한 신체 접촉을 시도하기도 합니다. 정말 의도적이었을 수도 있고, 부주의해서 닿았을 수도 있습니다. 지도하기 참 쉽지 않습니다. 심리적으로나 신체적으로나 늘 적정거리를 유지해야 합니다. 그 자리에서 바로 대응하기도 상당히 어렵습니다. 선생님이 직접, 혹은 다른 선생님의 도움을 청해서 학생을 조용히 불러, '네가 부주의해서 선생님 몸에 너의 손이 닿았을 수도 있는데, 사회 나가서 그런 일이 있다면 성범죄자로 몰릴 수 있으니 오해받지 않도록 평소 행동을 조심해야 한다'라고 가르칠 수 있겠지요.

하지만 엄연히 성추행의 가해자와 피해자 관계일지도 모르는데 아무리 학생이라도 이렇게 침착하게 대응하기는 상당히 어렵습니다. 조용히 수긍하고 행동이 개선되면 다행이지만, 격렬히 반항하고 비뚤어진 소문을 퍼트릴 수도 있어요. 제도적으로는 학교마다 남녀 1인 이상의 '성 고충 상담관'이 계십니다. 그분께 말씀드리기 어렵다면 주위에 믿을만한 선배교사에게 문의할 수 있습니다. 이런 사례가 모여 누적되면 학생에게 객관적이고 확실히 처분을 내릴 수 있습니다.

개념이 없으면 가르쳐주고 예의나 상식선에서 지도하되, 어느 선을 넘으면 범죄가 됨을 인식시켜야 합니다. 학생에게 성희롱이나 성추행을 경험하고도 혼자 끙끙 앓는 선생님이 많습니다. 10년 전에 한 학생이 선생님 어깨에 손을 얹으며 "누나 사귀자"라고 소리치고 주위 학생들은 "한 번 더, 한 번 더"를 외치는 동영상이 '선생님 꼬시기'라는 제목으로 유포되어 충격을 주었습니다. 10년 동안 이런 현실은 여전히 크게 개선되지 않은 듯 보입니다. 피해자가 참고 넘어간다면 그 학생은 나중에 점점 더 큰 일을 저지를 수 있습니다. 지금 저는 이렇게 문제를 제기할 뿐입니다. 독자 여러분을 통해 더 발전된 논의가 이루어지길 기대합니다.

여교사 치마 속을
촬영하여 돌려 봐요

다급한 질문입니다. 남학생이 여교사 치마 속을 촬영하여 공유한 경우 어떻게 처리해야 최선일까요? 학교에서는 최대한 은폐하려 하고, 저를 포함한 피해교사의 고통은 대수롭지 않게 여기는 분위기입니다. 교장, 교감 선생님의 안일한 대체로 인해 여교사들이 힘들어합니다. 제가 부끄러워할 일이 아니라, 그 학생들이 부끄러워할 일이라고 생각하기 때문에 직접 나서려 합니다.

휴대전화가 보급된 이후 학교에서 부지기수로 일어나고 있는 일입니다. 몇 년 전까지는 학교 차원에서 무마하는 일이 많았으나, 2018년 경남지역에서는 이런 사진을 촬영한 고등학생 4인과 유포한 2인을 모두 퇴학 조치하고, 피해교사 3인을 공무상 병가 처리하기도 했습니다.

학부모들은 재심을 청구했지요. 대개는 남학생만으로 이루어진 반에서 저경력 여교사가 수업할 때 몰래 카메라를 설치하거나 질문을 가장해 주의를 끈 후 뒤에서 촬영하는 등 계획적으로 이루어집니다. 학생들은 성적인 민감도가 매우 높으니 주의하셔야 합니다. 제가 이런 불편한 진실을 알리는 이유는 예방이 최선이고, 혹 사고가 나도 2차 피해를 막고 선생님들의 회복을 돕기 위해서입니다. 우리 모두의 행복은 연결되어 있으니까요.

선생님의 건강이 우선입니다. 교권은 교사의 권리이자 교육의 권리이기도 합니다. 교육할 권리가 침해되면 그 피해는 모든 학생이 받게 됩니다. 상담 후 우울증 진단받으셔서 공무상 병가 신청하셔요. 월급도 나옵니다. 선생님께서 교직에 대한 사명감과 자존감을 잃지 않는 것보다 중요한 것은 없습니다.

선생님과 비슷한 봉변을 겪으신 분을 몇 분 알고 있는데, 공무상 병가로 몇 달 쉬신 후 집 가까운 학교로 2학기 전보 받으시고 많이 회복하셔서 밝게 지내고 계십니다. 더 큰 불행을 피했다고 긍정적으로 생각하시더군요. 잠시 주저앉더라도 곧 다시 일어나시길 빕니다.

많은 사람에게 상처를 남기지 않게 교육적 차원에서 처리되면 좋겠지만 피해 선생님이 고통을 겪지 않도록 주위에서 세심히 배려하는 게 중요합니다. 그리고 잘못된 성 관념으로 비행을 저지른 학생이 갱생하도록 하는 교육도 꼭 필요하겠지요. 주위에서 괜히 여선생님이 잘못했다는 식의 뒷말이 생기지 않도록 주의해주시면 좋겠습니다. 성범죄에 미온적으로 대처하는 것은 나중에 더 큰 화를 부를 수 있습니다.

학교측이 피해교사의 의사를 반영해주길 기대하긴 어렵습니다. 학교는 학생의 범죄를 경찰에 신고하기를 꺼립니다. 교사는 수없이 신고 당하는 현실인데도 말입니다. 다행히 성범죄에 대한 인식이 개선되고 있습니다. 선생님이 합의해주지 않고 처벌의사를 밝히면 학생은 교보위를 통한 학급 교체나 전학 조치는 물론, 재판을 받고 소년법상 보호처분을 받거나 형서처벌로 성범죄 전과자가 될 수 있습니다. 하지만 신규교사라 표현에 어려움이 있을 수 있고, 대처가 미숙한 상황이라면 의사 반영이란 과정에서 피해교사가 2차 피해를 받을 수 있습니다.

서울경찰청 성폭력수사대 근무하는 김○○ 형사님의 의견입니다.

"대개 피해자 의사가 중요하다고 해요. 하지만 솔직히 피해자는 공황 상태입니다. 어떻게 대처할지 바른 판단이 어려울 것입니다. 특히 선생님의 경우 제자의 처벌을 요구한다는 것이 쉽지 않습니다. 무마하고 넘어가면 선생님에게는 지울 수 없는 큰 상처로 남습니다. 도둑촬영은 범죄 이전에 심각한 병입니다. 도촬 범죄자들은 치마 입은 여성만 보면 본능적으로 카메라를 들이댄다고 하는데 학생 때 장난삼아 한 행위가 얼마나 큰 범죄 행위인지 가르쳐야 합니다. 그리고 그 영상을 유포한 학생도 같은 조치와 교육이 필요합니다.

그 학생은 피해 선생님 의사에 상관없이 성폭력 특례법으로 처벌이 가능합니다. 성범죄에 대해 2013년 6월 19일자로 친고죄 규정이 폐지되었습니다. 학교에서는 선도위원회를 열어 징계 조치하시고, 경찰서에서 형사 절차 진행하신 뒤, 정신적 피해 보상으로 민사까지 진행하시면 됩니다."

후기

전보 6개월 후, 악성 소문 등으로 후유증 겪는 피해교사

신규교사   저번에 말씀 드렸듯이, 제 치마 몰카 동영상 유포사건과 교장, 교감
님들의 덮으려는 압박 때문에 제가 정신적으로 아직 힘들거든요.
아직도 제가 병도 아물지 않은 상태에서 또 이런 일을 겪으니 교직
이 자신이 없어져서 그만둘까도 생각해봤는데 그래도 애들은 좋고,
좋은 선생님은 되고 싶어요. 그래서 반년 정도 휴직을 하면서 정신
적 아픔도 고치면서 극복해나가는 게 한 방법이 될까요? 정서적 부
분이요. 이번 학교서 더 심해져서 수면제 없이 잠을 못 자는 정도에
이르러서요.

약 먹으니 그때뿐이고 머리만 멍해지는 거 같아서 긴 교직생활을
생각하면 쉬어가는 것도 나쁘지 않다고 생각해요. 다만 걱정되는
게 정신과로 병가 들어가면 소문이 두렵긴 해요. 워낙 소문으로 사
람 판단하는 게 심하다고, 아는 샘들이 이미지 관리 잘하라고 하셔
서 그 부분이 걸리더라고요.

선배교사   교직 사회가 다 그래요. 근데 소문은 반짝하고 지나가고 현명한 사
람들은 진실을 볼 줄 알아요. 소문으로 판단하는 사람들은 수준 이
하입니다. 별로 두려워할 만한 사람이 못 됩니다.
이런 SNS 대화만으로는 선생님 힘든 상황과 심정의 1/1000도 전
하지 못하신 걸 알아요. 선생님을 힘들게 한 것이 학교 일만이 아닐
것이고요. 임용시험 준비 이전부터 우리나라 교육체제나 선발 방식

들이 사람을 제정신으로 지내도록 놔두질 않지요.

선택은 선생님 몫이지만, 나중에 소문 때문에 힘들 거라는 건, 선생님이 지금 힘든 것에 비하면 정말 아무것도 아닐 것입니다. 다만 기간제 교사 구하는 절차 등, 몇몇 선생님들에게 번거로운 일이 생길 뿐이겠지요. 하지만 그것이 주위 선생님들께 부당한 피해를 주는 것도 아니고, 가장 중요한 건 선생님의 건강한 삶이지요.

교직원 간 뒷담은 여학생들 뒷말이랑 비슷해요. 괜히 표적이 될 가능성은 피하는 게 낫지만, 그런 게 있다고 별로 큰 문제도 아니에요. 겪고 있는 시간 동안은 굉장히 괴로울 수 있지만요.

신규교사 저 같은 사례를 당하지 않도록 신규 선생님들께 미리 예방 차원의 교육을 하는 게 좋다고 생각해요. 제가 겪었던 충격이 너무 커서요. 여교사면 아이들한테 당하는 성희롱이나 성적인 발언에 충격받기 쉬운데 신규 분들께 큰 도움이 될 것 같아요!

이건 교권침해 사례가 아니라 그냥 범죄입니다. 웹하드 업체에 영상을 넘기면 돈을 받기에 여성이 촬영하기도 합니다. 성폭력으로 형사 처리해야 합니다. 그리고 교사에게 복장 문제 등등을 거론한 사람들은 2차 가해자에 해당하기 때문에 당연히 민사상의 배상책임도 물어야 합니다.

추천 도서 : 『너는 나에게 상처를 줄 수 없다』(배르벨 바르데츠키(심리학자) 지음, 두행숙 옮김, 걷는나무, 2013)

7.
나에게도
이런 일이?

변호사가 소송 운운하며
합의금을 요구해요

　최근 몇 년 사이, 학교에 온갖 민원과 법률 소송이 넘쳐나고 있습니다. 2004년부터 시행된 「학교폭력예방 및 대책에 관한 법률」이 2011년 대구 중학생 자살사건의 여파로 크게 강화되고, 2012년 각 시도교육청의 「학생인권조례」 제정과 로스쿨 출신 변호사 배출이 맞물리면서, 학교는 변호사들의 블루오션이 되었습니다. 이에 따라 기존에 문제 삼지 않던 많은 일들이 법률적 다툼의 대상이 되었고, 기존의 방법대로 열심히 일하던 교사들이 범법자로 몰리는 일이 많아졌습니다. 법치국가로서 부조리한 관행이 적법하게 재검토되는 것은 좋은 일이나, 법이 만능이 아니듯 학교에 대한 깊은 이해 없이 만들어진 법률을 무리하게 적용하다 보니 부작용이 심각합니다.

　어떤 변호사들은 법조브로커와 결탁하여 법률 지식이 모자란 교사들을 위협해서 학생의 징계를 모면하게 하거나, 학교와 교사에게 과다한 손해배상을 청구합니다. 학교폭력 피해를 빌미로 가해자 및 학교와 교사로부터 합의금을 받아내려는 사례도 급증하였습니다. 최근에는 저작권과 관련하여 폰트 사용으로 과다한 보상금을 요구하는 등 갈수록 새로운 문제가 드러나고 있습니다. 심지어는 인터넷에서 내려받은 소설 파일을 자기 블로그에 올렸다고 고소당해서 자살한 학생도 있었습니다.

다른 학교에서 일어난 일은 언젠가 내 주변에도 일어날 수 있으니 잘 대비해야 합니다. 처음 소송에 걸린 교사들은 크게 위축되고 겁에 질리게 되어 비교육적으로 해결되거나, 정신적, 금전적 손해를 볼 수도 있습니다. 따라서 이런 억울한 일을 당하지 않기 위해서라도 교사들은 평소에 정보를 공유하고 교원단체에 가입하거나 미리 최소한의 법률공부를 해두어야 합니다.

과거의 관행이나 상식만으로 사안을 처리하면 안 되고, 관련 규정이나 결재 문서라도 살펴보고 그 범위 내에서 지도해야 합니다. 문제가 발생하여 삼촌이나 고모를 빙자한 법조브로커가 나타나거나 변호사로부터의 문서가 도착할 수 있습니다. 이럴 때 교사는 크게 당황하기 쉽습니다. 당황하지 말고 부장, 교감, 교장 선생님의 도움을 받아야 합니다. 교원단체와 교육청의 교권 담당 부서, 각종 법률지원 서비스에 도움을 요청해야 합니다. 협박과 회유에 넘어가 합의금을 잘못 주게 되면 부당하게 손해를 볼 뿐만 아니라 더 큰 소송의 빌미가 될 수도 있습니다. 또 함부로 학생 자료를 넘겨주어서는 안 되고, 실제로 학교 안에 변호사에게 주어도 되는 자료는 거의 없습니다. 오히려 넘겨주는 것이 위법이고 선생님께 큰 위해가 될 수 있습니다.

학교장에게 보고하면 학교장은 여러분과 책임을 공유하게 되고, 학교에 불미스러운 일이 커지도록 놔두지는 않을 겁니다. 그리고 이럴 때 학교 최고의 행정 전문가인 교장 선생님의 지식과 경험이 빛을 발하게 되지요. 교원단체나 보험은 일반적으로 가입 3개월 후 발생한 사안부터 소송비용 등을 지원해주기 때문에 위험을 감지하면 미리 가입하는 것도 좋은 방법입니다. 요즘은 교육청에서 단체로 보험을 계약하기도 합니다.

학교에서 가장 소송이 많이 걸리는 사안은 역시 학교폭력 사안입니다. 학교폭력 사안의 경우 학교는 상대방이 누구든지 「학교폭력 사안처리 가이드북」 대로 원칙과 절차에 따라 적합하게 처리하면, 행정적인 실수가 있더라도 법적으로 교사 개인이 배상금을 내는 식으로 책임지는 일은 거의 없습니다. 학교폭력대책심의위원회(학폭위)의 결정에 대해 재심, 행정심판, 소송 등등에도 학교 선생님은 크게 걱정하실 필요는 없습니다. 절차상의 하자나 실수가 발견되면 법원에서 지시한 대로 시정하면 되는 것이지, 행정적 실수에 대해 교사 개인의 징계로 이어지기는 쉽지 않습니다.

너무 걱정하지 말고 의연하게 천천히 하세요. 학부모의 말에는 친절하게 심정적으로 공감하고 학생을 걱정하는 태도를 보이면 될 뿐, 섣불리 대답하지 않는 것이 좋습니다. 학부모 측에서 얼마든지 선생님과의 대화를 몰래 녹음하고, 그것이 증거로서 효력을 가질 수 있습니다. 문서상의 요청에 대해서는 결재선을 따라 보고 후 지시대로 처리하면 됩니다. 선생님은 교육전문가이지, 법률전문가가 아니니까요.

선생님이 잘못한 부분 때문에 처벌받을까 염려되신다면, 정말 처벌받을 일인지 정확히 확인하고 진행하시는 것이 좋습니다. 상대측에서는 선생님의 잘못을 크게 부풀려 심리적으로 압박하려 들 수 있지만, 그리 큰 잘못이 아닌 경우가 많아요. 선생님의 법률적 잘못이 정말 크다면 그 상황에 맞게 준비하시면 됩니다.

교사에 대한 손해배상 청구와 그 대응

학교에서 학교폭력이나 사고가 발생해서 학생이 다친 경우, 학부모가 이를 문제 삼아서 손해배상을 청구할 수 있습니다. 이에 절차, 법리, 대응에 대해서 간단하게 말씀드리겠습니다.

절차
통상 학부모는 학교에 구두로 문제를 제기하다가 교육청에 민원을 넣는 식으로 대응을 강화합니다. 그러다가 학교안전공제회에서의 배상 대상이 아니거나 배상 금액이 충분하지 않은 경우, 학교나 교사의 대응이 마음에 들지 않는 경우 변호사를 선임해서 소송으로까지 가게 됩니다.

이 경우 피고는 보통 당사자인 교사, 그리고 교사 감독 권한이 있는 교장, 나아가 학교에 관리책임이 있는 교육감(지방자치단체)을 피고로 지정하게 됩니다.

왜 교육감을 피고로 묶는가 하면, 기본적으로 교사나 교장과 같은 공무원 개인은 '고의(일부러)'나 '중과실(교사로서 조금만 주의를 기울였다면 막을 수 있었음에도 그렇게 하지 않은 경우)'을 제외하고는 손해배상의 책임을 지지 않지만 지방자치단체는 소속기관의 공무원이 '중과실'이 아니라고 하더라도 '과실(크게 주의를 기울이지 않은 경우)'이 인정되면 그로 인한 피해를 배상해야 할 책임이 있기 때문입니다.

그러므로 교육청에서는 교육감을 대상으로 손해배상 청구가 들어오면 자문변호사 풀에서 변호사를 선임하게 되는데, 안타깝게도 이 변호사들이 개별 교사들까지 대리를 해주지 않습니다. 그러다 보니 교육감을 대리하는 변호사에게 별도로 수임료를 주고 맡기는 일이 발생하는 것이죠. 더욱이 가끔 교육감을 피고로 하지 않은 경우는 아예 변호사 찾는 일부터 교사가 스스로 해야 하니 참 어려운 일입니다. 그래서 '변호사 보험'이 교사 사이에서 유행하기도 합니다. 교육행정이 어서 빨리 개선되어야 할 부분입니다.

법리

학교에서의 손해배상 청구는 너무 다양합니다. 그래서 자신의 상황에 딱 맞는 판례를 찾기보다는 기본적인 법리를 가지고 접근할 수밖에 없습니다.

일단 교사나 교장의 과실 유무는 '예견 가능성(사고발생의 구체적 위험성)'을 가지고 판단합니다. 즉, 사고가 발생할 가능성을 얼마나 인지할 수 있었는가 하는 것입니다. 판시된 내용은 다음과 같습니다.

지방자치단체가 설치·경영하는 학교의 교장이나 교사는 학생을 보호·감독할 의무를 지는데, 이러한 보호·감독의무는 교육법에 따라 학생들을 친권자 등 법정 감독의무자에 대신하여 감독을 하여야 하는 의무로서 학교 내에서의 학생의 모든 생활관계에 미치는 것은 아니지만, 학교에서의 교육활동 및 이와 밀접불가분의 관계에 있는 생활관계에 속하고, 교육활동의 때와 장소, 가해자의 분

별능력, 가해자의 성행, 가해자와 피해자의 관계, 기타 여러 사정을 고려하여 사고가 학교생활에서 통상 발생할 수 있다는 것이 예측되거나 예측 가능성(사고발생의 구체적 위험성)이 있는 경우에는 교장이나 교사는 보호·감독의무 위반에 대한 책임을 진다.(대법원 2007. 4. 26. 선고 2005다24318 판결)

말만 보면 너무 추상적이라고 생각하시겠지만, 결국 위 판시 내용에 비추어 변호사도 교사 개인의 과실 유무를 판단하게 됩니다. 그리고 설사 위 내용에 따라 '과실'이 인정된다고 하더라도 앞에서 말씀드린 것처럼 공무원 개인은 손해배상의 책임을 지지 않습니다. 왜냐하면 공무원 개인에게 손해배상책임을 너무 가볍게 물게 되면, 공무원이 매번 손해배상책임이 두려워서 제대로 공무를 볼 수 없기에 판례와 법에서 면책될 수 있는 여지를 만들어두었기 때문입니다. 좀 더 상세하게 보면, 법적으로는 과실은 '경과실'과 '중과실'로 나뉘는데, '중과실'이 인정되어야만 공무원 개인이 손해배상책임을 지도록 하고 있습니다. 중과실의 법리는 다음과 같습니다.

공무원이 직무상 불법행위를 한 경우에 국가 또는 지방자치단체가 배상책임을 부담하는 외에 공무원 개인도 고의 또는 중과실이 있는 경우에는 불법행위로 인한 손해배상책임을 지지만, 공무원에게 경과실 뿐일 때 공무원 개인은 손해배상책임을 부담하지 않는바, 그 경우 공무원의 중과실이라 함은 공무원에게 통상 요구되는 정도의 상당한 주의를 하지 않더라도 약간의 주의를 한다면 손쉽게 위법, 유해한 결과를 예견할 수 있는 경우임에도 만연히 이를 간과함과 같은, 거의 고의에 가까운 현저한 주의를 결여한 상태를 의미한다.(대법원 1996. 8. 23. 선고 96다19833 판결)

공무원의 중과실은 쉽게 인정되지 않습니다. 그리고 중과실 이상이 아니면 지방자치단체, 즉 교육감이 손해배상을 하게 된다고 하더라도 교사 개인에게 구상(다른 사람을 위하여 그 사람의 빚을 갚은 사람이 다른 연대 채무자나 주된 채무자에게 상환을 요구, 즉 과실이 있는 교사에게 일정 부분 배상금을 요구함)을 할 수도 없습니다. 그러니 너무 불안해하지 않으셔도 됩니다.

대응

일단 교사들은 학부모가 변호사를 선임한다고 하면 너무 불안해하시는데 그럴 필요가 없습니다. 변호사를 선임해서 소송을 진행하게 되더라도 서면이 오가고, 실제로 교사 개인이 법적으로 대응하기까지 여유가 충분하기 때문입니다. 그래서 차분하게 다음과 같이 대응하시면 됩니다.

학부모가 법적인 대응을 하겠다고 나오면 일단 꼬투리를 잡히지 않도록 언행을 조심해야 합니다. 최대한 서면이나 문자로 학교의 정상적인 대응을 기록으로 남겨놓고, 통화하더라도 녹음을 해두시는 게 좋습니다. 그리고 상대방이 도발한다고 하더라도 친절하게 대응하되, 책임질 수 없는 발언은 안 하도록 조심하셔야 합니다. 특히 학부모가 흥분해서 책임지라고 하는 경우, 심정적으로는 동조하되 학교가 할 수 있는 것과 없는 것을 분명하게 말씀하시고, 애매한 경우 교육청에 문의하겠다고 하면서 즉답을 피하시는 게 좋습니다.

교사는 교육전문가이지 법률전문가가 아니기 때문에 법적인 대응을 위해서는 해당 분야의 전문가로부터 도움을 얻는 것이 좋습니다. 각 교육청이나 교원단체에는 교사들을 도와주기 위한 변호사들이 있습니다. 해당 기관에 도움을 요청한다면 직접 소송 지원을 해주지는 않더라도 상담이나 자문 정도는 해주기 때문에 상황을 알려주면서 법적인 조언을 구하시는 게 좋습니다.

소송이 정식으로 진행된 경우에는, 피고 중 교육감이 있다면 교육청에서는 교육감을 대리하기 위해 변호사를 선임하게 됩니다. 그러면 교육청에 문의해서 그 변호사에게 부탁해 교사 개인의 대리도 맡게 하는 것이 편합니다. 학교에는 소송담당자를 정해서 변호사에게 줄 의견서 등을 제출하라고 공문이 별도로 올 것입니다. 어차피 한 사건이니 변호사 입장에서도 나쁠 것이 없어서 비교적 저렴한 비용에 맡아줄 수도 있습니다. 소송에서 이기게 되면, 소송비용 중 일부는 학부모에게 다시 받아낼 수 있습니다.

그런데 교육감 없이 교사 개인을 피고로 소송을 걸면 교사가 직접 변호사를 찾아보아야 할 텐데, 쉬운 일은 아닙니다. 이 경우 교육청에 문의해서 '자문변호사' 풀을 달라고 해서 그중에 마음에 드는 분에게 상담을 받거나, 잘 아는 교원단체의 법률담당자에게 문의하거나, 유사한 소송 경험이 있는 지인에게 변호사를 소개받는 방법 등을 추천합니다. 인터넷을 무작정 검색해서 교육 전문 변호사 광고를 보고 선임하거나, 단순히 아는 사람이라고 선임하는 방법은 추천하지 않습니다. 큰 회사에 있다고, 또는 수임료가 비싸다고 좋은 변호사는 아닙니다. 유료라고 하더라도 한 번이라도 제대로 만나서 상담을 받아보고 결정하는 편이 좋습니다. 자기 사건에 애정을 가지고 열심히 해줄 변호사를 찾아야 합니다.

송사 때문에 힘든 선생님들, 모두 힘내시길.

박종훈 변호사(전 서울시교육청 학생인권교육센터 사무관 『교권, 법에서 답을 찾다』 저자)

뒤에서 제 험담을 하는
학생들 때문에 속상합니다

신규 남교사입니다. 갑자기 비오는 날 퇴근하는데 비 맞고 있
는 여학생 두 명이 있어서 제 우산을 씌워서 버스정류장까지
함께 가줬어요. 학생이 웃으면서 사양하는데, 걱정되어 정류장
까지만 함께 가줬지요. 문제는 며칠 후 저랑 친하던 다른 여학
생이 저에게 와서 해준 말입니다. "선생님, 그런 애들한테 친절
하게 그러지 마세요. 급식 먹는데 '○○○이 나한테 우산 씌워
주더라? 지가 멋있는 줄 알아'라고 했어요." 그 말을 들으니 정
이 다 떨어지더라고요. 앞으로 학생들 어려운 거 봐도 못 본 척
해야겠어요.

선생님이 얼마나 배신감을 느꼈을지, 저의 몇 년 전을 떠올려보니
충분히 이해가 되네요. 신규로서 여러 가지 의욕 꺾일 일도 많고 힘드

신 데도 학생들 아끼는 마음에 친절을 베푸셨을 텐데 말이지요.

말을 전해준 여학생이 질투로 인해 거짓말이나 과장을 했을 수도, 혹은 선생님을 걱정해서 진심으로 전했을 수도 있습니다. 우선 '얘기해줘서 고마워, 앞으로 조심할게' 정도로 넘어가시면 좋겠네요.

도와줬던 여학생들 말이 진짜라면 어찌 된 일일까요? 선생님의 친절이 과해서 부담스러웠을 수도 있지요. 혹은 다른 여학생들의 질시에 대한 자기방어일 수도 있습니다. 여학생들에게 젊은 남자 선생님은 어떻게든 관심을 끌고 싶거나 동경의 대상이 될 수도 있는데, 특정 학생이 선생님의 큰 관심을 얻어냈으니 말입니다. 새로운 세계지요?

사람들은 곧잘 무심코 혹은 의도적으로 남의 험담을 합니다. 좋은 일은 아니지요. 그건 그 사람의 미성숙함이지, 선생님이 자존감에 상처받을 일이 아닙니다. 선생님 수업이나 기본 업무를 잘하시면 되지, 학생들에게 무리해서 친절을 베풀지 않아도 된단 말씀이지요. 모든 학생에게 좋은 선생님이라는 존경과 감사를 받을 순 없어요.

선한 의도가 항상 선한 결과를 불러오진 않습니다. 민감한 학생들에게는 선생님의 작은 실수가 크게 다가올 수도 있지요. 남자 선생님들은 자칫하면 추문이나 성희롱, 성추행으로 몰릴 수도 있으니 작은 언행에도 조심해야 하는 세상입니다.

하지만 장기적으로 봤을 때, 선생님의 선한 성찰과 언행은 많은 사람에게 큰 도움이 될 겁니다. 주사위를 여섯 번 던진다고 6이 반드시 한 번씩 나오진 않습니다. 두 번 이상 나올 수도 있고, 한 번도 안 나올 수도 있지요. 하지만 6천 번을 던지면 6이 1천 번 정도는 나올 거예요.

예수와 소크라테스도 제자에게 배신당해 죽었는데, 공자도 평생을 인정받지 못하며 떠돌았는데, 그보다 훌륭한 스승도 아니면서 모든 사람에게 존경만 받길 바라느냐는 말을 들은 적이 있어요. 훌륭한 스승이 오히려 어려움에 처할 수 있다는 것이, 어느 정도는 숙명인 듯도 해요. 그래도 선생님의 진정성을 앞으로 더 많은 사람이 알아줄 거예요. 선생님의 친절함이 더욱 성숙해지길 기원합니다.

TIP!

교실에 들어가는데 제가 온 것도 모르고 학생들이 제 이름을 함부로 부르며 뭐라고 하더군요. 웃으면서 들어가서 "○○○ 여기 왔다. 뭐 내가 어쨌다고? ○○○라고?" 하고 웃어 넘겼지요. 인격이 미성숙한 아이들에게 모든 상황은 교육할 기회일 뿐입니다. 말을 함부로 하면 안 된다는 걸 가르치며, 남의 허물에 대해서도 관대한 인격의 깊이를 깨닫게 할 수도 있습니다.

학생이 교사에게 호감 표시를 하면서 팔짱을 낀다든지 가까이 접근해오는 일도 있습니다. 자기들은 다 큰 줄 알지만 아직 미성숙한 어린아이들이지요. 감정 기복이 심할 수도 있고, 그 학생의 태도가 어떻게 반대로 변할지 모릅니다. 둘이 그렇게 가까워지면 서로가 감정과 행동을 조절하기 어려운 관계가 될 수도 있고, 나쁜 소문이 돌거나 질투와 미움이 생겨날지도 모릅니다. 넘치는 건 모자람만 못하다는 생각으로 적절한 거리를 유지하기 바랍니다.

젊은 교사라고 행사에서
춤 공연을 강요합니다

올해 4명이 우리 학교 신규로 왔는데요. 모두 여자예요. 우리 학교에 어떤 부장님이 올해 초부터 지금까지 저희에게 축제 때 춤을 추라 합니다. 주기적으로 그런 언급을 하고 작년 신규들도 연습해서 춤을 췄다고 합니다. 정말 춤을 추기 싫은데 어떻게 해야 할지요. 다른 선생님들도 다 암묵적으로 동의하는 것 같고 말리지는 않는 분위기에요.

그런 거 직무상의 지시도 아니고 무시해도 상관없습니다. 어려운 표정 지을 것도 없고, 무표정으로 '네' 하고 안 하셔도 됩니다. 아무도 강요할 수 없어요. 대개는 심심한 선생님들이 뭔가 재미있는 일 없을까 싶어서 지나가는 말로 할 것이고요. 집요하게 나온다면 그 선배교사가 이상한 사람입니다. 전년도에 했다고 반드시 해야 한다는 법도 없고요.

교육 과정에 협력종합예술이 들어와 있고 다양한 예술에 대한 이해와 경험이 있다면 교육적으로는 분명히 좋은 일입니다. 교직원 간 혹은 사제 간 배구나 축구 등의 친선경기가 있기도 합니다. 선배 퇴임식에 율동이나 장기자랑을 요구하기도 합니다. 취향이 맞으면 그 과정에서 재미도 있고, 친해져서 학교생활에 도움이 될 수도 있겠지요. 하지만 그런 활동을 해야지만 도움을 주는 풍토가 있다면 분명 잘못된 일이고, 그런 식의 도움을 굳이 받을 필요도 없어요. '말을 물가로 끌고 갈 순 있어도, 물을 먹일 순 없다'는 말처럼, 선생님이 단호히 거절하면 더 이상 뭐라 할 일은 없을 겁니다. 비정상적인 강요로 나오면 그 사실을 구체적으로 누가기록해서 고충 상담이나 신고를 할 수도 있지요. 요즘 걸그룹 춤이 대개 성 상품화가 노골적인 것들이 많은데, 자칫하면 성희롱으로 다뤄질 수도 있어요.

저는 무대에 서는 경험이 필요하다고 생각했고, 발령 동기 선생님들끼리 친해서 첫 해에 딱 한 번 춤 공연을 한 적이 있습니다. 입시나 행정에 지친 학교에 신선한 이벤트였지요. 하지만 학교에서 제일 중요한 건 수업이지, 그런 이벤트가 아닙니다. 그런 경험은 한 번이면 족하다고 느껴서 이후로는 부탁이 들어와도 안 했고, 후배교사에게도 싫으면 안 해도 상관없다고 안심시켜줬습니다.

사제 간 축구 대회가 있으니 젊으니까 무조건 의무적으로 참석해야 한다는 말에도 단호히 거절했습니다. 학교 업무가 과중하게 밀려있고 더운 날씨에, 좋아하지도 않는 축구를 하며 구경거리가 되고 싶지 않았기 때문이지요. 11명이 구성되지 않으면 적은 인원으로 하면 될 것이고, 그것도 아니면 다른 행사로 대체하면 될 것입니다. 선생님이 축구를 좋아해서 학생들과 함께 뛴다면 보기 좋은 일입니다. 하지만 뛰지 않는다고 비난받을 일도 아닙니다.

본인이 좋으면 하고, 싫으면 억지로 하지 말고 단호히 거절하세요. 시간이 지나면 아무도 신경 안 쓴답니다. 그리고 후배교사가 그런 말을 듣고 있다면 재미있는 구경거리라 생각하지 마시고, 원치 않으면 안 해도 된다고 지지해주세요.

입학식이나 졸업식 같은 때, 교장 선생님이나 학교운영위원장 축사를 대신 써 달라는 부탁에 난감할 때가 있습니다. 거절해도 되는데 막상 그러기가 어렵다면 '내가 잘 쓸 것 같아서 말씀하셨나 보다' 하고 긍정적으로 생각하시고, 구글에서 '졸업식 축사.hwp'로 검색하면 참고할 만한 자료를 얼마든지 찾을 수 있어요. 사실 그런 축사를 귀담아듣는 사람이 그리 많진 않으니, 크게 부담 느끼지 않으셔도 됩니다. 찾은 자료에 선생님이 학생들에게 하고 싶은 말을 적당히 섞으면, 선생님의 메시지가 교장 선생님을 통해 학생들에게 전해지니 나름 보람을 느낄 수도 있고요.

학교 밖에서 흡연하는 학생을
목격하면 어떻게 해야 할까요?

사회 상규상, 미성년자가 흡연하면 안 됩니다. 하지만 현행법에서 미성년자에 대한 술·담배 판매를 금지하고 영업정지 등의 처분을 할 뿐, 술·담배를 하는 미성년자 자체를 처벌하지 않습니다. 구입 과정에서 주민등록증을 도용하거나 위조할 경우의 처벌이 있을 뿐이지요. 판매처를 조사해서 처벌할 순 있겠지만, 교사에게 그런 의무까지는 없습니다.

교사는 학칙에 의해 학생을 지도해야 합니다. 학칙이나 최소한 지도계획 등 내부결재문에 명시된 것이 아니면, 교사 임의의 지도에 대해 교사가 징계받을 수도 있는 게 현실입니다. 학칙에 교내 흡연에 대해서만 규정이 있을 뿐, 교외 흡연에 대한 사항이 없으면 지도가 어렵습니다. 그리고 지도과정에서 학생이 교사를 모욕하거나 신체적 위해를 가할 수도 있는 등, 서글픈 세상입니다.

교내 흡연에 대해서도 학생이 담배를 피우지 않았다고 할 경우, 대처가 곤란할 수 있어요. 그 학교의 학칙이나 관례 등을 제대로 알지 못하면, 주위 선생님께 문의하여 그 학교의 생활규정과 관례에 대해 문의하신 후 지도하시기 바랍니다.

흡연규정 예시

흡연(흡연 도구의 소지, 일산화탄소 측정기 반응검사 결과 4ppm 이상 포함)

❶ - 흡연 1회 적발 시 : 학교 내의 봉사 및 금연침 4주간 8회 시술(학생 및 학부모님의 금연 각서와 금연침 시술 확인서 제출)

   - 흡연 2회 적발 시 : 학교 내의 봉사 및 금연학교 교육 5일 이수(학생 및 학부모님의 금연 각서와 금연학교 수료증 제출)

   - 흡연 3회 적발 시 : 사회봉사(40시간)

   - 흡연 4회 적발 시 : 출석정지 이상

❷ 흡연으로 인한 징계기록은 학년이 바뀌어도 말소되지 않으며, 졸업 시까지 누적 적용한다.

❸ 흡연 및 벌점 누적으로 인한 징계는 별도의 선도위원회 개최 없이 시행한다.

❹ 전자 담배는 일반 담배에 준하여 처리한다.

※ 위 규정에서 교내외에 대한 구별 조항이 없으므로, 학교 밖의 흡연에 대해서도 동일하게 처리한다고 볼 수 있습니다. 적발 방법에 대해서는 내부결재 문서 등으로 구체적인 방법이 명시되면 좋습니다. 임의로 학생에게 흡연 측정기를 불게 한다거나, 불시로 소지품 검사를 하면 민원으로 곤경에 처할 수 있습니다.

아이 마음을 상하게 한 것 같지만, 아이 태도도 괘씸해요

저는 올해 신규교사로 담임이 아닌 교과 담당 교사로서 학생과 상담 과정에서 있었던 일에 대해 선배교사들께 조언을 구하고 싶습니다. 학생 상담 중에 아이의 마음을 읽지 못해서 상처를 준 것 같아요.

가정사와 관련된 상담 중에 아이가 상처를 받은 상황인데, 저는 학생이 구체적으로 이야기하지 않으려고 해서 '부모님의 사정을 제대로 모르면서 부모님을 비난해서는 안 된다, 네가 이해하려는 태도가 필요하다'라는 식으로 이야기했고, 다음 수업이 있어 급히 상담을 마무리했습니다.

따로 후속 조치를 하지는 않았는데, 아이가 그 상황을 마음에 두고 있다가 뒤늦게 저에게 매우 공격적이고 차가운 태도로 서운한 마음을 표현하네요. 점심시간에 마주쳐 "선생님한테 하고 싶은 말 없어?"라고 물었더니 들은 척도 하지 않고 그냥 지나가 버렸어요.

담임도 아닌 상황에서 가정사 고민을 들어준 것이 신중하지 않았다는 후회가 들었고, 상담을 제대로 해주지 못해서 미안한 마음도 듭니다. 한편으로는 괘씸하다는 생각이 들기도 하네요. 복잡한 마음이 드는 저녁입니다. 어쩌면 좋을까요?

학생과 다시 상담 시도하기, 학생이 잘못했다고 할 때까지 기다리기, 상담 선생님이나 담임 선생님께 상황을 말씀드리고 제대로 된 상담을 요청하기 등 여러 생각이 떠오르네요. 어떤 해결책이 옳은 걸까요?

담임 학급의 학생이 아님에도 불구하고, 학생과 상담을 하셨다니 선생님의 따뜻한 마음에 감동할 따름입니다. 학생도 선생님이 너무나 좋고, 선생님을 믿기 때문에 상담을 요청했던 것 같아요. 좋은 마음으로 하신 일일 텐데, 이런 결과를 갖게 되어서 너무나 놀랍기도 하고 당황하셨을 것 같습니다.

우리가 교육심리학 강의나 연수에서 학생과 상담을 할 때 배웠던 것을 다시 한번 생각해봅시다. '상담은 경청과 공감이 기본이다'는 말이 있잖아요. 섣불리 정답을 제시하려고 했다가는 역효과가 나기 십상입니다. 아마 학생은 부모님 중 한 분에게 너무나 화가 많이 나 있고, 친구들에게 말하자니 좀 부끄럽고 담임 선생님은 어렵고, 가장 믿음직한 선생님을 찾아왔을 것 같아요. 그 학생은 선생님이야말로, 자신의 분노에 같이 공감해줄 사람이라고 생각한 것 같아요. 아이가 부모님을 욕하고 비난한다고 해서 선생님도 같이 부모님을 욕하고 비난하라는 이야기는 절대 아닙니다. 다만 그 학생의 화남과 분노에, '그렇게 느꼈겠구나' 하며 같이 경청하고 공감해주시면 됩니다.

또, 지금 학생이 화가 많이 나서 본 체도 안 하고 그냥 갔다고 하셨는데, 학생을 다시 한번 불러서 이야기 나누어보시는 걸 추천해요. 선생님이 아끼는 너의 마음을 잘 이해하지 못한 것 같아 미안하다 하시고 양해를 구하시기를요. 살짝 사탕이나 초콜릿을 쥐여주는 것도 학생의 마음을 더 사르르 녹게 하는 좋은 방법이겠죠.

교직생활을 하시다가, 아이가 마음 깊숙이 의지해올 경우가 있을 거예요. 부주의하시면 마치 수술하다가 제대로 봉합하지 않고 떠나버리는 것 같은 상처를 학생에게 남길 수도 있습니다. 최대한 보살피고 관심을 주실 수 있다면 좋겠지만, 선생님이 감당하기에 쉽지 않다고 생각이 들면 적당하게 거리를 두고, 전문기관을 연계해 주는 것까지만 해도 선생님 역할 충분히 잘하시는 겁니다. 교사는 기본적으로 수업하는 사람이고, 학생 스스로 문제를 해결할 수 있도록 도와주는 사람입니다. 학생의 모든 문제를 다 해결해주려는 욕심을 가졌다가는 오래가지 못해 지쳐버릴 거예요.

학생에게 과하게 화내서 후회되는데 어떻게 할까요

제가 오해해서 한 학생에게 과하게 화를 낸 것 같습니다. 저도 학생도 서로 오해한 부분이 있는 것 같은데, 왜 그 순간 그렇게 까지 화를 냈을까 무척 미안한 마음입니다. 그 순간에는 저도 학생에게 상처를 받아서 따끔하게 한다는 게 학생에게도 상처를 준 것 같습니다. 그 전에 다른 학생이 저에게 거짓말, 대들기, 욕 등을 해서 예민해져 있던 상황이어서 저도 저를 통제하지 못한 행동이 나온 것 같습니다. 제가 나쁜 교사가 된 것만 같고 마음이 너무 힘듭니다. 학생에게 상황을 다시 짚고 제가 사과를 하는 게 좋을 것 같은데 어떻게 하는 것이 좋을지 현명한 조언 부탁드립니다.

세상은 교사에게 성인군자가 되길 요구하는데, 그런 경지에 이르는 건 누구에게도 쉬운 일이 아닙니다. 교사도 학생과 함께 끊임없이 성장하는 마음으로 지내야겠지요. 따로 부르셔서 같이 차 한잔하면서 지금 가지신 마음 그대로 빼지도 더하지도 마시고 전달하시는 것이 좋겠네요. 저는 어른이, 교사가 먼저 사과한다는 것이 참 중요하다고 봐요. 관계가 금방 예전처럼 돌아가진 않겠지만, 빨리 만나시면 좋겠어요. 이런 마음을 갖고 계시다니 참 좋은 선생님이시네요.

저도 작년에 서로 오해해서 학생과 관계가 틀어지는 비슷한 사건이 있었습니다. 아이와 대화를 하려고 학교 근처 조용한 카페에 가서 1:1로 대화를 했습니다. 물론 학교 안에서 편안히 대화 나눌 수 있는 장소가 있다면 더 좋겠지요. 저에 대한 아이 감정이 상한 상태라서 심지어 학교를 무단으로 조퇴하고 결석하는 상태였습니다. "뭐 마실래?"라고 물어보니까 아이가 아무것도 안 먹는다고 하고 대답도 안 하고 저를 계속 노려보더라고요. 그런 상태였지만 일단 아이 것까지 음료를 시키고 차분히 제 입장을 이야기했습니다. 점차 오해가 풀려나가고 서로의 입장을 이해하게 되자 음료에 입도 안 대고 노려보고만 있던 학생이 점차 대답하기 시작하고 마지막엔 음료에도 입을 대더라고요. 그렇게 하니 다음 날부턴 아무 일도 없었던 것처럼 잘 지내게 되었습니다. 많이 스트레스받고 힘드시겠지만, 힘내시기 바랍니다. 선생님의 그런 마음과 생각이라면 분명히 잘 풀릴 겁니다. 너무 걱정마세요! 사과하는 모습을 본 학생은 사과하는 방법을 배울 것이고, 무섭게 화내는 법을 본 학생은 무섭게 화를 내는 법을 배울 겁니다.

후기

감사합니다. 그 학생 반 수업이었는데 고개 숙이고 있고 복도에서 마주쳤을 때 제가 먼저 말 걸었는데 까칠하고 그렇더라고요. 선생님 조언 보고 점심시간에 밥 먹고 따로 불렀어요. 학교 밖 카페에 가서 초코 셰이크를 같이 먹으면서 어제 저의 심란한 마음의 상황을 설명하고 과했을 수도 있었던 저의 모습을 사과했어요. 남학생이라 그런지 별말은 안 했지만 피식 웃긴 하더라고요. 다시 웃으면서 같이 학교로 복귀했습니다. 조언 덕분입니다. 감사합니다.

↳ **댓글1** 선생님도 학생도 크게 성장하셨네요. 진실한 말하기가 가장 큰 힘을 내는 것이지요. 화법의 기본!

↳ **댓글2** 선생님의 용기가 진짜 대단해요.

↳ **댓글3** 실수해도 현명하게 반성하고 대처하며 성장하고 계신 선생님들께 존경과 감사를 보냅니다.

↳ **댓글4** 선생님이 먼저 사과하겠다는 마음을 가진 용기에 박수를 보냅니다. 잘못한 일이어도 먼저 사과의 말을 꺼내고 진심으로 용서를 구한다는 게 쉽지 않은 일입니다. 아이들도 이런 과정을 무척 어려워하지요. 선생님은 참 좋은 교사이십니다.

핵심 1. 가능한 빨리 사과하기
핵심 2. 편안한 분위기 형성하기
핵심 3. 진솔하게 마음 전하기

학생에게 귀신이 보인대요,
저도 무서워요

　이런 증상은 대부분 조기정신증과 관련 있어요. 과거에 정신분열병이라고 했던 조현병은 전세계 평생 유병률(개인이 평생 단 한 번이라도 걸릴 확률)이 1%로, 비교적 흔한 정신질환이라고 합니다. 이런 사람들은 중세에는 마녀로 취급되기도 했고, 우리나라에서는 마을 무당이 되기도 했지요. 신과 대화를 나눴다는 옛 문헌의 위인들을 의학적으로 '측두엽 간질 증상'으로 진단하기도 합니다. 독일에서는 이런 증상이 심해진 학생을 종교적으로 치료하려다가 사망한 사건이 있었기에, 의사가 반드시 참석하게 되어 있고, 영화 「검은 사제들」에서도 이런 모습을 엿볼 수 있습니다.

　「조기정신증 자가진단 질문지」에는 '나는 가끔 다른 사람들에게는 안 보이는 어떤 것들을 눈으로 볼 수 있다', '가끔 존재하지 않는 사람이나 영적 존재(신, 천사, 악마)의 목소리를 내면적으로 들을 때가 있다', '종종 나는 나도 모르게 어떤 소리를 목소리로 여긴다' 같은 내용이 있습니다. 이런 증상이 있다고 무조건 나쁜 것이 아니라, 얼마든지 훌륭한 삶을 살 수도 있습니다.

특히 뇌신경이 급속도로 발달하는 성장기에 신경전달물질의 불균형 등으로 이상 증상이 나타날 수 있습니다. 환각, 환청 등이 학창시절 스트레스로 인해 일시적으로 나타났다가 없어지기도 하고, 조기에 치료하면 일상생활에 큰 지장 없이 살 수 있다고 합니다.

대개 주위 사람들에게 이해받지 못할 것으로 생각해서 말하기 쉽지 않은데, 선생님께 조용히 이야기했다면 학생이 선생님을 상당히 신뢰하고 있는 거네요. 선생님은 두려워하실 것 없이, 학생의 심정에 공감하고 의연히 대처하셔야 합니다. 이러한 조기정신증이 의심되는 학생이 있으면 전문상담 선생님과 상담을 받게 한 후 보다 전문적인 치료를 받게 할 수 있습니다.

증상이 상당히 진행된 후일 수도 있어요. 제가 가르쳤던 학생 중에는 "저년들이 나보고 걸레년이라고 욕했어. 가위로 혀 잘라버릴 거야!" 하며 계속 울먹일 정도로 피해망상과 환청이 심한 경우도 본 적이 있습니다. 다른 학생들은, 그런 행동이 실제로 일어날까 봐 공포에 떨었지요. 구체적인 위협 정황이 있으면 다른 학생들 보호 차원에서 접근하셔야 합니다. 정신과 의사가 환자에 의해 사망한 사건을 계기로 새롭게 조명되고 있습니다.

종교와 관련된 문제는 언급이 참 어렵습니다. 하지만 공교육 교사는 우선 의학적인 상식과 행정적인 절차에 따라 학생에게 도움을 줘야 합니다. 현행법상 보호자 동의 없이 학생을 강제로 정신과 치료를 받게 하기에는 어려운 면이 있습니다. 대안학교로 보내도 대안학교는 대안교육을 하는 곳이지, 정신과 치료를 하는 곳이 아니므로 거절당하고 되돌아올 수도 있어요. 전문상담 선생님과 상의하며, 학생을 불필요하게 자극하지 말고 지속적으로 관찰하세요.

학부모님이 밤늦게 자주 전화하십니다

학부모님께서 주말 저녁 9~10시, 평일 퇴근 시간 후 저녁 10시에 본인이 궁금하신 것이 있을 때마다 하고 싶은 말씀이 있을 때마다 계속 전화를 하십니다. 게다가 전화를 받을 때까지 계속하고 만약 안 받으면 문자를 남겨서 나중에 다시 하겠다고 하며 또 하십니다. 한두 번도 아니고 너무 불편한데 어떻게 하면 좋을까요?

학기 초에 연락방법을 세세하게 안내하세요

학기 초에 당부사항을 담은 통신 등을 통해 학부모님들께 연락방법을 세세하게 알려드립니다. 이렇게 먼저 안내해드리면, 오히려 학부모님들이 부담스러워하십니다. 그 때문인지 부모님들이 전화를 걸어도 먼저 문자를 주신 다음에 하고, 오히려 나중에 길게 통화하게 되는 것에 더 부담가지셔서 여러 가지 불상사가 줄어듭니다. 교사의 사생활이 사라지는 것도 문제지만, 나중에 그렇게 의존하던 부모님들이 돌변해서 교사의 목을 흔드는 게 더 큰 문제입니다. 이런 문제는 교사가 사전에 방지해야 한다고 생각합니다.

또한, 사전에 안내한 사항과 달리 갑자기 전화가 오면 '지금 업무시간이 지났으니 내일 ○시에 전화 주시면 자세한 상담이 가능합니다'라고 안내하고 전화를 끊는 모양새를 취하시는 게 좋을 것 같습니다. 그럼에도 전화가 자주 오면 수신차단 기능을 사용하셔도 됩니다. 일과 후에는 응답하지 않다가, 차단된 메시지함에서 확인해보고 일과 중에 응답해도 됩니다.

차분하고 단호하게

갑작스런 전화가 사소한 용건이라고 판단되면 완곡하게 돌려서 안내해드리면 좋겠습니다.

"퇴근시간 후 개인 사정으로 바로 전화를 받을 수 없습니다. 제 시간표를 참고로 통화를 원하시는 시간을 전날 미리 알려주시면 제가 전화를 드리겠습니다. 하지만 학생 상담이나 학교 업무로 전화를 미처 못 드릴 수 있으니 간단한 내용은 문자로 남겨주시면 확인하는 대로 최대한 빨리 답변 드리겠습니다."

그래도 계속되는 전화에 대해서는 차분하되 단호하게 대처하셔야 합니다. 사전에 문자를 보내주시면 판단 후 교사 측에서 직접 전화를 걸겠다고 말씀하시고, 관리자에게도 반드시 보고하세요. 관리자로부터 지침을 받으면, 혹시나 나중에 생길 문제에서 책임을 공유할 수 있습니다.

또 여태껏 전화 온 내용을 교무수첩 등에 꼼꼼히 누가기록을 하여 혹시 있을 악성 민원에 대비하세요. 그런 민원이 발생하였을 때 내용과 빈도수를 거론하며 학부모 쪽이 더 심각하게 문제가 있었다는 점을 입증해야 합니다.

물론 화난 학부모님께 전화가 계속 오고, 받지 않으면 폭언으로 이어지니 마음이 정말 괴로우실 수도 있습니다. 그래서 어떤 동료 선생님께서는 아예 휴대전화를 꺼놓으라고도 조언하십니다. 학부모와 학생 통화용 전화기를 따로 장만하거나 투넘버 서비스 어플리케이션을 활용하기도 합니다. 어떤 선생님들은 딱딱하게 대하라고도 조언하십니다. 실제로 처음에는 굉장히 화를 내던 학부모님도 일관성 있게 대처한 이후로는 폭언이나 상식 밖의 형태로 전화하는 횟수가 점점 줄어드는 것 같습니다.

전화상으로 학부모가 교사에게 폭언하거나 악성으로 민원을 넣겠다고 말할 수 있습니다. 이런 언행은 형법상 강요죄나 협박죄에 해당할 수 있습니다. 학교 상담 및 업무와 관련된 내용이므로 녹음된다는 것을 알릴 수 있어요. 녹음한다고 사전에 말하면 섣불리 난폭한 언행을 하지 못하는 것 같습니다.

[대법원 판결 2005.7.15. 선고 2004도1565]

　공갈죄의 수단으로서 협박은 사람의 의사결정의 자유를 제한하거나 의사실행의 자유를 방해할 정도로 겁을 먹게 할 만한 해악을 고지하는 것을 말하고, 해악의 고지는 반드시 명시의 방법에 의할 것을 요하지 아니하며 언어나 거동 등에 의하여 상대방으로 하여금 어떠한 해악을 입을 수 있을 것이라는 인식을 갖게 하는 것이면 족하고, 또한 직접적이 아니더라도 피공갈자 이외의 제3자를 통해서 간접적으로 할 수도 있으며, 행위자가 그의 직업, 지위, 불량한 성행, 경력 등에 기하여 불법한 위세를 이용하여 재물의 교부나 재산상 이익을 요구하고 상대방으로 하여금 그 요구에 응하지 아니할 때에는 부당한 불이익을 초래할 위험이 있을 수 있다는 위구심을 야기하게 하는 경우에도 해악의 고지가 된다.

[경범죄 처벌법 제3조 제1항 제19호]

　(불안감조성) 정당한 이유 없이 길을 막거나 시비를 걸거나 주위에 모여들거나 뒤따르거나 몹시 거칠게 겁을 주는 말이나 행동으로 다른 사람을 불안하게 하거나 귀찮고 불쾌하게 한 사람 또는 여러 사람이 이용하거나 다니는 도로·공원 등 공공장소에서 고의로 험악한 문신^文_身을 드러내어 다른 사람에게 혐오감을 준 사람.

'급한 일이 아니면 근무시간 내에 연락 주세요' 하는 말은 연락하지 말라는 말로 들리기 십상입니다. 반대로 '아무 때나 전화주세요' 그러면 '와, 이런 소중한 선생님 시간을 빼앗으면 안 되겠구나'라고 생각한다고 『훌륭한 교사는 무엇이 다른가』(토드 휘태커 지음, 송형호 옮김, 지식의 날개, 2015)의 저자가 말합니다.

교사가 학부모에게 전화번호를 반드시 알려줘야 한다는 규정은 없습니다. 같은 학년 담임 선생님들끼리의 협의에 따라, 또는 선생님의 편의를 위해 개인 전화번호를 알려줄 수는 있지만 안 알려주셔도 됩니다. 전화번호가 노출되면 SNS에 노출된 사생활 사진 등으로 인해 불필요한 침해나 시비가 일어나기도 합니다. 그래서 교사 개인이 별도로 휴대폰 번호를 만들거나, 교무실 전화번호만 알려주고 녹음이 가능한 전화기를 교사 개인 돈으로 설치하기도 합니다. 이메일이나 어플리케이션 계정 등으로 소통의 창구를 열어놓기도 하고요.

적절한 수준의 소통 방법을 학부모 집단이나 나의 성향에 따라 선택하고 일관성도 유지해야 하니 정답이 없네요.

교사의
연애와 결혼

모두가 연애하고 결혼할 필요는 없지만, 많은 사람의 인생에서 필요한 일이지요. 부부 교사가 좋으니, 일반 직장인이 좋으니 하는 해묵은 논쟁과는 상관없이 서로 깊이 아껴줄 사람을 만나고 관계를 발전시키는 것 자체가 쉽지 않고 기적 같은 일입니다. 그것만 해도 너무 어려운 일인데 교사인지 아닌지를 따지는 것은 무의미해 보입니다. 어떤 직장이든 그 사람이 좋으면 다른 점은 차차 적응하고 해결해가면 되겠지요.

같은 학교 안이나 연구회 모임 등에서 교사끼리 자주 보면 자연스럽게 마음이 열릴 수 있지만, 관계가 어떻게 전개되든 자주 봐야 할 테니 교사끼리의 연애가 결코 쉬운 것은 아니지요. 특히 학교는 상당한 스트레스 속에 지내기 십상인 공간이고, 그 스트레스가 서로에게 많은 영향을 줄 수 있어요. 게다가 한두 다리 건너면 다 아는 사이이니 조심할 수밖에요.

주변에서 괜히 같은 학교의 남녀 선생님을 엮어주려는 언행을 하는 분들도 심심치 않게 계십니다. 진짜 도와주고 싶다면 드러나지 않도록 해야지, 주위의 시선에 부담을 느끼게 한다면 오히려 나쁘게 될 가능성이 훨씬 크겠지요. 업무를 도와줘서 연애할 시간과 여유를 갖도록 배려하거나, 소문 안 나게 괜찮은 사람 소개팅이라도 해주는 게 실질적인 도움이겠지요.

결혼에 대한 수많은 이야기와 결혼 공부에 대한 서적이 많으니 그것에 대해서는 남녀를 불문하고 따로 공부해야 한다고 봅니다. 다만 결혼 상대에 대한 깊은 이해는 이성과 사람에 대한 이해라는 면에서 동료나 학생들과의 관계에도 많은 깨우침을 줍니다.

결혼을 결심하셨다면

결혼이 워낙 중대사이고, 잘못되는 일도 적지 않기 때문에 학교에는 굳이 빨리 알리실 필요 없습니다. 다만 결혼으로 인한 특별휴가는 결혼 날짜로부터 30일 이내에 쓸 수 있으니, 그 시기는 교감 선생님과 미리 조율할 필요가 있습니다. 결혼식을 치르고 한두 주 후에 신혼여행을 가면, 결혼식이나 신혼여행 준비를 좀 더 여유 있게 할 수도 있고, 신혼여행 가서 싸울 일도 줄어듭니다.

학생들에게 교사가 결혼한다는 건, 재밌는 일이 별로 없는 학교에서 신선한 이벤트로 느껴질 수 있습니다. 다만 청탁금지법상 학생과 학부모의 축의금이나 선물을 전혀 받을 수 없고, 신경 쓸 것이 많은 결혼식에서 돌발상황에 대한 부담도 적지 않으므로 결혼식 방문을 사양한다는 점을 미리 양해 구하시는 게 좋습니다. 하객의 식비조차 받을 수 없는 것이 현행법이고, 이를 모르고 축의금을 받았다가 주의·경고 조치 이상 징계를 받을 수도 있습니다.

어느 시기에 어떤 방법으로 결혼 청첩장을 돌리고 인사를 할지, 결혼 후 답례를 어떻게 할지는 학교 친목회장님과도 가볍게 미리 상의하시면 좋습니다. 보통 학교 친목회비에서 1만 원 정도씩 인출되거나, 부서별로 축의금을 모아 주기도 하므로 교직원 전체에 대한 소정의 답례 선물은 가능합니다. 선물 나눠드리는 건 행정실무사님께 부탁하기보다는 직접 인사 다니시며 하길 추천합니다.

고등학교 교사인 저는 초등교사와 결혼하였습니다. 아내가 어떤 사람인지에 따라서 삶이 많이 변하겠지요. 저는 초등과 중등을 폭넓게 이해하고, 서로 교류하며 지혜를 공유하는 일이 더 많아졌습니다. 이 책도 처음에는 중등 교사를 대상으로 시작했는데 초등 선생님들께도 유용한 책이 되길 바라게 되었고, 아내의 세세한 도움으로 출판할 수 있게 되었습니다.

TIP!

"왜 전에는 아침마다 꼬박꼬박 연락해주더니 요즘엔 안 해? 마음이 식었어?" 와 "아침에 연락 한번 해줄래요? 자기가 아침에 연락해주면 종일 기분이 좋아서요" 중에 어떤 방식의 말을 듣고 싶으세요? 연인이나 부부간에도, 학생이나 동료를 대하는 것과 비슷한 원리가 있지 않을까요.

8.
멀리 가려면
천천히

부장님은 모르겠다며 퇴근, 나는 매일 야근에 응급실

저는 신규이고 담임이며 생활지도부 소속으로 학생자치와 안전을 맡고 있어요. 그런데 제가 신규라 손이 느려서 그러는지, 1학기에 매일 행정업무로 인해 초과근무를 했어요. 업무에 대해서도 어떤 방식으로 해나가야 하는지도 모르는 채로요. 그래서 생활지도부장님께 여쭤보고 도움을 요청하는데, 번번이 모른다고만 하시네요. 교사가 아니라 행정실에서 해야 할 것 같은 단순 시설관리조차 '어차피 행정실은 안 한다고 하니 받아서 선생님께 드렸다'라고 말씀하십니다. 업무 분장에 어두운 저에게 자기 업무도 몇 번 넘긴 적이 있으시고요. 지금까지 저는 행정업무로만 70건 이상의 기안을 올렸는데, 부장님은 교과 관련 일뿐이네요. 제가 감히 뭐라고 할 수는 없고 그저 묵묵히 일 배운다는 생각으로 있어야 하는 걸까요? 너무 답답한 마음에 여쭤봐요.

신규 혹은 저경력, 기간제 선생님들의 공통된 고민일 것 같습니다. 처음 학교에 발령받으면 적응해야 할 것도 많은 데다가 젊은 선생님에게 몰리는 업무 때문에 너무나도 많은 업무량에 허덕이게 되는데, 제대로 된 인수인계가 없는 학교 문화에서는 모든 일을 알아서 해내야 한다는 압박감까지 있지요. 처음에는 다들 '일을 배운다' 혹은 '신규로서 감내해야 한다'라는 마음으로 최대한 '열심히' 일을 해내는데, 결국은 한계에 부딪히는 순간이 옵니다. 소위 '펑크'를 내서 사고를 치면 일을 안 맡을 수도 있다는 조언도, '참고 버텨라'라는 말도 도움이 되지 않고, 매일 일에 시달리다 보면 몸도 마음도 너무 지쳐버리고 맙니다.

대안1 - 병가 혹은 병 휴직

〈너무 지쳐서 학교에 그만 나가고 싶어요〉 참고.(349쪽)

교사들은 과로로 인해 뇌출혈, 디스크, 공황장애, 우울증 등으로 정신적, 신체적 건강 문제에 시달리거나 교직에 대해 회의감을 느끼는 경우가 많습니다. 다른 일도 마찬가지겠지만 본인 건강이 최우선입니다. 실제로 사례의 선생님의 경우 응급실에 몇 번이나 다녀오실 만큼 건강이 나빠진 상태인데요, 이럴 때에는 정식으로 병가를 내고 휴식을 취하는 것도 일종의 방법입니다.

이때 우리는 좁은 교직 안에서 소위 '찍히는 것'에 대해 고민하게 되지요. 또한 선생님들의 특성상 내가 학교를 쉬게 되면 다른 분들에게 업무가 재분배되어 피해를 끼치게 된다는 걱정 때문에 쉽게 병가를 내지 못합니다. 담임을 하고 있는 경우 부담임이 담임을 맡게 되고, 혹은 다른 분이 임시담임을 맡게 되기도 합니다. 나의 수업은 시간 강사 혹은 기간제 교사를 새로 뽑아 맡기게 됩니다. 젊은 교사가 그것도 못 버티냐는 이상한 눈초리를 보내는 교사도 있습니다.

그러나 이런 책임감보다는 나 자신의 건강과 교육의 질에 대한 책임감을 더 가져보세요. 무엇보다도 제일 중요한 것은 선생님의 건강을 바탕으로 제대로 된 교육이 이루어질 수 있어야 하는 것 아닐까요? 사실 행정업무는 선생님 생각과는 달리 선생님이 없이도 결국은 누군가는 해내게 됩니다. 선생님 한 명이 없다고 못 하게 될 큰일이라면, 선생님같이 아무것도 모르는 저경력 교사에게 맡겨서는 안 되는 일이죠. 선생님 혼자서 해내기 위해 끙끙 앓을 일이 아니라는 뜻입니다.

또한 선생님께서 정신적인 스트레스와 육체적 피로에 시달리는 동안 아무래도 수업 준비에 할애할 수 있는 시간적, 정서적 여유는 줄어들게 됩니다. 그러면 자연스럽게 수업의 질과 수업의 몰입도가 떨어지게 되고 그 피해는 오롯이 아이들이 받게 됩니다. 선생님이 즐겁고 건강하게 학교생활을 할 때, 아이들도 배움이 있는 수업을 즐길 수 있게 됩니다. 학교에서 '교사'로서 제일 중요한 일이 무엇일지 먼저 생각해보시기를 바랍니다.

질병과 관련하여 쉴 수 있는 방법으로는 '병가'와 '병휴직'이 있습니다. 교육공무원 복무규정을 참고하되 해당 교육청 혹은 학교 내의 근무 규정과 관련하여 관리자와 이야기를 나누세요. 병가의 경우 6일까지는 진단서 제출 없이 가능합니다. 연간 누적 병가일수가 6일이 넘을 경우 진단서를 제출해야 하며, 1년에 60일(휴일 포함)까지 병가가 가능합니다. 신체적 질병의 경우 바로 진단서가 나오지만 정서적 문제는 병원마다 조금씩 차이는 있지만 대개 3주 이상의 주기적인 진료 이후 의사가 진단서를 발급하고 이 진단서를 바탕으로 병가를 쓸 수 있습니다.

그러므로 정신적으로 너무나 큰 스트레스와 어려움을 겪고 있다면 이상하게 생각하지 마시고 근처 정신건강의학과에서 꾸준히 상담 진료를 받아두세요. 꼭 병가를 쓰지 않더라도 상담만으로도 큰 도움을 받을 수 있을지도 모릅니다. 또한 병휴직은 휴직의 일종으로 교육공무원법 제44조에 의거하여 기본 1년간 휴직할 수 있습니다. 역시 진단서가 필요합니다. 병가와 병휴직을 남발해서는 안 되겠지만 묵묵히 참는 것만이 정답은 아닙니다.

대안2 - 업무전문성 향상

그런데 저경력 선생님들이 초과근무까지 해가며 일을 하는 원인은 신규에게 몰리는 과도한 업무량뿐만은 아닙니다. 저도 이제 겨우 3년차이지만, 첫 해에 비해 확실히 업무 처리 속도가 빨라지니 아무래도 초과 근무할 일이 줄어들었습니다. 한글이나 엑셀의 단축키나 기능을 익히니 업무처리도 훨씬 빨라졌어요. 물론 나이가 많으신 고경력 선생님들에 비해 컴퓨터 활용 능력이나 순발력은 뛰어날지 모르나, 학교가 돌아가는 전반적인 시스템이나 특정 업무에서 해야 할 일과 관련 규정에 대해서는 아무래도 저경력 선생님이 무지합니다. 이런 것들을 알아가는 것만으로도 업무 처리 속도를 높이고 거기에 들어가는 시간을 줄일 수 있습니다.

일단 새로운 업무를 맡게 되면 업무관리 포탈에서 전임자가 1년간 올렸던 기안을 살펴보고 학사일정을 고려하여 각 시기별로 해야 할 업무의 대략적인 내용과 기안문서의 내용, 사전에 준비해야 할 사항 등을 미리 준비해놓는 것이 좋습니다. 내 업무와 관련하여 1년 동안 해야 할 일정을 정리해보는 것이지요. 일정이 정리되면 달력에 미리 표시해 두었다가 대략 구상해본 뒤 부장님과 상의하게 되면, 단순히 위에서 시키는 일을 할 때에 비해 일이 매끄럽게 흘러가고 보다 주도성을 가지고 일을 할 수 있게 됩니다. 교직 문화 특성상 매년 업무 분장이 바뀌면서 제대로 된 인수인계가 이루어지지 않는 경우가 많은데, 이 단순한 팁이 나의 1년을 이끌어가는 데 큰 도움이 될 수 있습니다.

또한 전임자의 기안 내역을 살펴보면, 나에게 지금 주어진 일이 내 업무로서 꼭 해야 하는 일인지, 아니면 다른 사람이 자신의 일을 넘긴 것인지 어느 정도 분간이 가능해집니다. 또한 작년에 전임자가 했던 일이라고 해서 꼭 내가 해야만 하는 일이 아닐 수도 있습니다. 그리고 학교 업무 특성상 누가 해야 하는 일인지 정확하게 가르기가 어려운 업무도 많습니다. 학교가 돌아가는 시스템과 업무에 대해 알게 될수록 거절할 일은 단호하게 거절하고, 내가 해야 할 일과 내가 도와줄 수 있는 일은 조금 더 효과적으로 해낼 수 있게 됩니다. 업무 전문성을 높이는 것 역시 하나의 대안이 될 수 있습니다.

대안3 - 민원 제기를 통한 업무분장 구조 재조정 건의

이러한 방법과 대화로서 문제가 해결되지 않는다면 정식으로 민원을 제기하는 방법도 있습니다. 학교 일은 말로 이루어지지 않습니다. 명확한 근거와 객관적 자료 등이 공문화된 문서로서 위치해야 나중에 감사, 교권보호위원회, 인사자문위원회, 고충심사 등에 증거로서 효력이 발생됩니다. 공무원은 문서로서 모든 업무가 이루어집니다. 어떤 관리자들은 아무리 고충을 이야기해도 선생님들을 이해해주기는커녕 설득과 압력을 통해 지금의 과중한 업무를 계속 수행하라고 말할지도 모릅니다. 이런 경우에 활용할 수 있는 방안도 알려드립니다.

1. 선생님이 담당하시는 업무(생활지도부라면 학폭, 선도 등)에 있어 모든 업무처리는 업무관리시스템에 하나도 빠짐없이 기안 및 상신하셔서 증거로 남겨두시기 바랍니다.

2. 선생님의 업무고충에 대한 현재까지의 상황을 보고서 형태로 만들어 업무관리 시스템에 '일반업무'가 아닌, '민원' 항목으로 설정하여 교감, 교장에게 문서 기안 및 상신하시길 부탁드립니다(민원 문서는 반드시 2주 또는 10일 이내에 답변서를 달아주도록 공문서 처리 지침에 규정되어 있습니다).

3. 소속학교에 인사자문위원회 개최 요구 신청을 정식으로 업무관리시스템에 기안 및 신청하시길 바랍니다. 결재라인은 교무부장-교감-교장으로 설정하고, 해당문서는 비공개, 열람제한 보안문서로 설정하세요.

4. 위의 두 가지(민원제출, 인사자문위원회 신청)를 학교 내에서 진행하시

고, 만약 관리자가 답변서를 안 주거나 해당 문서 결재를 보류, 반려, 결재지연 등의 방법으로 거부하는 경우 학교 외부의 단체(교원단체, 법률자문단체)의 도움을 받을 수 있습니다.

위와 같이 학교 내에서 일은 학교 내 자문기구 등을 통해 자체적으로 해결하려는 선생님의 의지를 먼저 보여줘야 합니다. 그럼에도 불구하고 선생님의 간절한 도움을 외면하는 관리자가 있을 수 있습니다. 그때는 이 사안이 선생님의 개인의 자질 및 인내력 부족의 문제가 아닌, 비슷한 업무를 담당하고 있는 교사 모두의 문제로 공론화할 수 있습니다. 선생님이 학교 내 기구를 통해 해결하려는 노력을 먼저 하고 그것을 공문서로서 남겨놓았을 때 외부에서 선생님을 도와드릴 수 있는 명분이 서게 되고 사안 해결에 적극적으로 개입할 수 있는 공론의 장으로 확대시킬 수 있습니다.

사례와 같이 잘못된 업무 분장 구조로 인해 피해를 입고 있는 저경력 선생님이 많을 것으로 압니다. '왜 나만' 혹은 '내가 어리고 저경력이기 때문에' 이런 일을 겪는다는 생각이 들기도 하고, 실제로 '나도 젊을 때는 그랬다'는 말을 들으며 설움을 삼켜야 하기도 하죠. 그런데 의외로 남들은 내가 그렇게 일을 많이 하고 있고, 그 때문에 힘들어하는지 모르기도 합니다. 선배교사와 관리자에게 툭 터놓고 조언을 구했을 때 도움을 줄 수 있는 어른을 만나기도 합니다. 혼자 모든 것을 끌어안고 고생하지 말고, 힘든 것은 힘들다고 말할 수 있어야 합니다. 선배교사 중에서 멘토가 되어주실 만한 분을 찾아보세요. 그래도 합리적으로 해결하기 어려운 경우, 교원 단체나 교원을 대상으로 한 법률자문단체의 도움을 받을 수도 있습니다. 너무 혼자서 괴로워 마시고 주위에 도움을 요청해보세요.

교직만 이러한 문제를 안고 있는 것이 아닙니다. 학교도 결국은 직장입니다. 어느 직장이든 초임자는 실수를 연발하는 것이 일반적이고 적응할 시간이 필요합니다. 나와 맞지 않는 업무가 있을 수도 있고 전임자나 부장, 동료들이 해당업무에 대해 잘 모를 수도 있습니다. 일반 직장인들이 읽는 소위 자기계발서라 불리는 것들도 고전적 가치가 있다면 읽어둘 필요가 있어요. 이를테면 '데일 카네기'의 저서 같은 것 말입니다.

과중한 업무 때문에 학생들이나 가족 등에게 악영향을 끼치고 있진 않은지 돌아보시고, 후배교사에게 같은 고통을 물려주는 선배교사가 되지 않기로 약속합시다. 이런 것들을 고려해서 아무쪼록 학교에 잘 적응하시고 즐거운 학교생활 하시기를 기원합니다.

신규교사 눈에는 너무도 이상한 교직 풍토

일반 회사원 생활을 하다가 중학교 교사가 된 선생님이 학교에서 느낀 내용을 페이스북에 게시했다가 많은 공감과 지지를 얻었습니다. 이렇게 심한 경우가 다 있나 싶다가도, 자신도 비슷한 일을 겪었다거나, 충분히 일어날 수 있는 일이라며 '좋아요'와 댓글을 달아주시는 분이 많았습니다. 모든 학교가 이렇지는 않을 것입니다. 아래 사연들이 당연한 일인 줄 알았다면, 문제의식도 가지면 좋겠습니다. 이렇게 느끼는 후배교사들이 없도록, 학교를 좀 더 나은 곳으로 만들어가면 좋겠습니다.

사연

제가 1년차 때 학교에서 가장 문제가 많아 다들 기피하던 3학년 담임을 맡았습니다. 진학지도를 해야 했는데 미숙하고 부족했던 부분이 지금도 제자들에게 미안합니다. 2년차에는 생활지도부장으로 학폭 22건을 처리했어요. 그 덕에 나름 전문가가 됐지만, 가끔 교사가 아니라 경찰 같기도 했어요. 3년차에도 생활지도부장 예정입니다. 학생자치를 잘하고 싶은데, 또 경찰 노릇만 하게 될지 걱정입니다. 업무에 대한 어려움이 있긴 하지만 배운다는 긍정적인 생각으로 하고 있습니다. 회사를 다니다가 교직에 들어온 저로서는 아래와 같이 이해되지 않는 상황이 많았습니다. 주로 저희 학교에서 겪은 이야기지만, 다른 학교 선생님들과 나눈 이야기도 포함했습니다.

학기 초 업무 분장할 때 얼굴 붉히면 1년이 편하다

교사란 학생을 가르치고 올바른 방향으로 이끌어주는 사람인데, 생활지도하기 꺼려하고 담임을 안 하려는 분들이 계십니다. 어떤 정교사는 기간제 교사보다 좋은 대우를 받으면서도 정작 힘든 업무와 담임은 기간제 교사에게 미룹니다. 생활지도부장, 학년부장을 교직경력 2~3년차 교사에게 미룰 정도로 힘든 일은 안 하려고 합니다. 어떤 관리자는 일시키기 편한 사람에게 힘든 업무를 주려 합니다. 공평하게 업무배정을 하려고 하면 갖가지 핑계로 힘든 업무를 기피하는 분도 있습니다. 속된 말로 '진상이 되면 일에서 벗어날 수 있다'고 할 정도입니다. 학교 구성원들에게 지극히 비협조적인 교사도, 뚜렷이 제제하기 어려워서 오히려 더 편하게 지내기 십상입니다. 횡포가 아닌 합리적인 관리자의 권한과 조정은 필요하다고 생각합니다. 어느 한쪽으로만 치우친 것은 반드시 문제가 생깁니다.

수업의 질보다 형식과 행정이 더 중요하다

임용시험에서는 교과 지식과 교육학 이론이 대부분이라 현장을 미리 배울 기회는 제한적이었습니다. 교육실습생으로 겪었던 학교와 너무나 달랐죠. "수업 20%, 잡무 80%야. 잡무 처리하다가 잠깐 수업 가서 쉬지"라고 하신 은사님의 말씀을 그때는 제대로 이해하지 못했습니다. 외국 학교에 다니다 전학 온 학생이, 그쪽 학교에는 행정 직원이 처리해주는 일을 우리나라에서는 수업하는 선생님들이 다 해주신다고 신기해했습니다. 해야 할 일이 너무 많으니, 잘 가르치기보단 남들 입에 오르지 않게 지내기도 힘겨웠습니다.

수업이 제일 중요한 줄 알았는데 공문 처리, 민원 예방이나 각종 허드렛일이 주 업무였습니다. 상급 기관의 공문은 현장의 교사에 대한 지원보다는 지시와 통제 위주였습니다. 예전보다는 많이 개선되었다고 합니다. 하지만 아직 갈 길이 멀어 보입니다. 우리 교육청, 우리 학교에서는 이런 일이 없다고 비판하실 선생님께서는, 아직도 이런 일을 개선하려 노력하는 현장에 격려와 도움을 주셨으면 합니다.

신규교사에 대한 교육이 부족하다

신규교사의 교육 부족은 단순히 교사 풍토뿐만 아니라 시스템 및 정책적 문제도 있습니다. 회사, 경찰, 소방 공무원, 의사 등등 신입이 들어오면 몇 개월은 연수를 받게 하고, 경력직과 신입을 멘토·멘티의 개념으로 묶어 배우게 하는데, 학교 현장에서는 그런 배려나 시스템이 너무 부족합니다. 신규교사에게 특별한 도움 없이 베테랑 교사의 일을 맡깁니다.

신규교사의 미숙함으로 인해 실수가 일어나면 대부분 혼자 수습하게 하거나 책임을 지우기도 합니다. 정작 징계를 받을 때는 혼자 감당하며 관리자는 '나 몰라라'하는 경우가 많습니다. 결국 학생, 학부모, 동료들에게 받은 상처로 교직을 떠나기도 합니다. 다루기 힘든 학생을 신규교사에게 떠미는 건, 마치 사망 위험이 높은 난치병 환자를 저경력 의사에게 배정하는 것과 같습니다.

업무 분장할 때는 쉬운 것만 하고 싶고, 평가는 동등하게 받고 싶다

쉬운 업무를 맡은 교사들은 '교사를 어떻게 평가할 수 있냐, 너나 나나 힘든 건 똑같지. 업무에 곤란도를 어떤 기준으로 나눌 수 있나!'라고 말하며 교원 평가제를 반대합니다. 힘든 업무를 맡은 교사들도 교원 평가제에 부정적이긴 하지만, 그래도 그런 이야기를 들으면 '나 성과상여금 최하등급 받아도 되니까 네 업무하고 싶다'라는 마음입니다.

문제의 원인

첫째, 교장·교감 포기한 선생님 중 대다수는 부장이든 담임 업무든 힘든 일을 안 하려고 합니다. 승진 점수가 필요 없으니까요. 교육의 기쁨이 아니라 승진이나 성과금 같이 낮은 차원의 동기로 유인하려 하니, 그 동기가 필요 없는 사람은 자존감과 의욕을 잃게 됩니다. 특히 신규 남교사는 승진을 미끼로 격무에 유인되기 쉽습니다. 게다가 일 열심히 하는 교사는 실수할 일도 비례해서 많아지는데, 잘하는 일에 대한 보상은 적으면서, 잘못하는 일에 대한 책임과 징계는 가혹합니다. 실수하지 않는 가장 좋은 방법은 새로운 시도를 하지 않는 것입니다. 이렇게 보신주의에 빠지게 됩니다.

둘째, 배우려 하지 않는 신규교사도 있는 것이 사실입니다. 후배교사를 옛날 학생 다루듯이 함부로 대하거나 일을 떠넘겨 상처가 생기면, 선배교사들에 대한 신뢰가 깨집니다. 부정적인 선입견이 생기면 선배가 진정성을 가지고 알려주는 것을 간섭이라고 느낄 수도 있습니다. 선배 노릇은 제대로 하지 않으면서 대접만 받으려 한다고 느낄 수 있어요. 이런 일로 서로 실망하고 상처받다 보면 새로운 사람을 만나도 거리를 두게 되어 악순환에 빠집니다. 후배교사들이 본받을 수 있는 선배교사들의 모범은 적게 느껴지고, 말로만 가르쳐주는 것은 업무 떠넘기기로 느껴집니다.

셋째, 일 못하고 또는 못하는 척하고 대들고, 관리자 말 안 들으면 일을 아예 안 주기도 합니다. 열심히 하던 사람들도 그런 모습을 보며 회의를 느끼고 다른 학교로 옮기면서 '저 그거 몰라요. 안 해봤어요'라며 발을 빼곤 합니다.

해결하려면

첫째, 정말 어려운 일이지만 성과급처럼 돈으로 분란을 일으키는 평가가 아니라, 교육의 기쁨을 느낄 수 있도록 제대로 된 평가를 실시해야 합니다. 둘째, 업무 순환제를 실시하여 교무부, 연구부, 교육과정부, 생활지도부 등의 다양한 업무를 경험할 수 있도록 해야 합니다. 교직경력 30년이 넘어가는데 생활지도부를 한 번도 안 해보신 선배님께서 "생활지도부가 뭐가 힘들어?"라고 하신 말에 든 생각입니다. 각 학교의 인사자문위 규정을 함부로 무시하지 말아야겠습니다. 셋째, 학교를 옮기게 되더라도 인수인계를 제대로 받아서 기존 자료를 활용하여 지속성 있게 운영해야 합니다.

나부터 분위기에 휩쓸리지 말고 옳다고 생각하는 문화의 정착을 위해 노력하고 실천해야 합니다. 제가 만난 모든 선생님이 나쁘시진 않았습니다. 정말 존경스러운 분들도 계셨습니다. 정년퇴임 전날까지도 수업 시수 주 20시간에 교문 지도를 하시며 많은 도움을 주시는 분도 계셨습니다. 너무나 헌신적으로 지도하다가 쓰러지셔서 후유장애를 입은 분도 있습니다. 그러나 어떤 분은 저경력자에게 부장업무를 미룬 뒤 뒤에서 험담하고, 교육적으로 학생들에게 유익한 행사를 해도 "담임 귀찮게 한다", "난 비담임인데 왜?"라고 반응하는 것도 보았습니다.

해당 학년에서 가장 저경력자였던 3년차에게 학년부장을 바지사장처럼 앉혀놓고, 일 다 시키고 책임은 지게 하면서 어떠한 권한과 영향력도 인정하지 않아 1년 내내 학년부장이 하인 같이 지내는 모습을 보고 실망도 많이 했습니다.

이제 교직의 햇병아리인 저는 아무리 생각해도 정답이 보이지 않지만 짧은 소견을 적어봅니다. 다 쓰고 보니 저의 부족함과 미성숙한 부분이 더욱 확실히 보입니다. 글로 쓰다 보니 한계가 있어서 해결책들의 어쩔 수 없는 문제점들과 그에 대한 운영에 대해서는 언급하지 않았습니다. 그냥 위로받고 싶어 하는 후배교사의 넋두리로 생각하셔도 무관합니다. 이런 고민을 하는 후배교사들이 없도록, 더 좋은 교직 풍토를 만들어가는 데 함께 힘써주시면 좋겠습니다.

동료교사가 학생에게
체벌이나 폭언을 할 때

불과 10년 전만 해도 체벌을 크게 문제 삼지 않았고 제 학창시절에는 선생님 신경만 건드려도 맞는 게 일상생활이었지요. 교사의 학생 체벌을 폭행죄로 처벌하지 않았습니다. 학생들 사이에서는 '유-초-중-고-성인'까지 연결된 폭력 구조가 견고했고요. 이 시절에 대한 향수를 갖는 분들이 적지 않은 것도 사실입니다.

하지만 이제는 학생의 잘못이 있을지라도 체벌은 정당하지 못한 수단이며 폭행죄로 다뤄집니다. 아동학대에 대한 민감도는 상당히 높아져서 얼굴을 툭 쳐도 폭행이고, 옷깃을 잡거나 어깨동무를 하면 멱살 잡고 목을 졸랐다고 합니다. 떠드는 아이에게 입 닫으라고 했다가 아동학대죄로 고소당하기도 합니다. 상담실이나 교실에서 단 둘이 이야기하면 감금과 협박이라 합니다. '이놈 자식! 그럴 거면 학교 오지 마'라며 혼내거나 야단치면 언어폭력이라 합니다. 남교사와 여학생 사이라면 성범죄자로 몰리기도 합니다. 선생님의 엄격함에 불만을 품고 성추행으로 신고하여 억울한 선생님이 자살한 사건도 있었습니다.

이런 현실인데도 선생님의 조언으로 행동을 고치고 바로 사과할 분이 아니라면 교감, 교장 선생님께 조용히 말씀드리세요. 이건 고자질이 아니라, 동료, 학생, 관리자, 학교 모두를 보호하고 대재앙을 막는 길입니다.

학생이 체벌을 당했다며 경찰에 신고해도 학부모의 동의가 없으면 기소되기 어렵습니다. 그런데 학부모가 자신의 학창시절 상처를 이입해 마음먹고 법률적으로 시비하면 학교는 곤경에 처하기 쉽습니다.

고자질은 덮어줘도 될 남의 허물이나 비밀을 일러바치는 것이고, 고발은 나쁜 일을 정당하게 밝히는 일입니다. 다만 학생의 잘못에 대해 어느 정도의 체벌은 해도 좋다는 생각을 가진 분들도 여전히 계시니, 목격한 선생님이 적극적으로 나서기도 어려운 게 현실입니다. 하지만 현행법에서는 신체 접촉이나 언성이 높아지는 것만으로도 폭행으로 간주돼 법적 다툼이 일어날 수 있습니다. 체벌이 있었다면 학생의 교사 폭행 등 심각한 사안에서도 학생측 처벌이 경감되고 교사도 처벌될 수 있습니다.

선생님은 관리자에게 보고만 하셔도 현실적으로 큰 역할을 하신 겁니다. 우선 그분들의 판단을 믿고 기다려 보시되, 문제가 더 심각해지면 교원단체 등에 문의하시기 바랍니다.

이 학교 너무 이상해요.
옮기면 좀 나을까요?

정말 제가 교사인지, 경찰인지, 행정사인지 탁아소 근무하는 건지 모르겠습니다. 또 선생님들은 왜 이리 많이 싸우실까요. 교실에는 수업을 듣는 학생이 몇 명밖에 안 되고, 다들 자거나 떠들고 돌아다닙니다. 학부모님들은 너무 거칠어서 학생 말만 듣고 항의하고 학교에 와서 행패를 부리네요. 선호지역 학교를 가면 좀 나을까요? 나에게 교사가 정말 안 맞는 건지 고민되네요.

인근 지역 발령 동기들끼리 만나면, 서로 어느 학교가 더 이상하고 힘든지 경쟁적으로 토로하는 웃지 못할 광경이 펼쳐지곤 합니다. 이게 실화인가 싶은 놀라운 사례들이 쏟아지지요. 어느 학교에서는 학생이 쇠파이프로 다른 학생 머리를 쳤다더라, 스마트폰 압수당했다고 교무실에 쓰레기통을 엎어서 쓰레기를 뿌렸다더라, 의자로 교무실 책상 유리를 깨부쉈다더라, 술 먹고 학생부장님 얼굴에 주먹을 날려서 이빨을 부러뜨렸다더라, 술 먹고 차 몰고 운동장에 와서 자다가 교장 선생님을 칠 뻔했다더라, 선생님 등에 대고 침을 뱉고는 모른 척하더라, 교무실 들어와서는 학교 밖에서 만나면 선생님을 죽여버린다고 협박했다더라, 화장실 못 가게 했더니 그 자리에서 속옷을 내리고 고의로 용변을 시도하더라는 등 점점 더 막장드라마 같은 실화들이 쏟아집니다.

하지만 결코 잊지 말아야 합니다. 우리는 이런 곳에 간절히 오기 위해 오랜 시간 임용시험에 매달렸었지요. 학교에 불만을 갖고 이직하고 싶다고 하는 교사가 많지만, 20년 이내의 교사들 중에 실행하는 일은 극히 드물어요. 다른 진로를 조금씩 알아보다가 결국 돌아오기 십상이지요. 차라리 대학원에 등록해서 연수휴직을 하거나 퇴근 후나 방학을 이용해서 집중적으로 준비한 뒤 퇴직하세요. 이 자리를 간절히 원하는 예비교사들은 얼마든지 있습니다.

우리나라 학교는 일제 강점기에 일본인 교장이 조선인 교사들로 식민지 백성을 지배하고 착취하던 구조가 군부독재를 거쳐 청산되지 않아 많은 부작용이 남아 있어요. 내가 조금 나은 곳으로 이동해도 내가 있던 학교는 또 누군가로 채워져 비슷한 고통을 겪겠지요. 그리고 막상 가보면 내가 있던 곳과 크게 다르지 않다는 걸 깨닫게 됩니다. 오히려 적응했던 것과는 또 다른 문제들이 도사리고 있어서 다시 어려움을 겪게 되지요. 그때는 '내가 나이 먹어서 적응력이 떨어졌나' 싶을 수도 있어요.

제가 혁신학교에 신규발령 받았을 때도 위의 선생님과 비슷했네요. 서울에서도 집값이 가장 싸고, 각종 범죄율이나 학교 부적응으로 인한 학업 중단 자퇴, 퇴학 비율이 가장 높은 지역이었습니다. 현직교사들이 기피해서 빠져나간 자리를 신규들로 채운다는 기가 막힌 현실을 마주했죠. 어려운 지역을 신규로 채운다니, 남겨진 아이들과 교사들은 어쩌란 말입니까. 교사끼리도 불화와 불통인 상황에서 도대체 무엇이 혁신인지 알 수가 없었어요. 자욱한 화장실의 담배연기가 복도를 거쳐 교무실까지 흘러들어도 나서지 말고 참아야 했습니다. 수시로 스마트폰이 수십 대씩 도난으로 없어지고, 지속적으로 학교폭력에 시달리는 학생이 얼마나 많은지 가늠도 안 되고, 가정폭력을 당하거나 보살핌을 받지 못하는 학생도 많았습니다. 학교에 대한 신뢰가 무너졌으니 수업이 되기도 어렵습니다. 이 와중에도 학교는 상위권 대학에 몇 명 더 보낼지에나 골몰했습니다.

많은 선생님들의 노력으로 조금씩 변화가 쌓여 5년이 되니, 어느새 이전보다 꽤 좋은 학교가 되어 있었습니다. 삭막하고 위험했던 학교 환경이 나아졌습니다. 선생님들은 자기가 수업을 어떻게 하는지 나누고, 과목 간 융합을 모색하며 수업을 발전시켰습니다. 특정 반의 어느 학생에게 문제가 있으면 그 반에 들어가는 선생님들끼리 소통하며 대책을 공유했습니다. 입시에서 소외되었던 학생들이 학교생활을 즐거워할 일이 많아졌습니다. 물론 여전히 해결되지 않은 많은 문제들이 있었지요. 그래도 당장 떠나고 싶었던 학교가 이제 조금 더 있어볼까 고민되는 학교로 변했고, 저도 많이 적응되었어요.

경험을 넓히고자 옮긴 곳은 상위권 대학 입시 실적이 좋은 역사와 전통의 명문 고등학교였습니다. 큰 학교를 유지하는 합리적인 학교체계가 갖춰져 있었고, 임용시험 준비하며 대비했던 수준 높은 질문을 하는 학생도 많았어요. 드라마 「SKY캐슬」의 배경으로 언급되는 대치동 인근입니다. 내신등급 경쟁이 너무나 치열해서 수능보다 어려운 학교 시험에 교사의 개성을 발휘하기란 어렵습니다. 등급 변별을 위해 99%의 학생이 반드시 시험에 틀리게 만들어야 하는 모순도 심각했습니다. 교사가 웬만큼 노력해도 성적이 오르지 않던 이전 학교와는 대조적으로, 어떻게든 학생의 점수를 떨어뜨려야 하는 비교육적인 상황이었지요.

제가 담임했던 과학중점반에는 특목고, 자사고 입시에 실패한 아이들이 대부분이었습니다. 중3 때 이미 학원에서 고3까지의 수학, 물리, 화학을 배운 아이들이 절반을 넘었습니다. 대입 재수율 통계가 70%대로, 전국 최상위였습니다. 부모의 기대에 대한 과도한 부담으로 우울과 무기력에 빠진 학생, 사교육에 의존하다가 지쳐서 학교에서는 제대로 수업에 참여할 수 없는 학생도 너무 많습니다.

서울시교육청에 따르면, 2017년 4월 기준 강남과 서초 지역 학교에 근무하는 경력 10년 미만 초등교사 비율은 서울 25개 자치구 평균(35%)보다 높은 41.7%였다고 합니다. 반면 이들 지역의 20년 이상 30년 미만 중견교사 비율은 서울 평균(18%)보다 낮은 13.5%였답니다. 잦은 민원 때문에 교사의 강남 선호는 옛말이 되었습니다. 서울뿐 아니라 지방에서도 비슷한 양상이 나타나고 있습니다.

학부모와 학생의 스트레스는 심할 수밖에 없고, 그 분노가 학교를 향하거나 많은 학생들이 포기하고 정신적 어려움을 겪습니다. 우수한 교사와 학생들이 모여 있는데도, 현행 사회 체제와 입시 제도는 학교 교육을 정체시킵니다. 능력 있는 교사들이 충분히 모여 있지만, 여전히 처리할 공문은 많고 지필고사에 골몰하게 됩니다. 게다가 기존의 정시 입시 체제로 진학하는 학생의 비율이 더 높은데, 최상위권 학생들은 학생부 종합전형도 대비시켜야 하는 상황에 교사의 부담은 급증하였고, 이전 학교가 오히려 더 편했나 싶기도 합니다.

학교는 입시 실적을 위한 상위권 위주로 운영되고, 중하위권이 소외된 현실은 어느 학교든 비슷합니다. 과거에는 초등학교 중학교도 심했는데, 지금은 좀 나아졌으니 얼마나 다행입니까. 특성화고를 가면 대학 입시 대신 취업률에 쫓깁니다.

정도의 차이가 있을 뿐, 도난이나 폭력, 교권침해도 어느 학교에나 있어요. 제가 비난받을 위험에도 불구하고 거쳐온 학교의 어려움을 토로하는 이유가 뭐겠습니까. 어느 학교든 그 학교의 문제점이 있고, 그 학교에 맞는 교육을 누군가가 반드시 해야 하며, 그 사이에서도 선생님의 역할이 있습니다. 한 교실에 선생님을 무시하는 29명이 있어도, 내가 관심 갖고 신경 써주면 마음을 열어줄 한 명의 학생이 있습니다. 그 한 명에게 신뢰를 얻으면 그 숫자는 점점 늘어날 겁니다.

반목과 암투가 심한 교무실에서도 한 명씩 따져보면 나와 공감할 수 있는 사람이 있고, 누군가는 건강이나 가정의 어려움으로 힘들어하고 있을 수도 있지요. 어떤 선생님께든 배울 점은 있을 것이고, 가까운 곳에서부터 배우다 보면 선생님도 어느새 놀랍게 성장해 있을 겁니다.

그때 선생님의 작은 여유로 신규 교사, 전입 교사, 기간제 교사를 조금씩만 배려해주세요. 그리고 이런 모순된 제도와 체제에 대한 대책을 공유하며 개선하려 애쓰는 단체의 선생님들을 위해 후원금이든 짧은 격려의 말이라도 보태주세요. 지금은 상상도 못할 놀라운 일들이 몇 십 년 전만 해도 학교에 만연했었답니다. 여전히 그런 학교도 있지만 세상은 차츰, 그러나 분명히 좋아지고 있어요. 헌신적으로 노력했던 선배교사들에 대한 고마움을 잊지 말고, 헌신까지는 아니더라도 작은 힘이라도 나누며 함께하셨으면 좋겠습니다.

그래도 잘사는 지역에 처음 기간제 교사로 교단에 섰던 첫 달, 수업을 마치고 교실 문을 나서니 저에게 배우지도 않는 한 여학생이 제 얼굴에 물총을 쏘고 도망갔습니다. 생활지도부에 자주 들락거리는 학생이었고, 너무 모욕감을 느껴서 부들부들 떨렸어요. 도대체 뭐가 문제인지 모르겠다는 표정의 그 학생을 호되게 혼내고, 학년부장 선생님께 데리고 가서 말씀드렸습니다. 부장님은 학생을 징계하려고 절차를 준비하셨지요. 저를 아끼고 위해주시는 선생님께 감사했습니다.

그런데 저랑 가까이 지냈던 다른 여학생이 저에게 새로운 사실을 들려주었습니다.

제가 그쪽 교실에 들어가지도 않으니 그냥 선생님하고 친해지고 싶은 마음에 친구들한테 하듯이 장난친 거라고요. 그 친구의 언니가 학교에서 문제아로 유명하다는 것과 그 친구 과거의 상처 이야기도 들을 수 있었어요.

이유를 알고 나니까 화가 가라앉았습니다. 제가 선처를 호소하여 교장 선생님의 중재로 징계를 면하게 해줬습니다. 친한 친구랑 셋이서 맛난 것도 사주고, 그 학생이 원하는 '관심'도 주었지요. 그런다고 갑자기 모범생이 되지는 않았어요. 수학여행에 피어싱을 하고 나타났다가 귀가 조치되고, 얼마 후에는 가출도 했습니다. 그래도 제가 걱정하고 있다고 하니 친구들을 통해 안부를 전했었고, 무사히 며칠 만에 집으로 돌아왔습니다.

이 학생뿐 아니라, 저에게 신경질 내며 괴롭히던 선배교사의 과거 사연이나 가정사도 전해 듣고 나니, '죄를 미워하되, 사람은 미워하지 말라'는 말의 의미를 좀 더 깨닫고, 제 마음도 편해졌습니다.

자신을 함부로 대하는 사람이 있다고 해서, 자신의 가치가 낮아지는 것이 아닙니다. 그 사람이 가족이나 동료들로부터 그런 대우를 많이 당해왔다는 사실을 드러낼 뿐입니다. 그 사람이 어떨 때 어떤 반응을 보이는지 관찰하여 부딪칠 일을 피하고, 선생님의 자존감까지 낮아지지 않도록 방어하는 것이 더 현명하다고 하겠습니다.

이해하지 못하고 몰라서 더 괴로울 수 있어요. 그래서 우리는 섣불리 판단하고 행동하기 전에 더 많이 듣고 배워야겠네요.

너무 지쳐서 학교에
그만 나가고 싶어요

교사가 학교를 잠시 쉴 수 있는 제도가 있을까요? 수업 때 학생들의 무기력함, 아픈 말을 함부로 던지는 학생들, 일부 학부모님들의 폭언, 지도가 전혀 통하지 않는 학생들. 학생들에게 편지도 써 보고 최대한 진심으로 다가가려 해보며 이것도 또한 저 스스로 성장하는 과정이라고 생각하지만 너무 힘듭니다. 그래서 아침에 출근할 때면, 차라리 어디 다른 곳으로 가고 싶습니다. 매일매일 저에게 무너짐만 안겨주는 학생들과 학부모님들이 너무 힘듭니다.

선생님 탓이 아닙니다

잦은 학폭과 선도 사안, 교사의 말은 귓등으로도 듣지 않는 학생들, 불신만 가득한 일부 학부모님들의 폭언과 욕설, 감싸주지 않고 오히려 선생님 탓으로 책임을 미루는 일부 관리자들! 정말 병가를 내서 쉬고 싶고, 자려고 누우면 내일 출근할 생각에 가슴이 뛰어 잠도 안 오고 왈칵 눈물이 나기도 했습니다.

지역마다 다르겠지만 현실적으로 병가를 내기도 힘들더군요. 눈치가 보여서요. 짧은 병가는 다른 선생님들께서 보강을 들어가셔야 하고, 길게 쉰다 한들 시간강사 구하기도 쉽지 않습니다. 그래서 그냥 참았습니다. 병가를 쓰는 게 더 마음이 불편할 것 같아서요. 관리자도 교사 편이 아니니, 다 내려놓고 그 어떤 애정도 기대도 열정도 없이 그저 수업하고 업무만 처리하고 사안이 발생하면 절대 감정소모하지 않고 로봇처럼 처리했습니다.

방과후에는 그냥 집에 처져 있기보다는 제가 좋아하는 것을 많이 하려고 했습니다. 영화보기, 카페에서 책 읽기, 산책, 방학 땐 꼭 여행을 갔고요. 출근하면 퇴근만을 기다리고, 방학만을 손꼽아 기다리다 보니 정말 안 갈 것 같던 시간도 어떻게든 흘러갔습니다. 그리고 올해 저는 힘들었던 그때를 보상받기라도 하듯 학년에서 제일 착한 반을 맡아 학생들에게 오히려 치유받고 있습니다.

지금 너무나 힘들고 가혹한 시간을 겪고 계시지만, 그것은 선생님 탓이 아니라는 것 잘 알고 계시죠? 나쁜 운이 행복한 선생님의 삶 전체를 갉아먹지 않기를 바랍니다. 연금으로 질시를 받지만, 퇴직 후 수명이 제일 짧은 것도 교사입니다. 건강이 가장 중요함을 잊지 마시고, 무리하지도 마시길 바랍니다. 모쪼록 힘내세요.

병가

- 의사의 진단서 없이 연간 6일의 병가를 쓸 수 있습니다.
- 의사의 진단서를 첨부할 시 연간 60일까지 병가를 쓸 수 있습니다.

[국가공무원 복무규정 제18조] ☞ 법제처 http://www.law.go.kr

제18조(병가)

① 행정기관의 장은 소속 공무원이 다음 각 호의 어느 하나에 해당할 경우에는 연 60일의 범위에서 병가를 승인할 수 있다. 이 경우 질병이나 부상으로 인한 지각·조퇴 및 외출은 누계 8시간을 병가 1일로 계산하고, 제17조 제5항에 따라 연가 일수에서 빼는 병가는 병가 일수에 산입하지 아니한다.

1. 질병 또는 부상으로 인하여 직무를 수행할 수 없을 때
2. 감염병에 걸려 그 공무원의 출근이 다른 공무원의 건강에 영향을 미칠 우려가 있을 때

② 행정기관의 장은 소속 공무원이 공무상 질병 또는 부상으로 직무를 수행할 수 없거나 요양이 필요할 경우에는 연 180일의 범위에서 병가를 승인할 수 있다.

③ 병가 일수가 연간 6일을 초과하는 경우에는 의사의 진단서를 첨부하여야 한다.

질병휴직

- 신체·정신상의 장애로 장기요양이 필요할 때는 1년 이내로 휴직

하고, 부득이한 경우 1년 범위에서 연장할 수 있습니다.

[교육공무원법 제44조, 제45조] ☞ 법제처 http://www.law.go.kr

제44조(휴직)

① 교육공무원이 다음 각 호의 어느 하나에 해당하는 사유로 휴직을 원하면 임용권자는 휴직을 명할 수 있다.

　1. 신체상·정신상의 장애로 장기요양이 필요할 때(불임·난임으로 인하여 장기간의 치료가 필요한 경우를 포함한다)

제45조(휴직기간 등)

① 휴직기간은 다음 각 호와 같다.

　1. 제44조 제1항 제1호의 사유로 인한 휴직기간은 1년 이내로 하되, 부득이한 경우 1년의 범위에서 연장할 수 있다. 다만, 「공무원 재해보상법」에 따른 공무상 부상 또는 질병으로 인한 휴직기간은 3년 이내로 한다.

80%의 노는 일개미로
살아도 될까요?

교사를 가장 우울하게 하는 일 중 하나는 열심히 하는 사람만 점점 더 고생하고, 그 일이 신규교사나 일부 성실하고 순응적인 교사 등에게 몰린다는 것이겠지요. 물론 '거절을 하지 못하기 때문에' 일을 하는 사람에게만 일이 주어지는 것일지도 모르지만, '급한 일을 부탁할 때는 가장 바빠 보이는 사람에게 부탁하라'는 말도 있습니다. 늘 바쁘고 일이 많은 사람일수록 시간을 효율적으로 관리하고 배분하여 일을 효과적으로 처리하는 능력이 뛰어나기 때문에 그런 사람한테 일을 맡기라는 뜻이라네요. 이왕이면 '내가 일을 잘하니까(?) 일을 맡긴다'라고 생각하면 마음이 편해지지 않을까 싶지만 사실은 일을 열심히 하고 잘할수록, 거절을 하지 못할수록 나에게 주어지는 일만 쌓여갈 뿐 남들이 알아주지도 않습니다.

남들은 칼퇴근을 하는데 혼자서만 매일 밤이 늦도록 남의 일까지 하다보면 '왜 나만 이렇게 일해야 하나'라는 억울한 마음까지 들지도 모릅니다. 교사가 4시 반에 칼퇴근할 수 있다고 부러워하는 사람들에게 현실은 그렇지 않다며 한탄하곤 하지요. 열심히 일을 하고 늦은 시간까지 학교 일과 수업 준비를 위해 최선을 다하는 자기 모습에 뿌듯해할지도 모르지만, 그런 삶이 꼭 행복한 것만은 아닙니다.

물론 대부분의 조직은 열심히 하는 사람에 의해 유지됩니다. 그런데 조직의 발전을 위해서는 여유와 휴식이 반드시 필요합니다. 심지어 '부지런함'의 대명사인 개미 사회조차 사실은 70%의 일개미는 휴식을 취하면서 좀 더 중요하고 결정적인 일을 하기 위해 에너지를 비축하고 있으며, 10%의 일개미는 전혀 일하지 않는다고 합니다. '파레토 법칙'에 대해 들어보셨나요? '파레토 법칙' 또는 '80 대 20 법칙'은 '전체 결과의 80%가 전체 원인의 20%에서 일어나는 현상'을 가리킵니다.

예를 들어, 20%의 고객이 백화점 전체 매출의 80%에 해당하는 만큼 쇼핑하는 현상을 설명할 때 이 용어를 사용합니다. 개미 사회 역시 전체의 20%만 열심히 일을 하고, 나머지는 오히려 베짱이처럼 놀고 있다고 하네요. 선생님께서는 20%에 속하시나요, 80%에 속하시나요? 나에 비해 별로 일을 하지 않는 것처럼 보이는 80%의 동료 선생님에 대한 불만을 투덜거리면서도 열심히 일하는 20%의 일개미이신가요?

그런데 조직에 기생하는 줄 알았던 80%의 노는 일개미들이 사실은 조직의 생존에 큰 기여를 하고 있다는 연구 결과가 밝혀지고 있습니다. 쉬고 있는 80%의 개미는 단순히 일하고 싶지 않아서 게으름을 피우는 것이 아니라, 일할 수 있는 만반의 준비가 되어 있어도 일하지 않는 존재라고 합니다. 만약 일개미들이 100% 모두 온 힘을 다해 열심히 일한다고 생각해보세요. 그럼 다들 비슷한 시기에 지치게 되고 개미 사회는 발전을 멈추게 되겠죠. 열심히 일하던 개미가 지쳐 휴식에 들어가게 되면, 놀고 있던 게으름뱅이 개미들이 이들을 대신해 일을 하기 시작합니다. 집단의 존속에 꼭 필요한 일의 뒷바라지 작업에 문제가 발생하지 않도록, 일개미의 일부는 의도적으로 일하지 않고 에너지를 비축하고 있는 것이라고 합니다. 오히려 20%의 개미만 최선을 다해 일하고 그 역할이 순환됨으로써 고도의 효율성을 이끌어 내는 조직 원리가 발동되는 것이죠.

또한 항상 열심히 하는 사람은 기존의 방식대로만 하기 때문에 변화나 다양한 문제에 적절하게 대응하지 못하고 '열심히'만 하다가 결국 지치는 경향이 있습니다. 반면 여가 시간과 휴식 시간을 적절히 활용하는 사람은 그 여유를 바탕으로 새로운 시도를 할 수 있는 창의성을 높이게 되며 이를 통해 높은 생산성과 업무효율성을 보이기도 합니다. 어떤 일을 집중해서 할 때에는 해결책이 생각나지 않다가, 잠깐 일을 내려놓고 쉬거나 한숨 자고 일어나서 갑자기 아이디어가 떠올라서 해결한 경험이 있지 않으신가요? 이처럼 휴식과 여유는 오히려 높은 생산성을 통해 조직에 기여할 수 있도록 해주는 에너지라고 할 수 있습니다.

또 한 가지 잊어서는 안 될 점은, 자리에 앉아 있는 시간이 곧 일하는 시간 혹은 나의 열정이라고 할 수 없다는 것입니다. 실제로 1시간이면 충분할 일을 하는 데 2시간을 줄 경우 대부분의 사람은 2시간 동안 그 일을 천천히 한다는 연구 결과도 있습니다. 어쩌면 내가 오랜 시간 동안 일하는 것은 단순히 시간이 많아서이거나 업무 능력이 부족해서일지도 모릅니다. 동료 선생님이 매일 칼퇴근을 하고 가는 것은 나보다 일이 적거나 일을 대충 하기 때문이 아니라, 일에 익숙해서 효율적으로 빨리 처리할 수 있거나, 가정을 돌보아야 하기 때문에 어쩔 수 없이 일찍 퇴근을 하는 것일지도 모릅니다.

그러므로 일을 많이 하면 좋은 사람이고, 적게 하면 나쁜 사람이라는 편견에서 벗어나세요. 일을 오래하는 것이 일을 많이 하는 것이라는 착각에서도 벗어나세요. 국회에서 교사들의 자율휴직연수를 괜히 통과시켜 준 게 아닙니다. 적절한 휴식과 적당한 여유는 오히려 생산성을 높여줍니다. 그러므로 학교가 가장 효율적이고 효과적으로 운영되기 위해서는 오히려 '게으름뱅이 일개미'의 존재가 필수적이라고 할 수 있습니다. 물론 '일하는 사람'과 '일 안 하는 사람'을 나누기보다는 각자의 능력과 소질에 따른 일의 적절한 분배와 역할의 선순환이 필요하지요. 열심히 일하다 피곤해지면 쉬고, 놀던 개미들이 그 일을 대신 하듯이요. 그러지 못하는 조직은 곧 무너집니다.

일 많이 하면 좋은 사람이고, 적게 하면 나쁜 사람이라는 편견과 죄책감에서 벗어나세요. 하루 8시간, 주당 40시간 노력하셨으면 충분합니다. 나머지 일은 본인이 자발적으로 흥미로우면 하는 것이고, 아니면 여가와 재충전을 위해 쓰세요.

선배교사와
협의가 잘 안 됩니다

　선배교사라고 해도, 동료인 신규교사가 임용시험 외에는 아는 게 거의 없다는 걸 상상조차 못하고 있는 경우가 많습니다. 올챙이 적 기억을 못하는 거죠. 아는 게 아무것도 없다고, 후배가 먼저 선배에게 도움을 청해보시는 것은 어떨까요? 아직 부족한 점이 많으니, 선배 선생님께 배우고 싶다는 취지로 말씀드리면 대개 자기 계획서라도 통째로 주시거나 조언을 해주실 수 있습니다.

　신경질적으로 나온다거나 그냥 알아서 하라고 한다면, 그분에게는 더 요청하지 말고 좀 더 우호적인 선생님께 부탁하는 것이 좋을 때도 있어요. 가정이나 건강 문제로 우울하거나 힘든 상황에 계신 것일 수 있으니까요.

　사실 위와 같은 일이 잘 되려면 평소 선생님들 간의 관계나 분위기가 더 중요해요. 공적인 일로 사적 친분까지 쌓아야 할 의무가 있는 것은 아니지만, 선배 선생님들과 평소 신뢰관계를 쌓아두는 것이 여러 가지로 도움이 됩니다. 업무에 도움을 주고받을 수 있고 교과 관련 협의의 양과 질도 높일 수 있습니다. 결국 동교 선생님들의 관계가 수업의 평균적인 질도 높일 수 있답니다.

선배 선생님들도 후배 선생님을 대할 때 조심스럽거나 그들도 외로울 때가 있어요. 소통이 잘 안 될 때는 선생님 생각을 먼저 솔직히 털어놓고 배우려는 자세로 도움을 요청하며 서로 간의 눈높이를 맞춰나가는 것도 교직사회를 살면서 필요한 지혜로운 소통 방법이라고 생각해요. 선배의 강점을 경청하고 돋보이게 배려하며, 선생님이 잘할 수 있는 것으로 보완하실 수 있어요.

똑똑한 호구가
세상을 얻는다고요?

처음 학교에 가면 아직 인간적 교감을 나누지도 않았는데 선배교 사들이 이것저것 부탁을 합니다. 신규교사는 젊어서 새로운 스마트 기 기에 친숙해 평소 막힘이 없이 잘 쓰는데 선배교사들은 잘 몰라서 어 려워합니다. 그래서 이것저것 부탁할 일이 많죠. 심지어는 부탁의 수 준을 넘어 시킵니다. '부탁'과 '시킴' 사이에 묘한 경계가 있습니다. '개 인적'인 일과 '공적'인 일 사이에도 묘한 경계가 있어 어쩔 수 없이 도 와주거나 대신 일을 하기도 하지만, 일하면서 속상할 때가 있습니다.

'뭐야! 내가 호구야? 왜 나한테만 시켜!', '내가 놀고 있나? 나도 바 쁘단 말야', '이런 것도 못하면서 잘난 척을 그리 한단 말이야?' 이런 생각이 듭니다. 그렇다고 안 해주자니 선배라고, 부장이라고 쫀쫀하게 하는 모습을 어찌 봐줍니까. 그럴 때면 속상합니다. 부탁하는 모습을 보면 진심으로 미안한 마음에 부탁하는지, 미안함을 저 속에 감추고 도도하게 부탁하는지 눈에 보입니다. 도도하고 자존심이 강한 사람일수록 미안한 마음을 감추고 도도하게 부탁을 하니 부탁의 경계를 넘어 시키는 느낌에 기분을 상할 때가 있습니다.

사실 교육 현장에는 NEIS 프로그램 운영이나, 컴퓨터 프로그램, 스마트폰 등 선진화 기기 사용에 있어 기계치들이 상당히 많습니다. 교육 현장의 변화가 빠르지만 그 변화의 물결에서 '파도타기'를 하는 사람보다는 그 물결에 빠져 허우적거리는 사람이 많다는 것입니다. 이렇게 허우적거리는 사람들의 부탁을 도울 것인지, 모른 척하면서 내 시간을 더 즐길 것인지가 고민이 됩니다.

『기브 앤 테이크』(애덤 그랜트 지음, 윤태준 옮김, 생각연구소, 2013)에서는 직장 생활에서 관계를 유지하는 사람들의 유형을 세 가지로 나눕니다. 여기서 타인을 위해 베풀고, 양보하고, 헌신하는 행위가 어떻게 성공으로 이어지는지 객관적으로 증명하고 있습니다.

테이커(taker) : 도움 받기 〉 도움 주기
매처(matcher) : 도움 받기 = 도움 주기
기버(giver) : 도움 받기 〈 도움 주기

'테이커'는 도움 주기보다는 도움 받기가 많은 사람들입니다. 이런 사람들은 자기가 어떤 것을 알고 있어도 남에게 잘 알려주지 않고 남의 어려움을 들어도 못 들은 것으로 합니다. 섣부르게 나서지 않으며 최대한 남을 이용합니다. '매처'는 받은 만큼 주고 준 만큼 받아야 직성이 풀립니다. 자신이 주었는데 받지 못하거나 받았는데 주지 못하면 늘 불안해합니다. 그런데 여기서 우리가 생각해봐야 할 유형은 '기버'입니다. '기버'는 받는 것보다 주는 것이 많은 사람입니다.

통계적으로 가장 실패하는 사람은 '기버'가 많습니다. '착한 아이 지향'으로 살아온 교사들도 상당수가 이런 함정에 빠집니다. 계속 사람들에게 이용당하지요. 그런데 이 세 가지 유형 중에 가장 성공하는 유형도 바로 '기버'라고 합니다. 때로 이용당하거나, 지쳐서 실패하지만 자신의 욕구와 타인의 요구에 적절한 균형을 유지하는 기버는 사회 각계의 분야에서 큰 성과를 낸답니다.

'똑똑한 호구가 세상을 얻는다'는 말이 있습니다. 테이커는 그 당시에는 자기가 이득인 것처럼 보이지만 시간이 지날수록 사람들은 그 사람의 본의를 알아버리고는 실망하게 됩니다. 정작 사람들은 다른 사람들로부터 도움을 받으면 그 사람에 대해 호감을 갖고 그 사람을 위해 나도 무엇인가를 할 수 있을까 생각하다가 결정적으로 필요할 때 도움을 베풀곤 합니다. 그러니 똑똑한 기버는 자신을 이용하는 사람은 피하면서, 정작 많은 사람들에게 베풀지만 많은 사람들로부터 인정을 받고 좋은 관계를 유지합니다. 직장에서는 한 번 '테이커'로 거론된다든가, '기버'로 거론된다면 여론은 무섭도록 그 사람의 이미지를 결정합니다.

남에게 이용당하거나 숨겨진 의도에 상처를 많이 받은 사람들은 선의를 베푸는 사람을 일단 의심하고 이상하게 볼 수도 있습니다. 그래서 새로운 학교에서의 첫해는 사람들이 나의 진정성을 깨달을 때까지 자신을 드러내지 않고 행동을 삼가게 됩니다. 하지만 시간이 지날수록 많은 사람이 여러분의 진정한 가치를 깨닫고 지지자가 되어줄 것입니다.

좋은 정보, 조언, 연결해주기 등. 학교 현장에서 정보를 공유하고, 나누고, 베풀어주는 사람이 손해를 보는 것 같지만 나중에는 큰 이득을 봅니다. 인맥은 나눌수록 넓어지고, 정보는 공유한다고 내 것이 없어지지 않습니다. 세상은 매번 '먹는 것이 남는 것'이라지만 정작 '주는 것이 남는 것'임을 잊지 말아야 합니다.

물론 상대가 나를 이용만 하려는 사람이라는 판단이 들거나, 내가 하루 5분의 여유조차 내기 어려운 상황이라면 자신을 회복하는 것이 우선입니다. 동료교사와의 관계뿐 아니라, 학생들을 대할 때도 여러분은 당연히 '똑똑한 기버'가 되어야겠지요.

졸업식을 치르고 나니
너무 슬프고 허전하네요

제가 신규교사로 처음 졸업생을 배출하였는데, 근무 중에 처음 울었습니다. 졸업식 때도 혼자 오열해서 약간 부끄러웠는데 감정 조절이 안 되더라고요. 시간이 지나면 괜찮을 거라고 생각했는데, 거의 일주일이 지나가는데도 처음이랑 똑같이 마음이 너무 아프네요. 상실감(?)이 너무도 큽니다. 머리도 너무 아프고, 매일 아이들 SNS를 둘러보기도 하고요. 아이들이 너무너무 아깝고, 너무나 헤어지기 싫어요.

혹시 졸업생을 여러 번 배출하고 나면 이런 애틋함이 사라지나요? 아니면 저 같은 사람은 따로 있는 건가요? 따로 있다면 다른 진로를 알아보거나 1학년 담임만 고집해야 할 것 같아서 여쭙습니다. 매년 말에 이렇다면 정상적으로 살 수가 없을 것 같아요.

↳댓글

선생님의 마음이 순수하고 아름답습니다. 저도 처음 졸업시키고 눈물이 났던 기억이 있네요. 그다음 해부터는 적응이 되더라고요. 몇 년 지나면 무뎌질 것도 같은데, 그래도 마음의 허전함이나 상처가 있을 것이니 Wee클래스 상담 선생님이나 선배교사들과 이야기 많이 해보세요.

↳댓글

환경을 좀 바꿔보시죠. 가까운 외국을 2~3일 다녀오시든지. 처음이라 더 그러신 것 같은데 3월에 새 아이 만나시면 저절로 해결되실 것 같아요. 이렇게 아이들에 대한 사랑이 크신데, 다른 진로 알아보실 것까지는 없겠네요. 교사가 천직이신 듯해요.

↳댓글

헤어진 인연을 잊는 데에는 새 인연을 만나는 방법이 좋다잖아요. 새 아이들에게 사랑을 쏟으면 좀 해결되지 않을까 생각이 드네요.
저도 첫해 만났던 아이들이 여전히 생각나고 또 계속 연락 주고받으며 아이들이 성인이 된 지금은 친구처럼 지내고 있어요. 해가 지날수록 애틋함이 사라진다기보다 점점 그 마음에 익숙해지겠지요? 시간이 지나면 지금의 슬픔이 새로운 아이들에 대한 기대감으로 채워질 거예요. 그리고 학교 안에서 특정 학년만 고집하기보다는 다양한 학년을 만나다 보면 배울 수 있는 것도 많으니까요. 발령 이후로 겪는 여러 감정과 경험을 통해서 멋진 선생님이 되실 거라 생각해요. 이제 눈물을 닦으셔요.

↳ 댓글

제 경험을 말씀드리면, 저도 늘 아이들을 보내고 나면 허전함과 허탈함 속에서, '이 아이들이 그동안 맡았던 아이들 중에서 제일 좋았어. 또 다시 이런 날들이 올까?' 하면서 2월을 보냅니다. 3월에 새 아이들과 시간 보내다가 다음해에 아이들이 졸업할 때면 또 이런 생각이 듭니다. '이 아이들이 그동안 맡았던 아이들 중에서 제일 좋았어. 또 다시 이런 날들이 올까?' 참 신기하죠.

↳ 댓글

아이들 사랑하고 마음이 따뜻해서 더 크게 와닿는 그리움입니다. 사람이니까, 애정을 쏟은 첫 제자들이기도 하니까요. 교직의 특성 중 하나가 이별에 익숙해지는 것 같아요. 힘내시고요. 지금 그 마음으로 계속 아이들 사랑해주세요. 아이들 생각나면 눈물 흐르는 대로 두시고, 편안한 방학 보내시면 좋겠습니다. 샘의 첫 마음과 사랑을 아이들도 기억하고 있을 겁니다.

↳ 댓글

저도 올해 신규인데 저는 1학년을 맡았어요. 애들 앞에서 자주 울었던 못난 담임인데도 애들은 좋다고 이런 저런 이벤트로 저를 끝까지 울리네요. 자기들은 그게 이벤트라고 생각도 안 했겠지만. 아이들과의 관계에 너무 몰입해 있나 하는 생각을 하곤 했는데, 선생님의 글을 보고 나 혼자 그러는 게 아니라는 동질감을 느끼고, 다른 선생님들의 글을 보며 많은 위로를 받고 갑니다. 사실 1년간 주변의 여러 선생님들께서 1학년 담임은 빨리 잊힌다, 어차피 나중에 누군지도 모른다, 그렇게 해도 애들이 기억하지 못한다 하셨는데 그래도 제가 온전히 쏟은 애정에 후회는 없어요. 글 올려주셔서 감사해요.

↳ 댓글

내년에도 아마 비슷한 양의 눈물을 쏟으실 거예요. 제 경험으론 눈물은 많이 나도 갈수록 마음은 조금씩 변한 것 같아요. 첫 담임 때는 내가 잘못한 거 미안한 거 이런 마음만 가득해서, 정말 연인과 헤어진 마음 같았는데 조금씩 자신감이 생기니까 아이들을 보내며 벅참, 대견함, 뿌듯함 뭐 그런 감정들로 바뀌며 감격의 눈물이 나는 것 같아요. 전 10년이 되어도 졸업식마다 오열해요. 졸업생들 담임 안 해도 눈물 나요. 응원합니다. 내년에도 기쁨의 눈물 흘리시길.

└〉 댓글

요즘 졸업식에 참가하는 제 마음은 좀 건조해졌어요. 아침부터 비상경계 근무로 누가 밀가루 뒤집어쓸까 째려봐야 하고, 노는 아이들 몇 명이 모여 있으면 신경 쓰이고, 동네 형들이나 다른 학교 학생들 와 있으면 은근히 긴장되고 이 아이들이 빨리 집에 가든지 식당가서 밥을 먹든지 해야 할 건데, 운동장 무등 태워서 돌아다니면 걱정스럽기도 해요. 다 돌아가고 밀가루 없는 운동장을 바라보면 휑하게 부는 바람이 더 없이 서운한 감정이 오르기도 합니다. 그래도 속 썩이던 아이들이 졸업하고 와서 인사하면 뿌듯하기도 하고 복잡한 심경이지요.

TIP!

한용운 시인의 「나룻배와 행인」을 되새겨 봅니다. 학생이 학창시절이라는 강을 건널 때, 교사는 학생들에게 밟히면서도 실어 나르는 나룻배라는 생각을 합니다. 저 언덕을 올라야 하는데 나룻배를 짊어지고 갈 수는 없겠지요. 그래도 나룻배가 있어서 강을 건널 수 있었다는 걸 언젠간 깨닫겠지요. 그러면서 우리는 새로운 학생을 만납니다.

졸업생에게는 인생의 지혜가 필요할 때 내 생각이 나면 찾아오라 합니다. 와주면 고마운 일이고, 안 오면 잘 살고 있는 것이겠지요. 페이스북 친구 맺었던 제자들 소식이 종종 보입니다. 도대체 어떻게 먹고살까 걱정됐었는데, 역시나 다들 잘 살고 있네요.

추천 도서 : 『좋은 이별』(김형경 지음, 사람풍경, 2012)

교사 연수,
이대로 좋은가요?

　힘들게 임용시험을 통과한 이후에도 계속 공부해야 합니다. 임용 전에 배운 지식들로 직장을 유지할 수는 있을지언정 그것만으로는 턱없이 부족하기 때문이겠죠. 설레고 애틋한 마음으로 듣던 신규 연수, 선생님들은 그 속에서 얼마나 행복했을까요. 나를 바라봐줄 학생들을 생각하며 싱그러운 마음으로 머리와 마음을 다시 갈고 닦습니다. 세상에는 참 훌륭한 선생님들도 많구나, 감탄하며 언젠가 저런 스승이 될 수 있을 거란 생각을 하다가 갑자기 학교로 내던져집니다. 그리고 1년 지나 추수연수에서 많은 선생님들이 이런 말씀을 하십니다. "신규 연수, 정말 쓸모없었어요."

　그 사이에 무슨 일이 있었을까요. 오랜만에 보았던 동기들의 얼굴에서 신규 연수 때의 설렘과 싱그러움을 찾기 힘들다 말하면 지나친 비약일까요. 우리는 할 말이 많은 선생님이 되어버렸습니다. 하지만 쉽사리 말을 꺼내기가 어려운 선생님이 되어버렸죠. 그 할 말 속에 거

룩한 믿음이 담겨있든, 학생, 학부모, 학교에 대한 비난이 담겨있든 말이죠. 지쳐있는 몸을 이끌고 무더위나 한겨울 추위를 뚫고 오는 연수입니다. 그렇기에 1급 정교사 자격연수를 비롯한 교사 연수는 선생님들께 정말 소중한 시간이 되어야 한다고 생각합니다.

1정 연수를 받으러 오는 선생님들은 대다수가 교직에 나아가 4~5년 정도 근무하신 선생님들입니다. 4~5년 정도 어느 사회에 속해 있는 건 여러 의미가 있을 수 있습니다. 희망, 좌절, 경멸, 포기. 여전히 보람찬 학교생활을 하거나, 현실에 무뎌지거나 자기 합리화로 버티고 있을 수도요. 어찌 보면 가장 할 말이 많은 사람들이 아닐까 싶습니다.

비슷한 경력의 같은 과목 선생님 수십 명을 한자리에 몇 주 동안 모을 수 있는 연수는 다시 하기 힘들겠죠. 이렇게 마련하기 힘든 자리의 좋은 점을 왜 쉽게 살리지 못하는지 아쉽습니다. 선생님들끼리 이야기하고 서로의 생각, 고민, 상처를 나누는 모습만으로도 훌륭한 연수가 되지 않을까요. 정보를 나누고 스스로를 성찰하며 서로에게 위로가 될 것입니다. 행정가에겐 르포가 될 테며, 굳이 값비싼 강사를 섭외하지 않더라도 됩니다. 토론이나 토의를 진행해주는 사회자 정도만 있어도 좋습니다. 선생님들은 말하기 좋아하는 사람들입니다. 며칠 동안 담임, 업무 부조리, 정책, 생활지도, 교과 교육 등 주제나 큰 얼개만 잡아주고 분임 토의를 하게 된다면, 아마 보배와도 같은 이야기들이 쏟아져 나올 것입니다.

학생뿐만 아니라 교사 역시 책상에 앉아서 듣고 받아 적기만 해서는 지식을 소화하기 힘듭니다. 다른 선생님의 훌륭하고 정성이 넘치는 수업을 아무리 보고 있어도 잘 와닿지 않습니다. 하지만 연수생이 많은 부분을 직접 진행하면 질문도 많아집니다. 그러면서 선생님들의 수업이 바뀝니다. 일부 이런 수업이 있긴 했지만 턱없이 모자랐습니다. 또, 형식적으로 강의하는 강사분도 많다는 점을 부정하기 어려웠습니다. 연수강사들의 수업 모형, 수업 사례 이야기는 최소화해도 됩니다. 연수생 선생님들끼리 서로 경험을 살려 묻고 답하면 됩니다.

선생님들은 입 닫기, 눈치 보기에 능합니다. 교직원 회의에선 아무도 의견을 말하지 않습니다. 늘 말하는 몇 명이 말합니다. 그리고 1정 연수를 받으러 온 교실에서도 많은 연수생들은 입 다문 채로 받아 적고만 있습니다. 제발 모여 계신 선생님들끼리 친목을 다질 수 있는 연수, 소통할 수 있는 연수를 많이 만들어주세요. 〈놀이 활용 수업〉 연수처럼 선생님끼리 친해지며 소통할 수 있는 강좌가 많아져야 합니다.

'같은 자리에 모아 놓았는데 선생님들끼리 알아서 친해져야 하는 것 아닙니까?'라고 생각하실 수 있기에 덧붙이고 싶습니다. 승진점수나 전보에 반영되는 연수성적 경쟁을 상대평가로 유지해놓고 교사간 협력보다는 경쟁을 부추깁니다. 입시를 위해 상대평가하는 교실과 마찬가지입니다. 복무규정 암기량이 수업이나 소통 능력에 비해 교사로서의 역량에 얼마나 큰 도움이 될까요. 많은 연수에서 선생님들끼리 한 자리에 모여 밥 한 끼 함께 하기도 어렵습니다. 실제로 학교 현장에서도 방과후 숙제를 지양하고 수업 시간 안에 끝내는 것을 교육적이라 하지 않습니까. 종례 후 하는 연수 과제는 최소화해야 합니다.

많은 지식을 주입하는 것이 비교육적이라는 인식에는 동의하면서도, 여전히 구시대적인 방법을 유지하는 연수가 많습니다. 연수생끼리 관계를 형성하고 소통하며 협력할 수 있는 분위기 만드는 걸 무엇보다도 중요하게 여겨주세요. 학교 안팎의 교사들끼리 소통하고 협력해야 학교가 발전합니다. 내 역량을 가장 발전시켜줄 사람은, 유명 연수강사나 승진한 선배교사들이 아닙니다. 나를 가장 발전시켜줄 큰 멘토는 바로, 나와 자주 소통하는 동료교사입니다.

연수생 여러분만 상대평가에 괴로워하지 마시고, 다음번 연수강사의 질을 높이려면 연수 만족도 설문조사를 확실히 기록해주세요. 대충 해치우지 마시고, 발전 가능성 있는 강사와, 교체되었으면 하는 강사가 확실히 변별되도록 응답해주세요. 그리고 그 구체적인 이유와 개선 방안을 기록해주세요. 담당 장학사께서는 그 기록을 소중히 정리하여 반영하고 인수인계해주시기 바랍니다.

마치며

선생님! 작년에 학급의 문제를 처리하다가 아이들로부터도, 학부모님으로부터도 마음의 상처를 크게 받았지요? 해당 학부모님이 교장실에 찾아와서는 큰소리로 따지고, 담임한테 삿대질을 하는 등 소란을 피우자 어쩔 수 없이 사과하는 것을 보면서 마음이 아팠어요. 선생님이 겪은 학부모와의 갈등은 많은 상처를 안겨주었지요. 교직생활이 30년에 가까운 저라도 그런 상황에 놓인다면 상심이 클 거예요.

일단 마음 자세를 새로 다잡을 필요가 있어요. 타인(학부모)이 나에게 상처 주는 언동을 했다고 하더라도, 그것을 객관적으로 분석해볼 필요가 있지요. 당시 그 사건은 선생님의 잘못이라기보다는 그 학부모의 잘못이 대부분이었지요. 이처럼 상대방과 나의 행동을 자세히 분석하여 누가 얼마만큼 잘못을 했는지 객관적으로 파악해볼 필요가 있어요. 그 결과 내가 잘못하거나 실수한 점이 있다면 그만큼 반성·수정·보완하면 되는 것이고, 상대방의 행동이 잘못되었다면 선생님은 본연의 임무에 충실하면 되지요. 그리고 그 상대방에게는 측은지심을 갖고 응대하시면 됩니다. 이때 제삼자의 입장에서 함께 그 사건을 객관적으로 바라봐줄 수 있는 동료·친구·선배·멘토 등이 내 옆에 있다면 금상첨화겠지요.

초년교사 시절엔 멘토가 중요

다음에 제가 제시하는 몇 가지 팁이 앞으로 건너가야 할 교직생활과 담임 업무에 도움이 될 것 같아 몇 자 적어봅니다.

아이들이 문제행동을 일으킬 개연성이 높아질 경우, 미리미리 한두 마디씩이라도 교무수첩 등에 일지 형식으로 메모해 두면 교장 선생님, 교육청 관계자 등에게 객관적으로 보여줄 수 있는 근거가 됩니다. 이런 경우에 백 마디 말보다 몇 줄의 메모와 기록이 큰 위력을 발휘하는 경우가 많아요. 날짜별·시간대별로 교무수첩 등에 정리해놓은 일지는 결재가 필요하지 않으며, 언제든지 나의 행동을 변호해줄 수 있고, 심지어는 그 자체가 나중에 법정에서 증거물 기능까지 할 수도 있어요. 많은 교사가 글로 적는 것을 부담스럽게 여겨 그냥 넘어가는데, 그러다가 까다로운 학부모를 만나서 고생하는 경우가 심심찮게 있어요. 세상에는 별별 학부모가 다 있지요. 나중에 큰 문제로 발전될 가능성이 조금이라도 보인다면, 기록해두는 것이 좋습니다. 문장 쓰기가 힘들다면 시간대별로 단어 한두 개라도 적어놓으면 나중에 문제가 확대되었을 때 이를 키워드 삼아 그 당시 상황을 문장으로 복원할 수 있어요. 저는 이 전략을 주로 사용하지요.

담임교사의 가이드라인을 분명히 알려줘야

담임교사로서 제 신조는 '친절함과 단호함을 갖춘 교사'이지요. 그러나 이는 결코 쉽지 않은 일입니다. 어찌 보면 우리의 영원한 숙제일지도 모릅니다. 그러나 조금만 노력하고 훈련하다 보면 그게 그렇게 힘든 일이 아닐 수도 있어요.

김현수 교수가 분석한 '떠들지 않는 수업'의 세 번째 조건, '아이들과 친하다'는 항목도 결국은 '엄격함과 따뜻함firm & warm'을 겸비한다는 의미지요. '무작정 잘해준다'는 의미가 아니라요. 관리자가 선생님들에게 '아이들에게 무섭게 하지 말고 친절하게 대하라'라고 하면, 많은 수의 교사가 이를 잘못 이해하고 규칙 적용을 느슨하게 하는 경우가 많아요. 수업 방해, 언어폭력 등 웬만한 행동을 모두 용인하고 그냥 넘어가는 것을 흔히 볼 수 있지요. 그러나 이것은 '친절'을 잘못 이해한 것이죠. 이것은 분명 엄격하지 못하여 아이들의 잘못을 용인한 것이며, 어찌 보면 추후에 벌어질 잘못의 싹이 될 수도 있어요.

제 의사소통의 핵심은 '질서 속에서의 자유로움'입니다. 너무 경직되어도 안 되고, 너무 자유로워도 안 되지요. 교사 본인이 정한 자유로움의 경계선을 자세히 설명해주고, 아이들이 넘어서는 안 되는 경계선(상한선)을 수시로 확인해줘야 합니다. 즉, 어디까지는 허용되고, 어디부터는 허용이 안 되는지 자주 설명해줘야 해요. 의외로 똑똑한 아이들도 그 경계선을 잘 모를 수 있으며, 어쩌다 알게 된다 하더라도 바로 잊어버리는 경우가 많아요. 그게 아이들의 본질적 특징이지요. 아이들은 원래 그래요. 저학년으로 내려갈수록, ADHD일수록 특히 더 그렇지요. 아이들에게 수시로 설명해주는 힘들고 귀찮은 작업이 짜증이 난다면, 우리의 마음 자세를 다시 고쳐먹을 시기가 온 것이라 보면 돼요. 연수와 치유가 필요한 때가 온 것이지요.

교사하기 힘든 세상 … 상처받지 않는 요령도 필요

요즘 세상은 담임하기 힘든 세상이 되어버렸어요. 까다로운 요즘 아이 한 명은 20년 전의 학생 50명보다도 더 나를 힘들게 하곤 해요. 그러나 그것이 현실입니다. 이를 직시하고 정면으로 돌파해나가야 해요. 가장 중요한 것은 어떤 경우에도 선생님이 상처받아서는 안 된다는 점이에요. 선생님이 상처받거나, 스트레스에 휩싸이거나, 마음이 소진^{burn-out} 되어버리면, 교육은커녕 자기 몸 하나 유지하기도 어려운 지경에 빠져버리니까요. 본인이 건강하게 존재한 이후에 아이도 있고, 학교도 있고, 교육도 있는 것이지요. 따라서 아이들에게 주는 관심·사랑·열정의 상한선은 본인이 상처받기 일보 직전까지만 해야 합니다.

너무 과한 사랑을 쏟다 보면 아이들에게 실망하게 되고, 그것이 부메랑이 되어 내 마음의 상처로 되돌아올 수 있어요. 늘 그런 생각을 밑바탕에 두고 주의를 기울이면서, 아이들에게 자신이 줄 수 있는 사랑을, 마음을, 조금씩 나누어주다 보면 아이들과 공감하는 코드를 발견하게 될 것입니다. 아울러 그러한 부분을 더욱 발전시켜 나가다 보면 행복한 학급생활이 될 수 있을 거예요.

다른 한편으로는 적극적인 학급운영을 해나가야 해요. 그리하여 나만의 개성, 우리 학급만의 특징을 갖춘 학급을 만들어보세요. 이렇게 적극적인 전략을 선택하지 않으면 지금과 같이 늘 수세적이고 수동적인 학교생활이 될 수밖에 없지요. 본인이 스스로 해나갈 수 있는 학급운영을 계획해보세요. 이를테면 제가 활동하는 네이버 카페 〈돌봄치유교실〉 게시판 중 '꿈쑥쑥! 학급운영'에 가보면 수백 명의 교사가 제시한 수많은 학급운영 팁들이 나열되어 있어요. 여기에 제시된 그 수백 가지 전략 중에 가장 본인과 코드가 맞는 것, 머리로 이해되는 것은 물론 가슴으로도 다가오는 팁을 한두 가지 골라 한 걸음씩 옮겨보세요. 분명 선생님만의 색깔이 드러나는 활기와 미소에 찬 학급을 창조할 수 있을 거예요. 용기를 잃지 말고 하나하나 실천해나가면서 후배에게 희망을 줄 수 있는 베테랑 교사로 성장하기를 기대해봅니다.

고광삼(경신중 교사, 〈돌봄치유교실〉 2대 회장)

부록

다음 저서 『낮선 행동의 예방과 대응법(가제목)』을 위해 축적한 자료입니다.

아래 링크에서 방대한 자료와 강의 영상으로 미리 도움 받으시기 바랍니다.

https://cafe.naver.com/ket21/119

1편 : 낮선 행동(문제행동) 대응 매뉴얼

낮선 행동을 다루는 대원칙 https://cafe.naver.com/ket21/12725

1. 수업중 소극적 문제행동 http://cafe.naver.com/ket21/283

- 수업중 집중을 못하는 경우 http://cafe.naver.com/ket21/2283

- 수업중 휴대폰 사용하는 경우 http://cafe.naver.com/ket21/694

- 수업중 잠자는 학생 http://cafe.naver.com/ket21/2284

- 수업시간에 딴짓하는 학생 http://cafe.naver.com/ket21/2203

- 수업중 화장실 가려는 아이들 http://cafe.naver.com/ket21/578

- 선택적 함묵증 http://cafe.naver.com/ket21/2285

- 발표에 소극적인 아이들 http://cafe.naver.com/ket21/2286

2. 수업중 적극적 문제행동

- 수업시간을 주도하려는 학생 http://cafe.naver.com/ket21/2287

- 수업중 휘파람 부는 아이 http://cafe.naver.com/ket21/2428

- 수업중 떠드는 아이 http://cafe.naver.com/ket21/714

- 수업을 망치는 학생 http://cafe.naver.com/ket21/1023

- 사사건건 따지는 학생 http://cafe.naver.com/ket21/1022
  http://cafe.naver.com/ket21/198
- 분노조절에 어려움을 겪는 아이 https://cafe.naver.com/ket21/12734
- 교사에게 무례히 행동하는 학생 http://cafe.naver.com/ket21/1100
- 교사에 대들고 욕하는 학생 http://cafe.naver.com/ket21/1096
- 교사를 당황하게 하는 아이들 http://cafe.naver.com/ket21/2289

3. 가정과 연관된 문제행동
- 가정폭력(체벌)으로 화 난 학생 http://cafe.naver.com/ket21/1122
- 가정결손으로 인한 복합행동문제 http://cafe.naver.com/ket21/2280
- 이혼 가족 자녀 상담 http://cafe.naver.com/ket21/1045
- 이혼의 화로 힘들어하는 학생 http://cafe.naver.com/ket21/407
- 재혼 가족 이해 http://cafe.naver.com/ket21/2281

4. 생활 태도, 자세의 문제
- 불평불만이 많은 학생 http://cafe.naver.com/ket21/2748
- 이기적인 학생 http://cafe.naver.com/ket21/2645
- 주변 정리 못하는 아이 http://cafe.naver.com/ket21/2749
- 거짓말하는 학생 http://cafe.naver.com/ket21/2282
- 되묻거나 끼어드는 학생 http://cafe.naver.com/ket21/1021
- 교사의 지시를 못 알아듣는 경우 http://cafe.naver.com/ket21/696
- 시험 불안이 심한 학생 http://cafe.naver.com/ket21/2293
- 시험 준비에 곤란함을 겪는 학생 http://cafe.naver.com/ket21/2294

5. 학교부적응(생활규정의 위반)
- 지각 결석이 잦은 학생 지도 http://cafe.naver.com/ket21/181
- 무단 근태 학생 지도 http://cafe.naver.com/ket21/692

- 무단 결과 처리 https://cafe.naver.com/ket21/12555

- 상습적 수업이탈 땡땡이 경우 http://cafe.naver.com/ket21/695

- 복장 용의지도법 http://cafe.naver.com/ket21/555

- 사소한 다툼이 있을 때 http://cafe.naver.com/ket21/10157

- 비속어 욕설 사용 http://cafe.naver.com/ket21/710

- 흡연 예방 지도 http://cafe.naver.com/ket21/2647

- 음란물 노출 http://cafe.naver.com/ket21/720

- 자퇴를 꿈꾸는 아이 http://cafe.naver.com/ket21/713

6. 청소년 비행(선도사안)

- 시험 부정행위 http://cafe.naver.com/ket21/2295

- 훔치기(절도, 도난) http://cafe.naver.com/ket21/828

- 재물손괴, 기물파손 http://cafe.naver.com/ket21/2292

- 가출 http://cafe.naver.com/ket21/719

7. 학교폭력 사안

- 성폭력, 성폭행 http://cafe.naver.com/ket21/2296

- 사이버 폭력 http://cafe.naver.com/ket21/2297

- 언어폭력 http://cafe.naver.com/ket21/2298

- 신체 폭력 http://cafe.naver.com/ket21/2299

- 강요죄(폭행, 협박) http://cafe.naver.com/ket21/2758

- 사과의 기술 http://cafe.naver.com/ket21/1170

- 용서의 기술 http://cafe.naver.com/ket21/2223

- 괴롭힘 http://cafe.naver.com/ket21/2288

- 따돌림 http://cafe.naver.com/ket21/872

- 뒷담 http://cafe.naver.com/ket21/11761

- 장애학생을 공격하는 아이들 http://cafe.naver.com/ket21/2300

- 학교폭력 대응지침 http://cafe.naver.com/ket21/1897

- 특별교육 프로그램 http://cafe.naver.com/ket21/951

- 성찰과 성장이 가능한 징계 https://cafe.naver.com/ket21/12748

- 징계 기간 중 자기주도 학습 교재 https://cafe.naver.com/ket21/11626

8. 학교폭력예방교육

- 사회적 기술 교육 http://cafe.naver.com/ket21/2751

- 체험 중심의 교육 http://cafe.naver.com/ket21/2752

- 미디어 활용교육 http://cafe.naver.com/ket21/2753

- SNS를 활용한 교육 http://cafe.naver.com/ket21/2754

- 퀴즈 활용 교육 https://cafe.naver.com/ket21/11501

- 학부모 교육 https://cafe.naver.com/ket21/12739

- 학부모 교육(자녀와의 소통법) https://cafe.naver.com/ket21/12698

- 학부모와의 소통법 https://cafe.naver.com/ket21/12666

2편 : 낯선 행동에 대한 단계적 중재전략

개입은 동시다발적이 아니라 단계별로 적용되어야 합니다.

비언어적 개입전략

- 계획된 무시 http://cafe.naver.com/ket21/210

- 신호 간섭 http://cafe.naver.com/ket21/211

- 근접 간섭 http://cafe.naver.com/ket21/212

- 접촉 간섭 http://cafe.naver.com/ket21/215

언어적 개입전략

- 학생 이름 부르기 http://cafe.naver.com/ket21/216

- 추정하는 말 해주기 http://cafe.naver.com/ket21/217

- 결과 인지여부 질문하기 http://cafe.naver.com/ket21/218

- 나-메시지 전달법 http://cafe.naver.com/ket21/219

- 요청하기 http://cafe.naver.com/ket21/220

학생이 결과를 수용하려 하지 않을 때

- 처벌보다 결과 보여주기 https://cafe.naver.com/ket21/12222

- 고질화된 방해 행동 중재 http://cafe.naver.com/ket21/222

- 사례 누가 기록하기 http://cafe.naver.com/ket21/223

고질적 문제행동 중재

- 학생 면담 http://cafe.naver.com/ket21/224

- 학생 스스로 모니터하기 http://cafe.naver.com/ket21/225

- 문제 해결 http://cafe.naver.com/ket21/226

- 변화 약속하기 http://cafe.naver.com/ket21/227

- 학생 참여 사례 기록 http://cafe.naver.com/ket21/228

징계나 위탁 절차

- 조건부 퇴실 http://cafe.naver.com/ket21/229

- 학부모면담 http://cafe.naver.com/ket21/230

- 전문가에 의뢰하기 http://cafe.naver.com/ket21/231

- 치료가 필요한 정신건강문제 http://cafe.naver.com/ket21/436

3편: 성찰을 위한 선도(징계) 처분의 관행과 절차

교내봉사 http://cafe.naver.com/ket21/727

사회봉사 http://cafe.naver.com/ket21/827

특별교육 http://cafe.naver.com/ket21/951

출석정지 http://cafe.naver.com/ket21/830

4편: 문제행동의 배경 이해 http://cafe.naver.com/ket21/275

심리적 원인 http://cafe.naver.com/ket21/275

10대 우울증, 조울증 http://cafe.naver.com/ket21/281

자살위기 학생 http://cafe.naver.com/ket21/281

자살 예방(생명존중 교육) https://cafe.naver.com/ket21/284

게임중독 internet addiction http://cafe.naver.com/ket21/282

산만한 아이(ADHD) https://cafe.naver.com/ket21/12491

5편 : 문제행동 예방전략

학급운영을 통한 예방

- 체벌 없는 학급운영 https://cafe.naver.com/ket21/9260

- 김현수 원장님 강의: 청소년 문제행동의 유형과 치유 https://cafe.naver.com/ket21/767

수업운영을 통한 예방

- 학생 통제가 어려울 때 좋은 수업 진행 방법 http://cafe.naver.com/ket21/340

- 제대로 된 칭찬은? https://cafe.naver.com/ket21/6091

- 칭찬의 도구로써 생활기록부 활용하기 https://cafe.naver.com/ket21/12631

- 다양한 지능을 고려한 다양한 과제의 제시의 필요성과 예시 https://cafe.naver.com/
  ket21/11042

- 산만한 아이들(ADHD)과의 수업전략, 학습스타일을 존중한 수업 https://cafe.naver.
  com/ket21/12689

자아존중감 향상

- 진로교육 https://cafe.naver.com/ket21/348

- 행복교육 http://cafe.naver.com/ket21/236

학부모님 협조 구하기

- 학부모총회를 통한 협조 구하기 http://cafe.naver.com/ket21/319

- 학부모강좌 열기 http://cafe.naver.com/ket21/331

- 문자메시지 통한 학부모님과의 소통 http://cafe.naver.com/ket21/320

예방교육

- 분노조절교육 http://cafe.naver.com/ket21/431

- 유괴 및 성폭력예방교육 http://cafe.naver.com/ket21/2655

- 노래와 율동을 통한 인성교육 https://cafe.naver.com/ket21/12137

- 학생품의동의서 http://cafe.naver.com/ket21/405

6편: 위기 대응 전략

- 지역사회 지원 정보   http://cafe.naver.com/ket21/374

- 정신보건센터 자료실   http://cafe.naver.com/ket21/375

7편: 교사의 돌봄과 치유

- 교사의 시테크 http://cafe.naver.com/ket21/329

- 교사의 마음 돌보기 http://cafe.naver.com/ket21/336

- 교직사회 갈등해결법 http://cafe.naver.com/ket21/328

- 교사간 네트워크하기 http://cafe.naver.com/ket21/98

- 참고 서적 https://cafe.naver.com/ket21/12481

사회적 기술 학습지 목록

분류	내용	주소
오리엔테이션	사회적 기술과 학교폭력의 관계	http://cafe.naver.com/ket21/2799
	사회적 기술 학습지 활용 사례	http://cafe.naver.com/ket21/2392
	사회적 기술측정표	http://cafe.naver.com/ket21/3489
	대인관계 기술측정표	http://cafe.naver.com/ket21/2072
01. 감정억제기술	겸손	http://cafe.naver.com/ket21/2583
	고독 : 고사목에게	http://cafe.naver.com/ket21/3394
	남과 비교말고 어제와 비교하라	http://cafe.naver.com/ket21/3443
	니가 다 키우는거야	http://cafe.naver.com/ket21/4346
	무언가 하고 있는 그가 당신	http://cafe.naver.com/ket21/4399
	분노테스트	http://cafe.naver.com/ket21/2711
	분노표현학습지	http://cafe.naver.com/ket21/2715
	스트레스 다루는 기술	http://cafe.naver.com/ket21/3382
	욱하는 성질 나가 있어	http://cafe.naver.com/ket21/3384
	자살에 관한 불편한 진실	http://cafe.naver.com/ket21/3908
02. 공감기술	청소아주머니에 대한 학생의 독자 투고	http://cafe.naver.com/ket21/2648
	모르면 가만히 나있자	http://cafe.naver.com/ket21/3440
	모범전파의 기술 : 앞서 다녀간 이들에 대한 믿음으로	http://cafe.naver.com/ket21/3380
	이유부터 알아야	http://cafe.naver.com/ket21/3441
	칭찬받는 이들의 10가지 습관	http://cafe.naver.com/ket21/3385
	칭찬의 기술	http://cafe.naver.com/ket21/2597
	칭찬의 기술 칭찬할 시간도 모자라요	http://cafe.naver.com/ket21/3363

03. **대인관계기술**	공존의 기술 : 나무만도 못한 넘	http://cafe.naver.com/ket21/2550
	남을 설득하는 기술	http://cafe.naver.com/ket21/2553 http://cafe.naver.com/ket21/1313
	도와주는 것에 좋은 기분 느끼기	http://cafe.naver.com/ket21/3391
	도움을 필요로 할 때 반응하기	http://cafe.naver.com/ket21/3392
	도움주기의 기술	http://cafe.naver.com/ket21/2552
	약초 아닌 풀이 어디 있으랴	http://cafe.naver.com/ket21/3366
	양보 : 나무만도 못한	http://cafe.naver.com/ket21/3381
04. **문제해결기술**	규칙준수 : 앗 큰일날 뻔 했다	http://cafe.naver.com/ket21/3388
	목표관리 : 늘 바쁜 이는 게으른 자다	http://cafe.naver.com/ket21/3435
	사과의 기술	http://cafe.naver.com/ket21/3370 http://cafe.naver.com/ket21/2916
	실천 : 멀리가는 물 도종환	http://cafe.naver.com/ket21/3396
	용서와 화해의 기술	http://cafe.naver.com/ket21/3378
	용서의 기술	http://cafe.naver.com/ket21/2591
	휴대폰 중독 교육자료	http://cafe.naver.com/ket21/1295
05. **비판적 사고 기술**	행 불행이 한 몸	http://cafe.naver.com/ket21/3360
	헛수고도 횡재도 없다	http://cafe.naver.com/ket21/3357
	유혹뿌리치기 : 나의 경쟁상대는	http://cafe.naver.com/ket21/3443
	어려움을 다루는 기술	http://cafe.naver.com/ket21/3387
	행복과 불행이 한 몸 : 이동국 선수	http://cafe.naver.com/ket21/3368
	지각은 장난이 아니야	http://cafe.naver.com/ket21/1295
06. **스트레스 대처** **기술**	슬픔을 다루는 기술 : 눈물의 힘	http://cafe.naver.com/ket21/2588
	외로움을 다루는 기술 고독은 영혼이 부리는 투정	http://cafe.naver.com/ket21/3438
	지각이 우울증	http://cafe.naver.com/ket21/3369

07. **의사결정** **기술**	영화 : 세 얼간이를 보고	http://cafe.naver.com/ket21/2221
	우선순위정하기 : 체덕지	http://cafe.naver.com/ket21/3393
	직업목표 세우고 노력하기 : 미용기능사	http://cafe.naver.com/ket21/3389
	직업목표 세우고 노력하기 : 조리기능사	http://cafe.naver.com/ket21/3390
	새출발을 하려는 이에게 : 경복궁경회루	http://cafe.naver.com/ket21/3395
	진로설계 10 년 뒤를 보고 쏘아 올린 우주선	http://cafe.naver.com/ket21/3367
08. **자기인식** **기술**	교통안전 : 50초 먼저 가려다가	http://cafe.naver.com/ket21/1326
	나와 타인의 차이 바라보기	http://cafe.naver.com/ket21/3436
	니마음 고래도 알거든	http://cafe.naver.com/ket21/4344
	실패를 다루는 기술 침묵	http://cafe.naver.com/ket21/3452
	주변의 위험 인식하기	http://cafe.naver.com/ket21/2762
	학교폭력피해예방 고발과 고자질의 차이	http://cafe.naver.com/ket21/1646
	학교폭력피해예방 친구가 자꾸 심부름시켜요	http://cafe.naver.com/ket21/2760
	학교폭력피해예방 학교 짱이 가장 무서워하는 아이	http://cafe.naver.com/ket21/2761
	학교폭력피해예방 잘못한 후배에게 기합 좀 주었어요	http://cafe.naver.com/ket21/2758
	긍정의 기술 : 억지웃음도 보약	http://cafe.naver.com/ket21/2551
	재충전의 기술	http://cafe.naver.com/ket21/2595
	허허 그 친구 겸손하기까지	http://cafe.naver.com/ket21/4343
	학교폭력피해예방 혼자만 재미있으면 폭력	http://cafe.naver.com/ket21/2142

	다름을 수용하기 : 관점	http://cafe.naver.com/ket21/3442
	도전 가능성	http://cafe.naver.com/ket21/3439
	도전정신 : 길이 길이 아니다	http://cafe.naver.com/ket21/3437
	미래를 준비하는 기술 어쨌거나 미래는 오기 마련이지만	http://cafe.naver.com/ket21/3379
	약초 아닌 풀이 어디 있으랴	http://cafe.naver.com/ket21/3366
09. **창조적** **사고 기술**	인정의 기술	http://cafe.naver.com/ket21/2592
	지혜란 흐르는 물	http://cafe.naver.com/ket21/3358
	미래의 목표세우기 저절로 되는 일이 어디 있나요 : 미용기능사	http://cafe.naver.com/ket21/3389
	미래의 목표세우기 저절로 되는 일이 어디 있나요 : 조리기능사	http://cafe.naver.com/ket21/3390
	타인의 장점 바라보기 보는 대로 닮아가요	http://cafe.naver.com/ket21/3385
	필라델피아의 가로등	http://cafe.naver.com/ket21/3361
10. **효과적** **커뮤니케이션** **기술**	10대, 욕에 중독되다	http://cafe.naver.com/ket21/1126
	뒷담은 돌아온다	http://cafe.naver.com/ket21/3362
	무슨 개소리	http://cafe.naver.com/ket21/1793
	사우나 좀 하고 갈게	http://cafe.naver.com/ket21/1656
	설득의 기술 : 구술시험 그까이꺼	http://cafe.naver.com/ket21/3383
	찌질이 올림픽 : 퀴즈	http://cafe.naver.com/ket21/1301
	화를 표현하는 기술	http://cafe.naver.com/ket21/2404
	경청_친구 말 열심히 듣는 것도 명상	http://cafe.naver.com/ket21/2549
	공감적 경청 : 유재석	http://cafe.naver.com/ket21/3910
	필라델피아의 가로등	http://cafe.naver.com/ket21/3909

초판 1쇄 발행 2019년 3월 21일
초판 6쇄 발행 2025년 1월 5일

지은이 송형호 왕건환 외

발행인 김병주
COO 이기택 **CMO** 임종훈 **뉴비즈팀** 백헌탁, 이문주, 백설
행복한연수원 이종균, 이보름, 반성현 **에듀니티교육연구소** 조지연
경영지원 박란희 **디자인** 블랙페퍼디자인
주간 이하영

펴낸 곳 ㈜에듀니티(www.eduniety.net)
도서문의 070-4342-6114
일원화 구입처 031-407-6368
등록 2009년 1월 6일 제300-2011-51호
주소 서울특별시 종로구 인사동5길 29 태화빌딩 9층

ISBN 979-11-6425-019-6 [13370]
값은 뒤표지에 있습니다.